本书系国家社科基金青年项目"刑事诉讼中行政执法证据运用问题研究"（立项号：14CFX024）最终成果。

崇｜明｜中｜青｜年｜刑｜事｜法｜文｜库·第二辑

吴宏耀　主编

Use of Administrative Evidence

in Criminal Proceedings

刑事诉讼中
行政执法证据运用研究

——

冯俊伟　著

中国政法大学出版社

2024·北京

图书在版编目（ＣＩＰ）数据

刑事诉讼中行政执法证据运用研究/冯俊伟著.—北京：中国政法大学出版社，2024.6

ISBN 978-7-5764-1382-3

Ⅰ.①刑… Ⅱ.①冯… Ⅲ.①行政执法－证据－研究－中国 Ⅳ.①D922.11

中国国家版本馆CIP数据核字(2024)第058937号

书　名	刑事诉讼中行政执法证据运用研究 XINGSHI SUSONGZHONG XINGZHENG ZHIFA ZHENGJU YUNYONG YANJIU
出版者	中国政法大学出版社
地　址	北京市海淀区西土城路 25 号
邮　箱	bianjishi07public@163.com
网　址	http://www.cuplpress.com (网络实名：中国政法大学出版社)
电　话	010−58908466(第七编辑部) 010−58908334(邮购部)
承　印	固安华明印业有限公司
开　本	720mm×960mm　1/16
印　张	12.75
字　数	225 千字
版　次	2024 年 6 月第 1 版
印　次	2024 年 6 月第 1 次印刷
定　价	60.00 元

目　录

绪　言

一、问题的提出与研究意义

(一) 问题的提出

在我国"行政罚—刑罚"二元处罚结构之下，许多刑事案件的侦办都需经过行政执法程序，因此，行政执法证据与刑事诉讼证据的有效衔接对于打击犯罪、维护社会稳定具有重要意义。国务院、最高人民法院、最高人民检察院、公安部、国家知识产权局等部门先后出台了诸多法律文件，[1]部分省份也出台了行政执法与刑事程序衔接的规范性文件，[2]以促进行政执法与刑事司法的有效衔接。但在这些法律文件中，长期以来未明确行政执法证据能否直接作为刑事诉讼证据，并且，由于立法主体多元、层级不一、不同部门认识不一等原因，行政执法证据与刑事诉讼证据衔接问题在实践中并未得到良好解决。整体而言，在 2012 年《刑事诉讼法》修正前，因法律上缺乏行政执法证据与刑事诉讼证据衔接的明确规定，实践中对于行政执法证据能否在刑事诉讼中使用、哪些行政执法证据可以在刑事诉讼中使用、行政执法证据如何在刑事诉讼中使用等方面都存在一定程度的实践困境。在不考虑两种证据衔接的正当性的前提下，证据转化、提前介入、联合办案等成为这一时期解决两种证据衔接问题的主要做法，其中最重要的是证据转化，"对实物证据，主要通过审查并补充手续完成证

---

[1] 例如，2011 年最高人民法院《关于审理证券行政处罚案件证据若干问题的座谈会纪要》，2011 年最高人民法院、最高人民检察院、公安部联合发布的《关于办理侵犯知识产权刑事案件适用法律若干问题的意见》等。除此之外，关于行政执法与刑事司法衔接的文件也涉及证据问题，如 2001 年国务院出台的《关于整顿和规范市场经济秩序的决定》、《行政执法机关移送涉嫌犯罪案件的规定》，2001 年最高人民检察院制定的《人民检察院办理行政执法机关移送涉嫌犯罪案件的规定》，2004 年《最高人民检察院、全国整顿和规范市场经济秩序领导小组办公室、公安部关于加强行政执法机关与公安机关、人民检察院工作联系的意见》等。

[2] 例如，浙江省人民检察院、省公安厅、省经济贸易委员会等部门出台的《关于行政执法机关移送涉嫌犯罪案件几个具体问题的规定》。

据转化"，〔1〕对于言词证据则主要采取了重新确认的方式来完成转化。〔2〕

为了促进行政执法与刑事司法的有效衔接，强化国家对于刑事犯罪的打击力度，2012 年修正后的《刑事诉讼法》第 52 条第 2 款规定，"行政机关在行政执法和查办案件过程中收集的物证、书证、视听资料、电子数据等证据材料，在刑事诉讼中可以作为证据使用"。但行政执法证据与刑事诉讼证据衔接的问题并未随着这一条文的制定而解决，在 2012 年之后最高人民法院、最高人民检察院、公安部出台了相关司法解释、规章，又产生了如何理解"行政机关""等证据材料""可以作为证据使用"等解释论难题，这也直接导致了 2012 年《刑事诉讼法》第 52 条第 2 款（2018 年调整为《刑事诉讼法》第 54 条第 2 款）及其司法解释等在司法实践中使用的混乱。根据笔者对相关裁判文书的统计，不同法院对上述几个问题的立场并不相同，并依据了不同的裁判逻辑，相关判决书中对这一问题的说理也存在较多需要讨论之处。在传统观点看来，行政执法证据与刑事诉讼证据衔接是一个技术化问题，也是一个长期被忽视的学术领域。一些研究文献认为，这一问题完全可以通过技术化规则或一些经验做法来解决，如提高证据转化的意识和能力、不同执法部门与公安机关共建执法信息、证据共享平台等。当然，理论研究上的匮乏和缺乏深入系统的研究也是造成司法实践不统一的重要原因，如长期以来，传统观点认为，任何可以证明案件事实的材料都是证据，因此行政执法证据当然可以作为刑事诉讼证据使用。再如，任何具有证据"三性"（客观性、关联性、合法性）的材料都可以作为证据使用、行政执法证据能否作为定案依据应由法庭审查等观点要么与现代证据法理念不符，要么只在特定语境下成立，但却被当作讨论行政执法证据与刑事诉讼证据衔接的理论前提使用，类似做法一定程度上掩盖和遮蔽了刑事诉讼中行政执法证据运用问题的实质，阻碍了相关学术讨论的深入，影响或误导了部分公安司法人员的执法、司法观念。

本书认为，刑事诉讼中行政执法证据运用这一问题，是证据法方面的一个"交叉领域"，虽然其看似一个技术化的"小问题"，却牵涉一系列宏观问题，如行政权与司法权的关系、行政程序与刑事诉讼程序的区分与衔接、证据法原理在行政程序与刑事诉讼程序中的不同适用、不同法律程序之间程序分离原则的贯彻等。在具体层面需要讨论的学术命题包括如何理解证据，行政执法证据

〔1〕 高通：《行政执法与刑事司法衔接中的证据转化——对〈刑事诉讼法〉（2012 年）第 52 条第2 款的分析》，载《证据科学》2012 年第 6 期。

〔2〕 参见王进喜主编：《刑事证据法的新发展》，法律出版社 2013 年版，第 113 页。

与刑事诉讼证据有何联系和差异，行政执法证据进入刑事诉讼中的正当性是什么、不同行政执法证据的刑事可采性如何确定，人民法院应否以及如何对行政执法证据进行审查等。本书将在关照上述宏观层面的同时，对具体层面的问题展开论述。

（二）研究意义

在坚持证据法基本原理的前提下，对两种不同法律程序下的证据衔接、运用问题进行研究，具有重要意义。

第一，有助于拓展证据法学的研究视域。在英美证据法的知识传统中，证据法的研究主要关注证据可采性问题，学者围绕证据排除规则问题进行了诸多教义学研究，著名证据法学家塞耶指出："证据法应当基于以下两项原则：其一，不应当采纳任何对待证事项不具有逻辑证明力的东西；其二，应当采纳所有具有上述证明力的东西，但是若有明确的政策或法律理由要求排除，则不应采纳。"[1]甚至有观点认为，证据法主要是关于证据排除规则的规范体系。在我国的证据法学研究中，传统证据法学的理论体系基本上坚守了"证据+证明"论的体系，证据论主要包括证据概念、物证、书证、证人证言等特定证据种类的内容，证明论主要是对证明概念、证明主体、证明对象、证明责任、证明标准等的论述。在近年来兴起的证据法学研究中，张保生教授倡导由"一条逻辑主线"（相关性）、"两个证明端口"（证明责任和标准）、"三个法定阶段"（举证、质证、认证）、"四个价值支柱"（准确、公正、和谐和效率）建构新证据法学理论体系。[2]也有学者主张"证据法学的知识体系应当以可采性为中心，教材和课程体系也应当以可采性规则为主要内容"。[3]分析可知，无论是在英美证据法还是我国的证据法理论体系中，都主要研究法庭证据规则，而对审前程序、行政执法中的证据问题关注不足，更缺乏对行政执法证据与刑事证据衔接等"交叉领域"的研究。本书的研究有助于推动我国行政执法证据和刑事诉讼证据的理论研究，拓宽我国证据法学的理论研究视域。

第二，有助于丰富证据法学的传统理论。在英美证据法以审判为中心的背景下，行政执法证据进入刑事诉讼的问题，主要通过审判证据规则来解决，如

---

〔1〕　James Bradley Thayer, A Preliminary Treatise on Evidence at the Common Law, Boston: Little Brown, 1898, p.530.

〔2〕　参见张保生主编：《证据法学》，中国政法大学出版社2014年版，第90-131页。

〔3〕　易延友：《证据法学：原则　规则　案例》，法律出版社2017年版，序部分。

传闻证据排除规则、非法证据排除规则、品性证据排除规则等。因此学者对于这一问题的专门研究并不多。但在我国和其他大陆法系国家并不存在完善的审判证据规则，行政执法证据与刑事诉讼证据衔接涉及两种不同法律程序，是一个边缘性的"交叉"问题，专门对之进行研究的文献并不丰富。本书提出的证据与程序的密切关联理论、从程序视角对不同证据进行区分、不同法律程序之间应遵循"程序分离"原则等观点有助于丰富证据法学的传统理论。

第三，有助于完善行政执法与刑事司法的衔接机制。在"行政罚—刑罚"二元处罚结构下，行政执法与刑事司法衔接不畅的问题一直困扰着我国办案机关，例如，在实践中，"以罚代刑"、行政机关移送的案件难以追诉等问题一直存在。

如果行政执法中获得的材料、信息不能在刑事诉讼中使用，两种程序的衔接也就难以实现了。本书的研究将在探寻行政执法证据进入刑事诉讼的正当性的基础上，对行政执法证据如何进入刑事诉讼、如何在刑事诉讼中对行政执法证据审查等具体问题进行研究，并将对 2018 年《刑事诉讼法》第 54 条第 2 款的规定[1]作出合理解释和论证，这将有助于促进两种证据的衔接实践，有助于完善行政执法与刑事司法的衔接机制。

二、研究综述与研究方法

(一) 研究综述

行政执法与刑事司法衔接一直是困扰我国司法实务的重要问题之一，"两法衔接"不畅导致有案不送、以罚代刑、移送后追诉难等诸多问题。党的十八届三中全会报告中强调"完善行政执法与刑事司法衔接机制"。两法衔接的核心是证据的衔接。随着 2012 年修正后的《刑事诉讼法》及相关司法解释的实施，学者们对我国刑事诉讼中行政执法证据运用问题的研究日趋深入，一些具有较高学术水准的论著相继发表。在行政执法证据进入刑事诉讼这一主题上，根据笔者在中国知网上的不完全统计，在 2012 年《刑事诉讼法》修正前后，共有 1 篇博士论文（四川大学程龙博士论文《行政证据在刑事诉讼中使用问题研究》）和 30 篇硕士论文对这一问题作了专门研究（硕士论文情况请见下表 1）。

---

[1] 特别说明，因 2018 年《刑事诉讼法》修正中重新编排了条文序号，2012 年修正后的《刑事诉讼法》第 52 条第 2 款在 2018 年《刑事诉讼法》修正后变为第 54 条第 2 款，以下除特殊语境外，一律按照新修正的序号称之为"第 54 条第 2 款"。

表 1　2012 年前后行政执法证据进入刑事诉讼硕士论文

序号	作者	题　目	时间	硕士授予单位
1	董玉慧	论行政执法证据在刑事司法中的适用	2018	贵州民族大学
2	汪超凡	行政证据向刑事证据转换疑难问题研究	2018	沈阳师范大学
3	孙　伟	论行政执法证据在刑事诉讼中的使用	2017	吉林大学
4	李　月	论行政执法证据在刑事诉讼中的使用	2017	湖南大学
5	田　昆	行政执法证据在刑事诉讼中使用情况调查报告	2017	西南政法大学
6	徐丹阳	刑事诉讼中证据转化规则研究	2017	辽宁大学
7	何　涛	食品安全行政执法证据与刑事证据的衔接探究	2016	广西大学
8	应　争	行政执法证据与刑事证据衔接之程序性问题探究	2016	华东政法大学
9	王东升	行政执法证据与刑事证据衔接制度研究	2016	上海师范大学
10	曹　莉	论行政执法证据在刑事诉讼中的转化	2016	东南大学
11	曹　敏	行政执法证据在刑事证据衔接机制研究	2015	安徽大学
12	王　真	行政执法证据向刑事司法证据转化问题研究	2015	四川省社会科学院
13	迟翠欣	行政执法与刑事司法证据制度比较研究	2015	华东政法大学
14	沙　溪	刑事诉讼中行政执法证据的准入问题研究	2015	中国青年政治学院
15	张卓然	浅谈行政执法证据在刑事诉讼中的适用	2015	中国青年政治学院
16	陈少榜	行政执法证据与刑事司法证据的衔接问题研究	2015	湘潭大学
17	张颖异	行政证据转化为刑事证据的立法完善	2015	辽宁大学
18	徐　睿	论走私犯罪认定中行政证据向刑事证据的衔接	2015	东南大学
19	周　通	行政证据在刑事诉讼中的转换问题研究	2014	湘潭大学
20	李晓杰	行政证据转化为刑事证据问题研究	2014	青岛大学
21	高志昊	行政法与刑事司法证据的衔接问题研究	2014	山东大学
22	肖　滨	行政执法证据与刑事证据的程序衔接问题研究	2014	山东大学

续表

序号	作 者	题 目	时间	硕士授予单位
23	刘素芬	行政证据与刑事证据的程序衔接机制研究	2014	华东政法大学
24	王小芳	行政执法证据与刑事司法证据衔接问题研究	2013	四川省社会科学院
25	潘 丽	论行政证据材料在刑事诉讼中的运用	2013	浙江工商大学
26	谢 芬	论行政执法与刑事司法的证据衔接	2013	广东商学院
27	宋士月	论行政执法证据与刑事司法证据的衔接	2013	安徽师范大学
28	李佳璞	行政执法证据在刑事司法中的运用问题研究	2013	贵州民族大学
29	谭 畅	论公安机关行政证据与刑事证据的转化衔接	2011	湖南师范大学
30	罗健文	行政执法与刑事司法衔接的证据问题研究	2010	西南财经大学

　　程龙博士在论文中从"基础理论、使用要件、具体规则、使用主体的责任"等方面对"行政证据在刑事诉讼中使用"作了论述,[1]促进了这一问题的研讨,但在理论展开、规则建构等方面仍然有进一步分析的空间。众多的硕士学位论文,多围绕2012年《刑事诉讼法》第52条第2款的具体规定展开,主要包括对法条的解释、对司法实践的总结等,部分硕士论文内容更多的是从法律技术层面的分析,在理论分析方面还需要进一步深入。在博士、硕士学位论文之外,自2008年到2019年3月的10余年间,我国学者还围绕行政执法证据与刑事诉讼证据衔接这一主题,[2]刊发了诸多有较高学术价值的论文。从文章发表的整体趋势来看,2008年到2011年间学者刊发的论文较少,相对而言问题的讨论也不够集中和深入。2012年《刑事诉讼法》修正直到2017年这五年间,这一主题的发文较多,学者更多关注和讨论了行政执法证据与刑事诉讼证据衔接这一问题,一些具有较高学术价值的文章不断出现。2018年后,学者发文数量明显减少。学者对于这一问题的集中研讨,促进了对相关问题学术讨论的深入。(参见图1)

---

〔1〕 参见程龙:《行政证据在刑事诉讼中使用问题研究》,法律出版社2018年版。
〔2〕 以中国知网收录的刊物为统计来源,但去除了部分内容较短的文章。

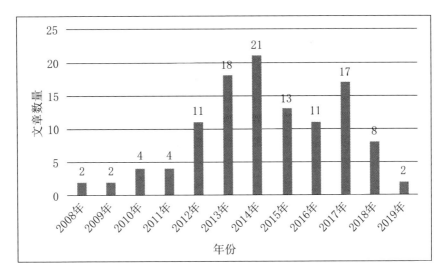

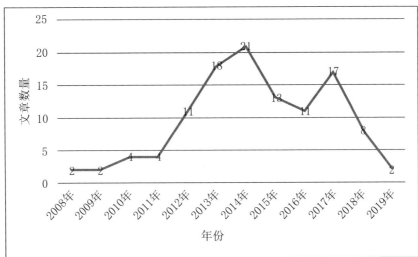

图1 2008—2019年行政执法证据进入刑事诉讼学术论文刊发情况

从我国学界对行政执法证据与刑事诉讼证据衔接的研究来看，相关研究主要集中于以下四个方面。

（1）行政执法证据与刑事诉讼的转化规则。在2012年之前，由于《刑事诉讼法》及相关司法解释中，并未规定行政执法证据如何进入刑事诉讼中使用，司法实践中的通行做法是适用证据"转化"规则，学界对于行政执法证据与刑事诉讼证据的转化、[1]初查证据与刑事诉讼证据的转化、[2]纪检监察证据与刑事诉讼证据的转化、[3]技术侦查证据与刑事诉讼证据的转化、[4]审计证据与刑事诉讼证据的转化、[5]情报证据与刑事诉讼证据的转化[6]等作了研究。万毅教授总结道，"证据'转化'规则，是我国刑事诉讼立法上未见规定但在司法实务中一直沿用的一项证据规则，它指的是侦查机关采取一定手段，将形式上（如取证手段、取证主体以及证据种类）不符合法定要求因而无证据能力的证据转换为合法证据的规则"。[7]也有论者继续总结到，证据转化包括两种情形：一是无证据能力的材料转化为有证据能力的证据；二是不同证据类型之间的相互转化。[8]有论者还归纳了证据转化中的当事人二次确认、独立部门审查、设立统一证据规则等方式。[9]也有论者认为，在司法实践中根本不存在所谓的证据转化。在行政执法机关将收集的言词证据移送刑事侦查机关后，刑事侦查机关并未将这些言词证据进行"转化"，而仍通过讯问或询问的方式确定相关主体是否认可之前所说的内容。[10]

　　从证据法理上观察，部分研究多是从程序和技术的角度就如何完善某类证据的转化提出对策性建议，忽略了行政执法证据与刑事诉讼证据衔接的法理合理性。并且，证据转化规则本身存在正当性缺失的问题：一是没有证据能力的证据无论如何转化都不应当具有证据能力，否则证据法上的排除规则、证据法的价值将无从实现。[11]二是证据取得违法是已经发生的客观现实，证据转化并不能使违法或

〔1〕代表性论文，参见徐燕平：《行政执法证据在刑事诉讼中的转换与运用》，载《法学》2010年第4期。冯俊伟：《行政执法证据进入刑事诉讼的类型分析——基于比较法的视角》，载《比较法研究》2014年第2期。黄世斌：《行政执法与刑事司法衔接中的证据转化问题初探——基于修正后的〈刑事诉讼法〉第52条第2款的思考》，载《中国刑事法杂志》2012年第5期。这一主题的专著参见刘远、王大海主编：《行政执法与刑事执法衔接机制论要》，中国检察出版社2006年版。
〔2〕参见王晓霞：《论初查证据的证据能力》，载《人民检察》2007年第18期。
〔3〕参见朱铭元：《纪检监察证据向刑事证据转化刍议》，载《人民检察》2006年第22期。
〔4〕参见宋志军、杨奇山：《论毒品犯罪案件技术侦查的证据转化》，载《辽宁师范大学学报（社会科学版）》2019年第1期。
〔5〕参见王常松、李霞：《审计证据转化为刑事诉讼证据的可行性研究》，载《审计研究》2006年第1期。
〔6〕参见倪春乐：《论反恐情报的证据转化》，载《中国人民公安大学学报（社会科学版）》2012年第4期。
〔7〕万毅：《证据"转化"规则批判》，载《政治与法律》2011年第1期。
〔8〕参见孙康：《行政证据与刑事证据的衔接与转化》，载《学习论坛》2012年第3期。
〔9〕转引自程龙：《行政证据在刑事诉讼中使用问题研究》，法律出版社2018年版，第24页。
〔10〕参见王进喜主编：《刑事证据法的新发展》，法律出版社2013年版，第113页。
〔11〕参见万毅：《证据"转化"规则批判》，载《政治与法律》2011年第1期。

者非法取得的证据变得合法，否则程序权利及其背后的程序法治也将无从实现（在任何国家都不存在通过转化使得违法取证变成合法的情形）。三是除了物证经过检验、鉴定等可以产生检验意见、鉴定意见等，在一般情形下，证据种类之间不能转化。例如，物证无法转化为书证、讯问笔录也无法转化为证人证言，我国司法实践中的证据种类之间的相互转化是违背证据法原理的，也缺乏法律上的正当性。综上，在证据转化规则之下的行政执法证据与刑事诉讼证据衔接，是从实用主义出发的缺乏理论正当性的做法，不宜对相关做法等从学术研究上进行理论提升。

（2）行政执法证据进入刑事诉讼的必要性、正当性的研究。在这一方面，陈瑞华教授提出了行政不法事实与犯罪事实的层次性理论，指出两者在证明对象、取证方式、权利救济、事实认定标准等方面，存在实质性差异，因此，行政执法证据进入刑事诉讼中使用只能属于例外情形。[1]这一论述提升了问题研讨的理论层次，有重要意义。很多学者将其归因于打击犯罪或提高诉讼效率的需要。[2]也有学者将其归结为行政执法证据与刑事证据的共同属性（客观性、关联性和合法性）或实物证据的可靠性。如认为"行政执法证据最终能否适用于刑事诉讼，关键在于是否满足刑事诉讼的三个实质性要件：客观性、关联性、合法性"。[3]还有学者提出实物证据具有可靠性、客观性，证明力较强，且在司法实践中，部分实物证据无法重新取证、具有"不可替代性"等理由。如认为"从行政机关查办到移送刑事侦查机关，存在一个'时间差'，就在这个'时间差'里，某些证据可能已经不具备重新收集的条件"；[4]或认为物证、书证等实物证据不可能被二次扣押、二次提取。[5]还有学者提出，行政违法行为与刑事犯罪行为之间的联系、行政处理的先行性以及随之带来的证明对象上的重叠等，是行政执法证据与刑事诉讼证据衔接的正当性理由。[6]或认为行政执

〔1〕　参见陈瑞华：《行政不法事实与犯罪事实的层次性理论——兼论行政不法行为向犯罪转化的事实认定问题》，载《中外法学》2019年第1期。

〔2〕　"允许公安行政执法证据可以作为刑事诉讼证据使用，不仅避免公安机关的重复性工作，而且也节约办案成本，及时、准确打击犯罪。"王乔：《公安行政执法证据在刑事侦查中的运用——以〈刑诉法〉第52条为视角》，载《中国刑警学院学报》2013年第2期。

〔3〕　李　宁：《公安机关在行政执法中收集的证人证言刑事证据资格——以冯某介绍、容留卖淫案为视角》，载《中国检察官》2017年第20期。

〔4〕　孙末非：《行政执法证据在刑事诉讼中的使用》，载《山东社会科学》2014年第3期。

〔5〕　参见张军、姜伟、田文昌：《刑事诉讼：控·辩·审三人谈》，法律出版社2001年版，第126页。

〔6〕　参见顾永忠：《行政执法证据"在刑事诉讼中可以作为证据使用"解析》，载《法律适用》2014年第3期。谢登科：《论行政执法证据在刑事诉讼中的使用——基于典型案例的实证分析》，载《华东政法大学学报》2016年第4期。

法程序在先，是两种证据衔接的逻辑基础。[1]

从证据法理的角度观察，上述观点还可以进一步研讨：公正是刑事诉讼的首要价值，认定一个公民实施了刑法上所禁止的行为必须按照《刑事诉讼法》规定的程序进行。目的并不能使手段合法化，打击犯罪或提高诉讼效率等目的性价值不能承载行政执法证据进入刑事诉讼的正当性。就证据"三性论（客观性、关联性、合法性或真实性、关联性、合法性）"作为行政执法证据进入刑事诉讼的正当理由而言，由于行政执法程序与刑事诉讼程序在程序价值、程序目的、程序性质等方面的不同，即使行政执法证据、刑事诉讼证据中都使用了某些相同术语，这些术语也具有不同的内涵，[2]刑事证据在证据可采性方面更严格。对于"实物证据具有可靠性、客观性，证明力较强"的论断而言，根据证据法基本原理，无论言词证据还是实物证据，都不具有天然的可靠性，实物证据在提取、保管、送检、鉴定等过程中都存在被污染、毁损或者被人为调换的可能，"实物证据可靠说"也值得反思。在具体个案中，证据无法重新获得、无法重新取证且相关证据具有一定的可靠性、可信性是论证行政执法证据进入刑事诉讼具有正当性的一个重要理由。[3]而行政违法行为与刑事犯罪行为之间的联系这一理由，则为我们认识行政执法证据进入刑事诉讼的必要性问题提供了重要参考和借鉴。

（3）行政执法证据进入刑事诉讼范围的相关研究。在这一问题上，传统上有观点从取证主体合法性的角度出发，完全否定行政执法证据可以直接进入刑事诉讼中适用的主张。[4]从实践发展角度观察，"在2012年《刑事诉讼法》修改以前，一般认为行政执法证据不可以直接进入刑事诉讼领域，必须经过'转化'才能作为刑事诉讼证据使用"。[5]在2012年《刑事诉讼法》修正后，由于立法明确规定了行政执法证据与刑事诉讼证据的衔接，我国学者对行政执法实

〔1〕 参见谢登科：《论行政执法证据在刑事诉讼中的使用——基于典型案例的实证分析》，载《华东政法大学学报》2016年第4期。

〔2〕 See William Twining, Rethinking Evidence: Exploratory Essays 2nd ed., Cambridge University Press 2006, p.223.

〔3〕 有论者提出："哪些行政执法证据可以作为刑事诉讼证据使用，主要应当取决于所涉证据在刑事诉讼程序中是否可以重新收集、调取。"顾永忠：《行政执法证据"在刑事诉讼中可以作为证据使用"解析》，载《法律适用》2014年第3期。

〔4〕 参见龙宗智：《取证主体合法性若干问题》，载《法学研究》2007年第3期。

〔5〕 顾永忠：《行政执法证据"在刑事诉讼中可以作为证据使用"解析》，载《法律适用》2014年第3期。

物证据可直接进入刑事诉讼已达成共识，但未区分行政执法实物证据的不同类型；对行政执法言词证据能否直接进入刑事诉讼则充满争议。对于行政执法言词证据能否直接进入刑事诉讼中使用，赞成者认为所有与案件事实相关的信息都可以作为证据，因而言词证据可以直接进入刑事诉讼中使用，其中的重要理由是，《刑事诉讼法》中规定，可以用于证明案件事实的材料都是证据或认为任何信息或材料只要具备客观性、关联性和合法性都可以作为刑事诉讼证据使用。[1]也有论者指出，行政执法机关收集的证据，只要能够证明案件事实存在且查证属实，都可以直接进入刑事诉讼。[2]反对者从职权原则出发，认为行政机关并非刑事取证主体，其收集的言词证据应通过重新提取或"转化"方式进入刑事诉讼。[3]持类似观点的学者也认为，2012 年修正后的《刑事诉讼法》第52 条第 2 款的规定，不包括证人证言等言词证据；参与立法的人员也撰文表示，这一款的规定仅限于物证、书证、视听资料、电子数据等实物证据。[4]

证据问题不仅牵涉规则的制定，更直接涉及当事人在法律程序中的权利保障。[5]从比较法角度观察，行政机关在行政执法或查办案件中获得的言词证据在刑事诉讼中直接使用，在大陆法系国家和英美法系国家都面临正当性质疑，在大陆法系国家受到严格证明、直接言词原则的约束，在英美法系国家则受到传闻证据排除规则的挑战，行政执法言词证据属于书面证据且陈述者未在法庭上作证，正属于传闻证据排除的范围。[6]"任何与案件相关的行政执法证据都可以作为证据"与"行政执法证据有限使用"的观点，反映了证据法发展中绝对自由证明与权利保障两种理念的冲突，[7]有学者甚至提出了逻辑相关性与法律相关性二分的观点，认为逻辑相关性只是证据可采性的一个方面，还应当考虑法律相关性的问题，法律相关性是一种拟制的相关性，实质上是指取证程序

---

〔1〕　参见高通：《行政执法与刑事司法衔接中的证据转化——对〈刑事诉讼法〉（2012 年）第 52 条第 2 款的分析》，载《证据科学》2012 年第 6 期。

〔2〕　参见孙康：《行政证据与刑事证据的衔接与转化》，载《学习论坛》2012 年第 3 期。

〔3〕　参见王进喜主编：《刑事证据法的新发展》，法律出版社 2013 年版，第 111 页。

〔4〕　参见郎胜主编：《〈中华人民共和国刑事诉讼法〉修改与适用》，新华出版社 2012 年版，第120 页。

〔5〕　See John D. Jackson and Sarah J. Summers, The Internationalization of Criminal Evidence：Beyond the Common Law and Civil Law Traditions, Cambridge University Press, 2012, p.5.

〔6〕　参见冯俊伟：《行政执法证据进入刑事诉讼的范围限定——以书面言词证据为中心》，载《理论学刊》2015 年第 11 期。

〔7〕　参见冯俊伟：《行政执法证据进入刑事诉讼的范围限定——以书面言词证据为中心》，载《理论学刊》2015 年第 11 期。

中的权利保障问题。[1]我国当前对这一问题的研究，缺乏适当的学术关切。同时，对行政执法言词证据能否直接进入刑事诉讼的讨论也存在简单化倾向。刑事诉讼包括立案、侦查、起诉、审判等不同阶段，不同阶段对证据的要求不同；而同一项证据既可以作实质证据，也可以作弹劾证据使用，对这一问题的讨论应与不同诉讼阶段、不同证明目的相结合。[2]例如：行政执法证据虽然不可以作为不利于被告人的定罪证据，但可以作为量刑证据使用；不可以作为不利于被告人的实质证据，但可以作为弹劾被告人陈述可信性的弹劾证据使用。

（4）对行政执法证据进入刑事诉讼的相关规则研究。在行政执法证据与刑事诉讼证据衔接机制或规则建构方面，由于我国行政执法与刑事司法衔接中一直存在"三多三少"现象，即享有行政执法权的机关多，移送涉嫌犯罪的案件少；行政执法机关查处的违法案件多，移送涉嫌犯罪的案件少；移送涉嫌犯罪的案件多，追究刑事责任的少。[3]很多研究者尤其是实务界一直将细化证据移送规则、建立证据共享平台、完善证据转化机制等作为规则建构的重心，以使行政执法证据更"便利地"进入刑事诉讼。[4]例如，很多研究的着力点都在于如何细化"两法衔接"的案件移送程序，国务院、最高人民检察院、最高人民法院的相关法律文件也以此作为"两法衔接"的重要环节，如2001年国务院出台的《行政执法机关移送涉嫌犯罪案件的规定》中，对于行政执法机关应当及时向公安机关移送的涉嫌犯罪案件以及移送的材料、移送的程序、公安机关的接受和处理等作了细致规定。另外，由检察机关、公安机关与质检部门、土地管理部门、卫生管理部门等共同建立的信息共享平台一直被视为是畅通"两法衔接"信息的重要方面，这里面也当然包括了证据信息的畅通和有效衔接。在完善证据转化机制方面，如前所述，即将行政执法机关收集的物证、书证等直接作为刑事证据使用，将行政执法机关收集的言词证据进行适当转化作为刑事证据使用。这又回到了证据转化规则上。

从上述细化证据移送规则、建立证据共享平台、完善证据转化机制等规则

---

[1]　See R. W. Baker, *The Hearsy Rule*, London：Sir Isaac Pitman & Sons, Ltd., 1950, pp. 13-14. 在深受英国证据法影响的印度，有研究者也持同样观点，参照 M. Monir, *Textbook on the Law of Evidence*, Universal Law Publishing Co. Pvt. Ltd., 2006, pp. 23-24。

[2]　参见冯俊伟：《行政执法证据进入刑事诉讼的范围限定——以书面言词证据为中心》，载《理论学刊》2015年第11期。

[3]　参见郑青主编：《诉讼监督的范围与方式》，中国检察出版社2012年版，第66页。

[4]　这些措施在多数行政执法证据与刑事诉讼证据衔接的改进举措中有所分析，参见程龙：《行政证据在刑事诉讼中使用问题研究》，法律出版社2018年版，第28页。

建构来看，这三种努力方向并不能解决行政执法证据进入刑事诉讼的正当性问题，在实践上也不能促进行政执法证据与刑事诉讼证据的有效衔接。对于细化证据移送规则而言，无论如何细化移送程序、移送规则，更多只能解决"有案不移、有案不收"的问题，并不能有效解决证据衔接问题（当然可以部分地解决有证据不移送等问题）。对于建立"两法衔接"信息平台、证据共享平台等做法，其初衷是为了畅通信息渠道，但从司法实践的角度观察，在各省市县等已经建成的"两法衔接"平台的内容和具体运行来看，很多平台上的内容非常简略、相关信息长期不更新，"两法衔接"信息平台并未起到畅通案件信息、证据信息的功能，[1]其中的重要原因在于，平台建设需要投入更多时间和精力，而对于哪些信息应当传上平台，相关工作人员也具有一定的选择权，平台本身在功能建设方面也存在一定缺陷。这些因素都制约了"两法衔接"平台功能的充分发挥，更难以为行政执法证据与刑事诉讼证据衔接提供正当化的机制。对于证据转化机制的不足，前文已经作了细致分析，这里不再赘述。

从证据法理角度观察，上述三种规则建构的努力方向，既不能为行政执法证据进入刑事诉讼提供正当性，也不能起到促进两法证据衔接的实践效果。相反，当前研究还带来两个方面的负面影响：一是由于行政执法证据多是不利于犯罪嫌疑人、被告人的证据（重要原因是相关行为违反行政法在前），如果不问正当性地过多强调两法证据衔接的顺畅、不加限定地允许行政执法证据进入刑事诉讼，将内在地扩张国家刑事追诉权的行使，打破控辩双方的既有平衡，也可能强化公安机关"以行政调查之名行刑事侦查之实"的实践。二是上述研究将重点放在了行政执法证据与刑事诉讼证据的移送、共享、转化等技术方面，使得行政执法与刑事诉讼的程序环境差异、行政执法证据的刑事证据能力、人民法院如何审查判断行政执法证据、行政执法中的笔录证据如何对待、行政执法人员应否出庭作证等重要问题被部分忽略，影响了相关问题的进一步讨论。在以审判为中心的诉讼制度改革的背景下，在强调法庭在查明事实、认定证据、保护诉权、公正裁判具有决定性作用的背景下，[2]对上述问题的研究具有重要的理论意义。这也是本研究关注的重要方面。

从比较法的角度观察，国外学者的研究也对行政执法证据进入刑事诉讼问题作了关注，但是由于法系传统、检察机关的职能定位、证据排除规则的完善

〔1〕　参见储国樑、叶青主编：《知识产权犯罪立案定罪量刑问题研究》，上海社会科学院出版社2014年版，第125页。
〔2〕　参见十八届四中全会《中共中央关于全面推进依法治国若干重大问题的决定》。

程度等方面的不同，行政执法证据与刑事诉讼证据衔接问题无论在德国、法国等大陆法系国家还是美国、英国等英美法系国家都并不突出。在大陆法系国家，检察官是侦查主体，检察官可以指挥警察机关收集相关犯罪证据，而行政机关在执法过程中收集到的与犯罪相关的证据也有义务提交给检察官，检察机关也有权力要求行政执法机关提交相关犯罪证据。[1]在这一框架之下，行政执法机关在发现相关违法行为涉嫌犯罪后，不得对犯罪行为进行犯罪调查，必须及时通知检察机关。在大陆法系国家，行政执法证据与刑事诉讼证据衔接牵涉程序权利保障的问题，行政程序中的权利保障低于刑事诉讼中的权利保障，同时一些情形下还会与刑事诉讼的基本原则相冲突，如行政法上的协助义务与任何人不被强迫自证其罪之间存在着冲突、行政执法言词证据使用与直接言词原则存在着冲突等，这也影响到行政执法证据在刑事诉讼中的使用。[2]在英美法系国家，存在着以审判为中心的完善的刑事证据规则，如非法证据排除规则、传闻证据排除规则、品格证据排除规则、意见证据排除规则等。[3]这些证据规则统一适用于任何主体获得的证据，在这一背景下，行政执法机关收集的言词证据因属于传闻证据的范畴，不得在刑事诉讼中使用，而行政执法过程中收集的实物证据能否作为证据使用，则需要满足最佳证据规则、鉴真规则等的要求。[4]

在国外文献中，对于行政执法中收集的证据能否在刑事诉讼中使用的问题，代表性研究是欧盟学者对于欧盟反欺诈调查局所获证据在各国刑事诉讼中使用问题的研究，[5]这里既牵涉反欺诈调查局的调查报告（言词证据）在各国刑事诉讼中的使用，也涉及反欺诈调查局收集的物证、书证等证据在各国刑事诉讼中的使用。由于欧盟成员方中既有德国、法国等传统大陆法国家，也有英国等英美法国家，还包括混合法系的意大利等国（另外，斯堪的纳维亚半岛的立法

---

〔1〕 See M. Delmas-Marty, J. A. E. Vervaele（eds.）, *The Implementation of the Corpus Juris in the Member States: Penal Provisions for the Protection of European Finances*, Volume 4, Intersentia, 2002, pp. 307-308.

〔2〕 对不被强迫自证其罪原则保障的个案分析，参见林钰雄：《刑事程序与国际人权》，元照出版公司 2007 年版，第 294 页。

〔3〕 这在我国学者的论述中已经做了诸多讨论。美国证据法教科书中并不将非法证据排除规则纳入证据法讨论中，主要讨论其他的证据排除规则。参见［美］罗纳德·J. 艾伦等：《证据法：文本、问题和案例》，张保生等译，满运龙校，高等教育出版社 2006 年版。

〔4〕 关于实物证据鉴真，参见张保生主编：《证据法学》，中国政法大学出版社 2009 年版，第 200-206 页。

〔5〕 See M. Delmas-Marty, J. A. E. Vervaele（eds.）, *The Implementation of the Corpus Juris in the Member States: Penal Provisions for the Protection of European Finances*, Volume 4, Intersentia, 2001. See Celina Nowak（ed.）, *Evidence in EU Fraud Cases*, Wolters Kluwer Polska, 2013.

也比较特殊），不同法系的国家对于同一问题的不同做法也有重要研究价值。总体而言，在比较法上，行政执法证据进入刑事诉讼必须满足一定的条件，具体可以分为两种：一是取决于证据收集时的程序保障，指的是对基本权利、辩护权、个人信息权利的保障，如德国、法国的做法；二是要求行政执法证据在刑事审判中使用必须符合刑事证据规则。[1]同时，无论是英美法系还是大陆法系国家都重视对"以行政调查之名行刑事侦查之实"所获证据的排除，因其属于严重的程序违法行为。在行政执法证据在刑事诉讼中的具体运用上，强调要区分该证据在刑事程序启动、刑事侦查、刑事审判中的不同使用；[2]在审判程序中该证据需受到直接言词原则或传闻证据排除规则的限制，必须经过法庭的质证。在行政执法证据的证明力判断上，区分专业性的行政认定和普通的书证、物证，对于前者给予更高的证明力。

根据我国学界对于行政执法证据与刑事诉讼证据衔接的研究现状，并结合国外学者对这一问题的研究，本书认为，虽然我国学者在行政执法证据与刑事诉讼的转化规则、行政执法证据进入刑事诉讼的正当性、行政执法证据进入刑事诉讼的范围、行政执法证据进入刑事诉讼的规则建构方面取得了一定进步，也有部分学者从理论层面讨论了行政执法证据与刑事诉讼证据衔接问题，总体而言，学界当前对该问题的研究还存在一定的理论空白：

第一，在价值层面，现有研究更关注打击犯罪的需要，更多注重如何构建技术化规则使行政执法证据顺畅地进入刑事诉讼中使用，有论者将之表达为"片面强调行、刑配合和检察监督"，[3]缺乏权利保障层面上的关注，忽略了两种证据衔接带来的国家追诉权扩张的问题，忽略了可能对被追诉人实体权利、诉讼权利造成的影响。本研究将在打击犯罪与保障人权并重的价值追求下展开研究。

第二，在理论层面，缺乏对行政执法证据进入刑事诉讼问题的理论反思。行政执法证据进入刑事诉讼牵涉很多基本的理论命题，如行政权与司法权的关系、[4]行政不法与刑事不法的关系、法律程序与证据的关系、行政程序证据规则与刑事诉讼证据规则的关系、国家追诉权的扩张与辩护权保障的关系等。当

---

〔1〕　参见本书第二章"刑事诉讼中行政执法证据运用的比较考察"的相关分析。

〔2〕　See M. Delmas-Marty, J. A. E. Vervaele（eds.）, *The Implementation of the Corpus Juris in the Member States: Penal Provisions for the Protection of European Finances*, Volume 4, Intersentia, 2001, pp. 307-327.

〔3〕　程龙：《行政证据在刑事诉讼中使用问题研究》，法律出版社2018年版，第28页。

〔4〕　在这一方面，有论著已经开始关注和讨论。"从法理上看，司法权力对于行政权力存在制衡关系。"程龙：《行政证据在刑事诉讼中使用问题研究》，法律出版社2018年版，第28页。

前的学术研究中，更多从技术化规则、程序化规则角度进行研究，如转化、移送、审查规则等。由于缺乏宏观层面的关注与思考，行政执法证据与刑事诉讼证据衔接的理论研究难以深入。

第三，在制度层面，并未对刑事诉讼中行政执法证据的运用进行类型化研究，更多讨论了一般层面上的制度构建，如既有研究未区分行政执法证据在不同阶段（刑事诉讼启动、刑事侦查、刑事审判）、因不同目的（实质证据或弹劾证据）的不同使用，并未区分不同行政执法证据（专业性行政认定、普通书证）的证明力大小。在制度构建层面，这些方面都需要作出区分。

第四，在规则层面，在 2012 年修正的《刑事诉讼法》中，第 52 条第 2 款已经对行政执法证据进入刑事诉讼作了初步规定。学者、执法者、司法者对相关用语有着不同的理解，部分研究中也一定程度上存在"只表明立场，不说明理由"的倾向，如对于"物证、书证、视听资料、电子数据等""在刑事诉讼中可以作为证据使用"的理解，个别观点持有者更多只强调如何理解条文中的语词含义，但缺乏理论方面令人信服的论证理由。既有研究中对这一条文的教义学解读稍显不足，同时对法院如何审查行政执法证据也需要继续讨论，这也是本研究在具体规则层面，要着力解决的问题。

第五，在研究视角上，现有研究较为封闭，更多从刑事诉讼法角度对这一问题进行研究，行政法学者参与较少，缺乏从诉讼法、证据法、行政法、人权法等多学科视角下的考察。这些急需解决的问题构成了本书开展研究的动因。在当前法定犯不断增多的背景下，刑事诉讼中行政执法证据的运用并非一个简单的证据问题或程序问题，而是涉及国家刑罚权的司法扩张、刑事诉讼中的控辩平等、被追诉人诉讼权利保障的重要理论和实践问题，必须从更开阔的学术视野去审视和研究这一问题。因此，本书将从证据法理角度对行政执法证据进入刑事诉讼若干疑难问题进行系统、深入地研究。

（二）研究方法

为了促进相关研究目的实现，推进刑事诉讼中行政执法证据运用问题的研究，本书将使用如下研究方法：

（1）比较研究的方法。比较研究的方法对于本项目的研究具有重要意义，具体而言，包括三个方面的运用：一是行政执法证据与刑事诉讼证据衔接问题涉及行政执法证据与刑事诉讼证据的比较，需要分析两者之间的共性与差异，还需要回到行政执法证据与刑事诉讼证据形成的程序环境方面进行比较。二是对于这一问题的研究，需要对《刑事诉讼法》2012 年修正前的司法实践与《刑事诉讼法》2012 年修正后的立法、实践进行比较，以从中探讨相关条文的解释、相关司法实践做法的合理性和正当性问题。例如，2012 年之前的实践中对于行政执法言词证据采取了"转化"适用的做法，在 2012 年之后采取"直接"适用的做法是否具有正当性。三是对于行政执法证据与刑事诉讼证据衔接问题的中外比较，在任何存在"违法—犯罪"二元划分的法律制度里，在理论和实践上都存在行政执法证据与刑事诉讼证据衔接的问题，不同国家的做法可以为我国解决相关问题提供有益的参考和借鉴。在这一方面，本研究将重视不同国家司法制度、证据制度等的整体性，重视整体性框架下的问题解决，而非单纯地分析国外的立法条文或者实践做法，力图实现功能性的比较，避免对国外立法的简单理解。

（2）类型分析的方法。"类型化研究思维的重要意义在于，它是认识研究对象本质的重要手段。因为人类认识对象的本质并非一概的抽象存在，需要借助概念和类型两种分析工具共同来揭示。"[1]为行政执法证据进入刑事诉讼建构一个统一的规则是难以企及、难以实现的，必须采用类型分析的方法推进相关研究的深入。本课题研究中类型化的研究方法主要适用在三个领域：一是实物证据与言词证据的区分，实物证据与言词证据的生成不同，在收集、保存、运用方面的规则也不同，因而行政执法过程中收集的言词证据与实物证据应当区别对待，不应当笼统主张行政执法证据能否直接进入刑事诉讼中使用。二是在论证行政执法过程中收集的实物证据原则上可以直接进入刑事诉讼中使用的同时，还应当对实物证据作类型化区分，如行政执法机关在正当的执法过程中收集的实物证据、行政执法机关（尤其是公安机关、海关缉私部门等）"假借行政调查之名"收集的实物证据，以及数个不同的执法机关或执法机关与侦查机关一起收集的实物证据等，[2]这几种类型下的行政执法实物证据也应当适用不同的证据能力规则。三是在我国刑事诉讼法上，对物证、书证、视听资料、电子数据等的区分，本身就是在关注不同证据的本质及其发挥证明作用不同的基础上作出的划分，在这个意义上，实物证据仍然可以进一步划分为物证、书证、视听资料、电子数据，同样的，在研究中，对于 2018 年《刑事诉讼法》第 54 条第 2 款的解释，本书也会关注到现场笔录、鉴定意见等行政证据种类的特殊性问题。

---

[1] 张继承：《亲属身份权研究》，暨南大学出版社 2012 年版，第 68 页。
[2] 参见本书第四章"刑事诉讼中行政执法实物证据运用的类型区分"的相关分析。

（3）实证研究方法。法学是一门面向实践的学科，因此，对于法律实践效果的观察和分析在法学研究中也尤其重要。法律实证研究可以检验法律适用的效果，发现法律适用中存在的问题，并为立法的完善提供重要参考。在具体研究方法的采用上，本书将重视定性的实证研究与定量的实证研究的结合，[1]主要采取定性的实证研究方法。在对行政执法证据与刑事诉讼证据衔接这一问题进行研究时，本书不仅关注理论上的合理性，还将以我国 2012 年《刑事诉讼法》修正为契机，收集 2012 年《刑事诉讼法》修正前后的法院裁判文书进行分析，以发现人民法院如何对待行政执法证据进入刑事诉讼的问题、发现人民法院在行政执法证据进入刑事诉讼方面的基本立场和裁判逻辑。

三、本书结构与主要内容

第一章，刑事诉讼中行政执法证据运用的基本理论。从证据与程序的关系来看，证据是在法律程序中形成的，是一系列法律行为后产生的某种法律结果，是受到程序环境的影响和塑造。行政程序和刑事程序分属不同的程序环境，塑造了不同证据，这也是为何会产生两种证据衔接问题的原因。在刑事诉讼中行政执法证据运用的正当性上，除了行政违法与刑事犯罪的关联性、刑法功能实现的现实需要，在行政执法证据收集中提供必要的权利保障是另一重要方面。行政执法证据进入刑事诉讼可以区分为三种情形：一是行政机关在执法中发现相关事项涉嫌犯罪的证据，移送给公安司法机关；二是行政机关在执法中发现涉嫌其他犯罪的证据，移送给公安司法机关；三是行政机关在执法中从国外获得的证据，移送给公安司法机关。

第二章，刑事诉讼中行政执法证据运用的比较考察。为了保护欧盟财产利益，欧盟在 1999 年成立了作为行政调查机构的欧盟反欺诈调查局（OLAF），本章以 OLAF 的相关实践为分析样本。研究发现，OLAF 收集的证据在进入成员方刑事诉讼中遭遇了刑事调查权欠缺、法定证据种类不符、权利保障水平低等三方面障碍。由于欧盟立法中未对 OLAF 收集的行政证据能否直接进入成员方刑事诉讼作出规定，各国根据本国刑事诉讼法，通过不同方式对上述问题作了回应。上述实践给我国立法的启示是，刑事调查权只能由特定机关行使，进入刑事诉讼的行政执法证据必须符合《刑事诉讼法》规定的证据种类要求，同时，必须提高行政调查中的权利保障水平，以促进行政执法证据有效进入刑事诉讼。

---

〔1〕 参见郭云忠、王贞会：《法律实证研究方法扫描》，载赵秉志主编：《刑事法时评（第 4 卷）》，中国法制出版社 2012 年版，第 367 页。

第三章，刑事诉讼中行政执法言词证据的有限使用。根据《刑事诉讼法》第 54 条第 2 款的规定可知，行政机关依法收集的实物证据可以直接进入刑事诉讼，对于行政机关收集的言词证据则未予明确。在比较法上，从行政程序中获得的书面言词证据原则上不具有刑事可采性。我国学者对这一问题的讨论存在不同立场，反映了刑事证据法中自由证明理念与权利保障理念的对立。前者在立法和实践上已遭到诸多背离，我们应当从权利保障角度反思行政执法证据进入刑事诉讼的范围问题。在这一视角下，行政执法主体依法收集的实物证据原则上可以作为刑事诉讼证据使用，但存在排除例外；行政执法言词证据原则上不得用于严格证明，可以作为有利于被告人的证据、弹劾证据或在证人、鉴定人死亡等特定情形下使用。

第四章，刑事诉讼中行政执法实物证据运用的类型区分。行政执法证据进入刑事诉讼范围原则上限定为物证、书证、视听资料、电子数据等实物证据。同时，还应当区分行政执法主体收集的实物证据的不同类型：一是行政执法主体依法执法中取得的实物证据；二是行政执法主体"以行政执法之名行刑事侦查之实"取得的实物证据；三是行政执法机关与侦查机关联合调查取得的实物证据，并分别建构不同的审查规则。在第一种类型之下，应当评价是否有法律授权、是否具有正当的执法目的、是否有执法资格、是否符合法定程序这四个方面；在第二种类型之下，应当确立"以行政执法之名行刑事侦查之实"所获实物证据排除规则，在判断标准上采综合标准；在第三种类型之下，应当以"主导机关决定法律程序"的基本思路，综合判断联合执法所获证据能否在刑事诉讼中使用。

第五章，执法主体双重职权下证据运用的特殊问题。在这一章中重视公安机关、海关等同时具有行政执法权和刑事侦查权的机关收集的行政执法证据在刑事诉讼中运用的问题。以公安机关办案为分析对象，论证了我国公安机关具有行政执法和刑事侦查的复合性调查权，其运行应遵循程序分离原则，既包括立法上两种不同权力行使的法律依据相分离，也包括在实践中行政调查与刑事侦查的分离，具体方式包括主体区分、事项区分和调查措施区分三个方面。根据程序分离原则的要求，公安机关执法办案中应当区分行政调查和刑事侦查，不得出现行政调查和刑事侦查的混淆、"以行政执法之名行刑事侦查之实"等做法，以违反程序分离原则之方式获得的行政执法证据不得进入刑事诉讼作为证据使用。

第六章，刑事诉讼中行政执法证据运用的实证分析。本章以 2012 年《刑事诉讼法》修正以来，北大法宝、元典智库中收集的 98 份刑事裁判文书为基础，对行政诉讼证据进入刑事诉讼进行实证分析。经统计分析发现，我国行政执法证据与刑事诉讼证据衔接的法律文件众多、相关用语不规范是司法裁判立场不一的重要原因之一。法院在行政执法证据进入刑事诉讼中使用问题的裁判上，显示出了强烈的实用主义倾向，存在着不当放大行政执法证据的取证主体范围、裁判立场缺乏统一性、个别裁判逻辑不清晰和未履行有效审查义务等方面的问题，这造成了法律适用上的不统一，也一定程度上影响到刑事司法公正，应当适当加以规制。

第七章，刑事诉讼中行政执法证据运用的改进思路。本章在前几章研究的基础上提出，刑事诉讼中行政执法证据运用的改进思路是回到《刑事诉讼法》第 54 条第 2 款的解释论。在"尊重与保障人权"的修法精神与畅通行刑衔接的规范目的下，通过学理分析阐明这一条款中包含的不确定法律概念的内涵。立法者从三个方面对于可能进入刑事诉讼中的行政证据进行了限定，即行为主体是"行政机关"、行为场域是在"行政执法和查办案件过程中"、行为方式是"收集"。行政执法实物证据进入刑事诉讼中使用需要以辨认和鉴真为前提，行政执法言词证据的使用应当确立有限使用规则。在以审判为中心的背景下，人民法院对行政执法证据的审查具有最终性，应当通过"分段式审查"模式进行，包括依据行政法和刑事诉讼法的双重审查。

第一章
刑事诉讼中行政执法证据运用的基本理论

本章概要: 刑事诉讼中行政执法证据运用问题牵涉一些基础理论问题,包括如何理解证据、如何界定行政执法证据和刑事诉讼证据、如何论证刑事诉讼中行政执法证据运用的正当性等,这些问题的讨论是后续几章展开的基础。首先,应当回到何谓"证据"这一问题上,对于证据的不同认识,是导致对两种证据衔接的认识差异和实践混乱的根源之一。传统观点更多从"结果"的角度出发,认为证据是"事实""材料""信息"等,以上观点存在不足,应当从程序与证据之间的关系出发,从程序的角度理解证据。证据是在不同法律程序中形成的,受到不同程序环境的影响和塑造。本章梳理了学者对于行政执法证据与刑事诉讼证据的不同界定,分析了行政执法证据与刑事诉讼证据之间的共性与差异。本书认为,行政执法证据与刑事诉讼证据系在不同法律程序中形成或收集的不同证据,程序环境对于证据具有塑造作用,两种不同的程序环境塑造了不同性质的证据,进而产生了两种证据衔接的问题。在刑事诉讼中行政执法证据运用的正当性上,除了行政违法与刑事犯罪的关联性、行政执法与刑事司法的"先行后续"、刑法功能实现的客观需要,本章还提出了,在行政执法证据收集中,提供必要的权利保障构成了刑事诉讼中行政执法证据运用的另一重要依据,这也是全书立论的基本理论观点之一。

长期以来,我国学者对于刑事诉讼中行政执法证据运用的基本理论很少专门加以讨论,更多从技术、操作化层面讨论行政执法证据与刑事诉讼证据衔接问题,如在术语使用上,"衔接"一词被广泛使用,就一定程度上代表了部分学者对这一问题的认识。近期,陈瑞华教授从行政不法与刑事不法的层次化角度出发,分析了行政执法证据与刑事诉讼证据衔接的基础理论,提升了对这一问题讨论的理论层次，具有重要学术意义。[1]一般认为，"行政—刑事"的二元处罚机制、犯罪专业化、行政执法在前等都是这一问题产生的原因，但在学术研究上，还有进一步讨论的空间。如何理解"证据"、行政执法证据和刑事诉讼证据的具体内涵以及两者之间的区别、行政执法证据进入刑事诉讼的必要性和正当性等问题是讨论刑事诉讼中行政执法证据运用问题的基础，以下将从"行政执法证据与刑事诉讼证据"出发，对上述问题逐一展开讨论。

第一节 行政执法证据与刑事诉讼证据

一、行政执法证据与刑事诉讼证据的界定

（一）"证据"与不同程序下的证据[2]

虽然从既有研究来看，学者对行政执法证据、刑事诉讼证据的界定作了诸多讨论，但是对两者的界定必须回到对"证据"概念的讨论，对于证据的不同认识是导致对两种证据衔接的认识差异和实践混乱的根源之一。在立法上，我国1979年《刑事诉讼法》第31条第1款规定，"证明案件真实情况的一切事实，都是证据"。在1996年《刑事诉讼法》修正中，立法者延续了这一规定。在学术研究上，这被总结为"事实说"，这一主张遭到了学界的诸多批评，学者后来又提出了"根据说""材料说""信息说""内容与形式统一说"等不同学术观点。[3]但长期以来，任何能够证明案件的事实都是证据的观点对我国司法实践有着重要影响，在一些裁判文书中我们都可以看到类似表达或潜在逻辑。按照这一观点，在"两法衔接"案件中，行政执法证据与犯罪事实有关联，也能够对案件事实的存在与否产生证明作用，因此，行政执法证据当然能作为刑事诉讼证据使用。2012年修正后的《刑事诉讼法》中正式采纳了"材料说"，即"可以用于证明案件事实的材料，都是证据"。但是，这一规定仍然未能走出这一认识，即"任何材料只要能反映案件事实，都是证据"[4]。"事实说"

---

〔1〕 参见陈瑞华：《行政不法事实与犯罪事实的层次性理论——兼论行政不法行为向犯罪转化的事实认定问题》，载《中外法学》2019年第1期。

〔2〕 部分内容来自冯俊伟：《行政执法证据进入刑事诉讼的类型分析——基于比较法的视角》，载《比较法研究》2014年第2期。

〔3〕 参见宋英辉、汤维建主编：《证据法学研究述评》，中国人民公安大学出版社2006年版，第148页以下。

〔4〕 程龙：《行政证据在刑事诉讼中使用问题研究》，法律出版社2018年版，第9页。

"材料说"以及"根据说"等学术观点的共同特点是，更重视证据的证明作用，偏重于从结果角度对证据作出界定。除了对证据概念作出明确界定，在我国司法实践中另一种具有广泛影响的观点或认识是，任何具备证据"三性"（客观性、关联性、合法性）的证据材料都可以作为证据使用。过分依赖对证据的"结果化"认识，对证据问题的过分简单化处理（更多关注证据"二性"）使得对于刑事诉讼中行政执法证据运用问题的讨论难以深入、难以展开。

本书认为，不应当仅从证明作用或者"结果"的角度界定证据、认识证据，还必须建立"程序化"的证据观念。按照特文宁教授的说法，必须以一种"过程思维"来重新审视证据问题。[1]从这一角度出发，首先证据是一种法律程序产品，[2]其次证据是一系列法律行为后产生的一个结果，受到（不同）法律程序的影响和塑造。因此，我们应当树立一种"过程化"的证据观念，证据的形成和收集、运用都受到法律程序的影响和约束。如在证据的形成和收集上，以讯问笔录为例，刑事诉讼法上对于讯问主体、讯问场所、讯问中的权利告知、讯问的一般程序、禁止不法讯问、讯问录音录像、讯问笔录制作等都作了细致规定，违反上述程序规定形成的笔录一般不得作为刑事证据使用。相较而言，行政执法中询问笔录制作的程序规定则与刑事诉讼法上讯问的程序规定存在差异，在性质上有所不同，在程序严格性、程序保障等方面都有所不同。在证据运用上，刑事诉讼法中对于言词证据、实物证据的出示、质证等都作了规定，而我国相关行政程序立法中则缺乏对上述方面的规定，仅《行政诉讼法》作了相关规定；而行政诉讼与行政程序属于两个完全不同的领域。因此，不同法律程序对证据的要求不同，不同的程序环境也形成和塑造了不同性质的证据。这也是为何会产生行政执法证据与刑事诉讼证据衔接、监察调查证据与刑事诉讼证据衔接、民事证据能否作为刑事诉讼证据使用等问题的根源之所在。罗伯茨教授指出，将证据与程序割裂的观点是存在问题的，他认为："对于证据法教学和学习而言，将学理性规则适当地安置于制度性语境，绝对是完全必要的。"[3]本书认为，应当将证据放在法律程序中进行审视，证据是一种法律程序产品，

---

〔1〕　参见［英］威廉·特文宁：《反思证据：开拓性论著》，吴洪淇等译，中国人民大学出版社2015年版，第253页。

〔2〕　这一观点的提出，受到了Gless教授论述的启发。See S. Gless, Mutual Recognition, Judicial Inquiries, Due Press and Fundamental Rights, in J. A. E. Vervaele, European Evidence Warrant: Transnational Judicial Inquiries in the EU, Antwerp-Apeldoorn, Maklu, 2005, p. 123.

〔3〕　［英］保罗·罗伯茨：《普通法系证据法的五个基本谬误》，阳平译，载《证据科学》2018年第1期。

不同法律程序中的证据有所不同。法律程序在程序性质、程序目的、程序价值、程序保障、程序措施、程序救济等方面的差异会对证据产生影响，进而塑造不同性质的证据。[1]如果行政执法证据不符合刑事证据的要求，则不能具有刑事可采性。[2]上述观点是本书讨论行政执法证据进入刑事诉讼的基本立场之一。

（二）行政执法证据的界定

在讨论完"证据"的理解后，我们需要对行政执法证据和刑事诉讼证据的界定作出分析。在我国学者的讨论中，"行政证据""行政执法证据""行政程序证据"都在相近的意义上使用。关于"行政证据"，有学者指出，行政证据是指行政主体在执法中"为证明某种行为违法而收集的证据"。[3]也有论者认为，行政机关收集的证据或当事人提供的证据都应当属于行政证据的范畴。[4]对于"行政执法证据"，有论者指出，是指"在执法过程中形成的能够证明行政执法案件真实情况的一切材料"。[5]而"行政程序证据"是指，行政执法者收集的证据，[6]或行政执法者在执法中收集的或者当事人提供的证据。[7]从上述概念界定来看，这三个概念的内涵基本相同，只是存在着不同的表述，部分论者认为，"行政证据""行政执法证据""行政程序证据"仅包括执法主体收集的与案件事实相关的证据；也有论者的概念界定中指出，除执法主体收集的证据外，还包括当事人提供的证据。"行政证据""行政执法证据""行政程序证据"的使用意在与"行政诉讼证据"相区别，这也有助于其与民事诉讼证据、刑事诉讼证据相区别。从一般意义上理解，这三个概念内涵较为相近。从语义表达上看，行政执法证据的范围小于行政证据或行政程序证据。根据行政法的基本理论，行政行为包括多种形式，"行政程序"也不仅包含"行政执法程序"（行政执法涉及执法权、执法主体、执法程序、执法后果等具体规定），还包括行政

---

〔1〕 进一步分析，参见冯俊伟：《〈监察法〉实施中的证据衔接问题》，载《行政法学研究》2019年第6期。

〔2〕 See Daniel Gilhofer, Use of Administrative Evidence in Criminal Proceedings in Austria, 4 Eucrim 2022, p. 266.

〔3〕 张晗：《行政执法与刑事司法衔接之证据转化制度研究——以〈刑事诉讼法〉第52条第2款为切入点》，载《法学杂志》2015年第4期。

〔4〕 参见应松年主编：《行政诉讼法学》，中国政法大学出版社2015年版，第125页。

〔5〕 孙伟：《行政执法证据刑事司法化的现实性浅析》，载《山西省政法管理干部学院学报》2013年第1期。

〔6〕 参见杨威：《论行政程序证据在经济犯罪侦查中的应用——以行政程序证据向刑事证据的转化为视角》，载《吉林公安高等专科学校学报》2008年第1期。

〔7〕 参见王维民编著：《行政程序证据制度研究》，中国言实出版社2014年版，第16页。

复议、行政调解等程序，但是，从学者对"行政证据""行政程序证据"的界定来看，"行政执法"是一个被扩大解释的概念，其内涵不仅包括传统理解的狭义执法，还包括其他行政行为（如行政复议等行为），"行政执法证据"与"行政证据"、"行政程序"证据在同一意义上被使用。[1]为了行文方便，本书统一使用"行政执法证据"的表述，从证据概念"信息说"的角度出发，"行政执法证据"具体是指行政主体在行政执法中形成或收集的能够证明涉案事实的各种信息。

（三）刑事诉讼证据界定

在大陆法传统的法学研究中，法学研究是基于一定的概念体系展开的，因此，学者习惯于对不同法律概念作出界定。我国学者也对刑事证据法中的相关概念作了界定。应当说，在概念界定上，刑事诉讼证据的界定较少存在争议。刑事诉讼证据一般也被称为"刑事证据"，按照通说的观点，刑事证据是"内容与形式的统一，证据的内容是证据所表达的事实，证据的形式是事实赖以存在的载体"。[2]从我国证据法学的发展史来看，我国学者对于刑事证据法的研究较早，也最为发达，民事诉讼证据、行政诉讼证据、行政执法证据的诸多研究都借鉴和使用了刑事证据法的术语和相关研究，如在"证据"界定上，"事实说""材料说""根据说""信息说""形式与内容统一说"等讨论都是在刑事诉讼证据的背景下进行的，而《刑事诉讼法》修正中在证据种类上新增"电子数据"这一种类后，《民事诉讼法》《行政诉讼法》的修正中也新增了这一证据种类。受到《刑事诉讼法》修正的影响，一些学者也认为，在刑事诉讼证据的界定上，应当放弃从"事实说"对刑事证据的界定，进而从"材料说"对证据进行界定，如主张"证据就是证明案件事实的材料"。[3]借鉴 2018 年《刑事诉讼法》第 50 条第 1 款"可以用于证明案件事实的材料，都是证据"这一表述，对刑事诉讼证据进行界定具有一定的合理性，但"材料说"本身也存在诸多不足，如"言词证据"明显不属于一种材料，"材料说"也难以将与陈述者相关的情态证据纳入其中。[4]在刑事证据的界定上，本书赞同，从信息角度界定更具合理性，即"证据是与案件事实相关的，用于证明所主张事实之存在可能

---

〔1〕　除了上述几种称谓，还有学者使用了行政调查证据的表述。

〔2〕　陈光中主编：《刑事诉讼法学》，高等教育出版社、北京大学出版社 2012 年版，第 151 页。

〔3〕　易延友：《证据法学：原则　规则　案例》，法律出版社 2017 年版，第 5 页。

〔4〕　参见龙宗智：《进步及其局限——由证据制度调整的观察》，载《政法论坛》2012 年第 5 期。

性的信息。……证据是信息与载体的统一……是内容和形式的统一"。[1]

二、行政执法证据与刑事诉讼证据的比较

在对行政执法证据与刑事诉讼证据作出初步界定后，研究行政执法证据进入刑事诉讼的问题面临着如何看待两种证据的难题，如果两者实质相同，则在理论上并不存在衔接的问题，如果两者存在差异，其主要差异何在，这一问题是刑事诉讼中行政执法证据运用面临的基本问题，以下将做进一步分析。

(一) 两种证据的共性

在行政执法证据与刑事诉讼证据的共性上，一般认为，两者都属于证据的范畴，但是属于同一范畴并不代表两者相同，这从对两者的界定就可以看出。既有研究中的另一个普遍观点是，行政执法证据与刑事诉讼证据都必须具备证据"三性"（客观性、关联性、合法性，也有学者表述为真实性、关联性、合法性)。[2]"行政证据与刑事证据不仅内在属性相同，都是'证明案件事实的材料'，均需具备客观性、关联性、合法性，而且外在形式也基本相同。"[3]不同领域的证据具有共同性，从我国证据法学研究的思想来源来看，这一观念最早可能受到了《肯尼刑法原理》一书中相关表述的影响，在该书中作者在对抗制审判的语境下，讨论了刑事诉讼与民事诉讼中共同的原则，如举证责任、提出证言的方式、诱导性提问、证据的相关性、最佳证据规则、传闻证据等。[4]在我国学者出版的证据法学教材中，也提出了三大诉讼证据共同的原则等问题。在"统一证据法"和证据共同原则等观念的综合影响下，一些学者和司法者认为，不同领域的证据都具有共同的属性，即证据的"三性（客观性、关联性、合法性或真实性、客观性、合法性）"。

持上述观点的论者未能注意到的是，首先，证据到底有哪些属性，在我国

---

〔1〕 张保生主编：《证据法学》，中国政法大学出版社 2009 年版，第 12 页。

〔2〕 参见杨威：《论行政程序证据在经济犯罪侦查中的应用——以行政程序证据向刑事证据的转化为视角》，载《吉林公安高等专科学校学报》2008 年第 1 期。参见赵性雨、王倩：《行政执法证据与刑事司法证据衔接问题研究》，载《山东行政学院学报》2014 年第 6 期。

〔3〕 田宏杰：《行政犯罪的归责程序及其证据转化——兼及行刑衔接的程序设计》，载《北京大学学报（哲学社会科学版）》2014 年第 2 期。

〔4〕 参见［英］J. W. 塞西尔·特纳：《肯尼刑法原理》，王国庆等译，华夏出版社 1989 年版，第 506-528 页。

学者的讨论中并未形成一致意见，而传统的三性说"客观性、关联性、合法性"已遭到了诸多批判。例如，有论者专门撰文指出，自 1978 年以来我国证据法发展主要体现为"客观性"到"相关性"的制度转型。[1]在证据具有真实性或者客观性的问题上，根据证据法的基本原理，"事实与证据的关系，在某些方面类似本质和现象、内容和形式的关系；事实具有不变性，证据具有变动性；事实是整体，证据是片段；事实具有本源性，证据具有表征性"。[2]因此，张保生教授指出，事实具有真实性，证据只是事实的一种表象，证据可真可假；证据具有客观性的说法，则存在着将存在的客观性当作证据属性的问题，如果说证据具有客观性，那也可以说证据也具有主观性。[3]在合法性方面，通说认为，合法性"是指证据的形式以及证据收集的主体、方法和程序应当符合法律的规定，并且证据必须经过法定的审查程序，其中重点强调证据收集手段、方法的合法性"。[4]按照学者的研究，在比较法上，违法取得的证据（illegally obtained evidence）、违规取得的证据（irregularly obtained evidence）、不当取得的证据（improperly obtained evidence）具有不同的法律含义，同时也有着不同的法律处理后果。[5]我国学者对证据合法性的界定过于宽泛，随之带来的问题就是，在我国的语境下如果不属于合法取证该如何处理。按照通说对证据合法性的界定，行政执法证据与刑事诉讼证据也具有较大差异，如两者在取证主体、取证手段、取证方法、取证程序、当事人的程序权利等方面都存在较大差异，不应当认定行政执法证据与刑事诉讼证据在合法性上相同。在关联性或者相关性上，证据的关联性或相关性的判断必须与实体法的规定结合起来，按照《美国联邦证据规则》第 401 条的规定，"'相关证据'是指使任何事实的存在具有任何趋向性的证据，即对于诉讼裁判的结果来说，若有此证据将比缺乏此证据时更有可能或更无可能"。[6]而行政法和刑法在处罚要件或构成要件方面存在较大差异，在违法性的关注上也不一样，按照陈瑞华教授的论述，行政不法事实关注"行政法上的构成要件事实"，而犯罪事实的认定除要关注行政不法事实

---

〔1〕　参见阳平：《从客观性到相关性：中国证据法学四十年回顾与展望》，载《浙江工商大学学报》2018 年第 6 期。

〔2〕　张保生：《事实、证据与事实认定》，载《中国社会科学》2017 年第 8 期。

〔3〕　参见张保生主编：《证据法学》，中国政法大学出版社 2009 年版，第 2 页、第 14-18 页。

〔4〕　陈光中主编：《刑事诉讼法学》，高等教育出版社、北京大学出版社 2012 年版，第 153 页。

〔5〕　参见何家弘：《适用非法证据排除规则需要司法判例》，载《法学家》2013 年第 2 期。

〔6〕　［美］罗纳德·J. 艾伦等：《证据法：文本、问题和案例》，张保生等译，满运龙校，高等教育出版社 2006 年版，第 148-149 页。

外，还要求行为人具备"特定犯罪构成要件事实"，如情节严重、造成严重后果等。[1]因此，因实体构成要件不同，行政执法证据与刑事诉讼证据并不相同。

（二）两种证据的差异

从证据法的基本原理来看，行政执法证据与刑事诉讼证据因证据形成、收集和运用的程序环境不同，因此，两者虽然同属于证据范畴之下的不同性质的证据，在形成、收集、保管运用等环节具有一定的共性，如遵循程序法定、保障人权、证据裁判等基本原则，但是，行政执法证据与刑事诉讼证据存在较大差异，在研究行政执法证据进入刑事诉讼的问题上，关注两者的差异更有利于问题的深入研讨。从当前学者的讨论来看，对两者差异的认识存在以下观点（见表1-1）：

表1-1 当前学者关于"两种证据的差异"的研究文献及其观点

序号	作者	文献来源	主要观点
1	顾永忠	《行政执法证据"在刑事诉讼中可以作为证据使用"解析》	行政执法与刑事司法的性质不同、证据制度不同，前者的法治化程度低[2]
2	田宏杰	《行政犯罪的归责程序及其证据转化》	两者在证据收集主体、程序方面存在差异[3]
3	董坤	《行、刑衔接中的证据问题研究》	所存在的诉讼环境不同，所证明的案件事实的性质也不一样（主要是社会危害的严重程度）[4]
4	郝爱军殷宪龙	《行政机关收集证据在刑事诉讼中运用的疑难问题解析》	行政执法与刑事诉讼的严格性程度有所不同[5]

---

[1] 参见陈瑞华：《行政不法事实与犯罪事实的层次性理论——兼论行政不法行为向犯罪转化的事实认定问题》，载《中外法学》2019年第1期。

[2] 参见顾永忠：《行政执法证据"在刑事诉讼中可以作为证据使用"解析》，载《法律适用》2014年第3期。

[3] 参见田宏杰：《行政犯罪的归责程序及其证据转化——兼及行刑衔接的程序设计》，载《北京大学学报（哲学社会科学版）》2014年第2期。

[4] 参见董坤：《行、刑衔接中的证据问题研究——以〈刑事诉讼法〉第52条第2款为分析文本》，载《北方法学》2013年第4期。

[5] 参见郝爱军、殷宪龙：《行政机关收集证据在刑事诉讼中运用的疑难问题解析》，载《中国刑事法杂志》2013年第9期。

续表

序号	作者	文献来源	主要观点
5	孙康	《行政证据与刑事证据的衔接与转化》	证据的收集程序不同，刑事诉讼证据收集更严格[1]
6	吴猛、程刚	《刑事诉讼中行政执法证据的法律地位》	取证主体、取证程序、证据形式、证明标准等不同[2]

从上述学者的论述可知，[3]学界对于行政执法证据与刑事诉讼证据之间的差异早有认知，但是在具体观点上并不相同，如有的学者从取证主体、取证方式、证据形式等具体层面作了分析，也有学者从"证明目的""证明要求""证明标准"等中观层面作了区分，还有学者在更宏大的理论视角之下，从"法治化程度""诉讼环境"等宏观层面对两者的差异作了审视。这些研究对于认识行政执法证据与刑事诉讼证据之间的差别具有重要意义，但是，其中的一些观点也存在进一步讨论的空间，如从"证明标准"不同来论述两种证据的差别。从证据法原理上看，证明标准是承担证明责任一方在卸除证明责任时提出证据的质和量的要求，行政程序和刑事诉讼中证明标准的差异并不能直接影响到对个别证据的要求。换言之，证明标准是对全案证据的整体观察和评价，与行政执法证据直接进入刑事诉讼的正当性问题缺乏必要的关联，证明标准不是证据可采性要求。那种认为，因行政程序中的证明标准与刑事诉讼证明标准不同，在证据转化时必须要经过办案机关审查后才能作为刑事证据使用的观点是不具有合理性的。[4]

在上述学者的讨论中，从"法治化程度""诉讼环境"的角度对行政执法证据与刑事诉讼证据之间的差异进行比较更具意义。行政程序与刑事诉讼程序在法治化程度上存在差异，如刑事诉讼中必须严格贯彻正当程序原则，这与宪法中的基本权利保障密切相关，而行政程序中的行政正当程序则较为宽松；刑

---

[1] 参见孙康：《行政证据与刑事证据的衔接与转化》，载《学习论坛》2012 年第 3 期。

[2] 参见吴猛、程刚：《刑事诉讼中行政执法证据的法律地位——以证据的审查核实为视角》，载《人民司法》2016 年第 19 期。类似观点，还可以参见杨威：《论行政程序证据在经济犯罪侦查中的应用——以行政程序证据向刑事证据的转化为视角》，载《吉林公安高等专科学校学报》2008 年第 1 期。

[3] 其他文献中也总结了两者的不同，如调查和收集证据的主体不同、调查和收集证据的目的不同、调查和收集证据的途径不同、证据的合法性要求不同。河北省卫生厅食品安全与卫生监督处编：《非法行医涉嫌犯罪案件移送指南》，中国法制出版社 2013 年版，第 160~162 页。

[4] 参见吴猛、程刚：《刑事诉讼中行政执法证据的法律地位——以证据的审查核实为视角》，载《人民司法》2016 年第 19 期。

事诉讼立足于公正价值，对于国家权力行使设立了严格的条件，我国《刑事诉讼法》中也规定了犯罪嫌疑人和被告人享有被告知指控性质与罪名、获得律师帮助、获得免费翻译、不被强迫自证其罪等权利，而行政程序则立足于效率价值或秩序价值，对于行政权力行使的程序规定较少，行政相对人在行政程序中也不享有获得律师帮助、获得免费翻译、不被强迫自证其罪等程序权利，相反，在一定情形下行政相对人还负有行政协助义务。

本书认为，行政执法证据与刑事诉讼证据系在不同法律程序中形成或收集的不同证据，程序环境对于证据具有影响和塑造的作用，行政程序和刑事程序不同的程序环境塑造了不同性质的证据，这也是为何会产生行政执法证据与刑事诉讼证据衔接问题的根源之所在。[1]在"程序环境"不同的宏观背景下，两种证据的差异具体体现为取证主体、取证方式、取证地点、取证手段、取证程序等方面的不同。这一问题将在下一节作进一步的分析和论证。

第二节　行政执法证据进入刑事诉讼的正当性

一、行政执法证据进入刑事诉讼正当性的不同表达

虽然行政执法证据与刑事诉讼证据具有较大差异，但在"行政罚—刑罚"二元处罚结构之下，行政执法证据进入刑事诉讼具有一定的必要性。从案件发生的过程来看，刑事案件的发生一般是一个从违纪或违法开始逐渐成为犯罪的过程，从刑法最后性的特点也可知，一定是在其他法律手段难以有效解决时，才需要采用刑事制裁来处理。在这一过程中，行政执法人员在执法中收集的证据如果不能在刑事诉讼中使用，而犯罪现场已经不复存在或已经被破坏，物证、书证等实物证据无法再次提取，在案件转化为刑事案件后，刑事侦查机关则面临追诉难题，这将导致无法追究犯罪，难以实现刑法一般预防和特别预防的制度功能。因此，从比较法角度观察，没有一个国家或者地区完全排斥刑事诉讼中行政执法证据或者行政调查信息的使用，行政证据与刑事诉讼证据的衔接具有一定的必要性和正当性。在我国立法和司法的特点下，学者对于行政执法证据进入刑事诉讼必要性、正当性提出了不同的主张（见表1-2）。

---

〔1〕 参见冯俊伟：《〈监察法〉实施中的证据衔接问题》，载《行政法学研究》2019年第6期。

表1-2 当前学者关于"行政执法证据进入刑事诉讼必要性、正当性"的研究文献及其观点

序号	作者	文献来源	主要观点
1	顾永忠	《行政执法证据"在刑事诉讼中可以作为证据使用"解析》	"行政违法行为与刑事犯罪行为具有天然联系，是行政执法证据进入刑事诉讼领域的实体基础；同时，行政执法程序先于刑事诉讼程序，是行政执法证据进入刑事诉讼领域的程序基础"[1]
2	刘洋、张斌	《行政执法证据与刑事证据衔接的理论基础》	"实体法层面，是因为行政、刑事法律的调整对象有交集，……构成要件的认定可共通；程序法层面，是因为我国实行违法、犯罪二元追责机制，犯罪事实往往先从行政执法中探知，违法和犯罪竞合时刑事程序被前置；证据法层面，是因为证明资源的稀缺性和证据的客观关联性"[2]
3	董坤	《行、刑衔接中的证据问题研究》	两种证据在证明案件事实上的"质"的同一、"质"与"量"的可通约性、刑事取证主体的适度拓展[3]
4	田宏杰	《行政犯罪的归责程序及其证据转化》	"'前置法定性与刑事法定量相统一'的犯罪认定机制和'行政优先为原则、刑事先理为例外'的行刑衔接程序安排"[4]
5	谢登科	《论行政执法证据在刑事诉讼中的使用》	证明对象的重叠性、行政程序的先行性、程序运行的保障性[5]

---

〔1〕 顾永忠：《行政执法证据"在刑事诉讼中可以作为证据使用"解析》，载《法律适用》2014年第3期。

〔2〕 刘洋、张斌：《行政执法证据与刑事证据衔接的理论基础》，载《东北大学学报（社会科学版）》2017年第5期。

〔3〕 参见董坤：《行、刑衔接中的证据问题研究——以〈刑事诉讼法〉第52条第2款为分析文本》，载《北方法学》2013年第4期。

〔4〕 田宏杰：《行政犯罪的归责程序及其证据转化——兼及行刑衔接的程序设计》，载《北京大学学报（哲学社会科学版）》2014年第2期。

〔5〕 参见谢登科：《论行政执法证据在刑事诉讼中的使用——基于典型案例的实证分析》，载《华东政法大学学报》2016年第4期。

续表

序号	作者	文献来源	主要观点
6	孙末非	《行政执法证据在刑事诉讼中的使用》	行政证据可能具备"不可替代性""超越性""经济性"[1]
7	程龙	《关于行政执法证据的转化问题》	证据无法再行取得,包括形式上和证据内容上的无法再行取证两方面[2]
8	丁勇	《治安案件证据向刑事案件证据的转化研究》	一是节约资源,避免重复取证等;二是客观需要,部分证据难以再次取得[3]

　　上述学者对于行政执法证据进入刑事诉讼必要性、正当性的论述具有一定代表性,也反映了我国学者对于这一问题的基本认知。从论证思路出发,上述观点可以总结为四种思路:第一种思路是,行政违法与刑事犯罪的关联。诚如前文所述,一个行为人的犯罪行为基本上是一个先轻微违法到严重违法再到触犯刑法的过程,而行政机关在行政执法中收集的相关证据材料或信息能够对行为的产生、发展以及引起的后果进行有效证明,因此,行政执法证据对于刑事犯罪行为具有一定的证明性。第二种思路是行政执法与刑事追诉的先后关系角度。在上述学者的论述中,顾永忠教授、田宏杰教授的观点都直接表述了这一问题,即在我国"行政—刑事"二元处罚结构下,一般是由行政机关先对违法行为进行处理,在处理过程中发现有刑事犯罪的再移送公安司法机关处理,在这一过程中形成了田宏杰教授所称的"行政优先为原则、刑事先理为例外"的一般做法。第三种思路是行政执法证据与刑事诉讼证据的共同属性,如一些学者认为,治安案件证据或刑事案件证据都具备证据三性,都能反映案件事实,因此具有相通性。[4]也有学者认为,行政执法证据与刑事诉讼证据在证明对象上有一定的重叠,如"对于逃税罪犯罪事实的调查涵盖了其逃税违法行为的全部事实,司法机关在调查逃税罪事实时,既需要调查超出普通违法行为以外的

---

[1] 参见孙末非:《行政执法证据在刑事诉讼中的使用》,载《山东社会科学》2014年第3期。
[2] 参见程龙:《关于行政执法证据的转化问题》,载《理论探索》2014年第6期。
[3] 参见丁勇:《治安案件证据向刑事案件证据的转化研究》,载《北京警察学院学报》2016年第4期。
[4] 参见丁勇:《治安案件证据向刑事案件证据的转化研究》,载《北京警察学院学报》2016年第4期。

犯罪事实部分，也需要调查其中包含的违法行为事实部分"。[1]第四种思路是，司法经济性或者难以取证的现实考虑。主要是指在刑事诉讼中使用行政执法证据，办案机关无需重新取证，节约了司法资源。[2]或者是基于现实的考虑，即很多证据难以在此取证或者在此获得，如证人在行政执法阶段虽然出具过证言，但在案件进入刑事诉讼后，证人可能拒绝提供证言或者提供不准确的证言。而对于物证、书证、视听资料、电子数据等实物证据而言，则不可能进行二次扣押、二次提取，[3]因此，难以重新取证以致无法追究犯罪的现实考虑也是支撑行政执法证据进入刑事诉讼中使用的重要因素。

二、行政执法证据进入刑事诉讼的正当性反思

在评价行政执法证据进入刑事诉讼中的必要性问题时，首先需要辨析的是什么是必要性，必要性一般是指为了达到一定的目的而有此需要。因此，必要性不能完全等同于正当性，虽然部分学者的讨论中并未严格区分行政执法证据进入刑事诉讼的必要性与正当性问题，但是，正当性问题面临或者讨论的问题是"行政执法证据何以进入刑事诉讼中使用"。因此，不可以将行政执法证据进入刑事诉讼的必要性问题等同于正当性。[4]

从上述学者的四种论证思路出发，可以看出第一种思路和第二种思路的讨论不仅涉及了行政执法证据进入刑事诉讼的必要性，也涉及了正当性问题。而第三种思路的讨论则缺乏正当性，前文对此已经作了细致讨论。而第四种思路则立足于实用主义，从节约司法资源、有利于办理刑事案件的角度出发，认为应当使用行政执法中收集的各种证据，更多是一种必要性的考虑。本书认为，这一思路是需要进一步讨论的。在 21 世纪初，时任最高人民法院院长肖扬就指出："一个世纪需要一个主题，人民法院在 21 世纪的主题就是'司法公正与效率'，要把确保司法公正，提高司法效率作为新世纪人民法院的出发点和落脚点，作为审判工作的灵魂和生命。"[5]公正和效率也是我国刑事司法改革的重

---

[1] 谢登科：《论行政执法证据在刑事诉讼中的使用——基于典型案例的实证分析》，载《华东政法大学学报》2016 年第 4 期。

[2] 参见孙末非：《行政执法证据在刑事诉讼中的使用》，载《山东社会科学》2014 年第 3 期。

[3] 参见张军、姜伟、田文昌：《刑事诉讼：控·辩·审三人谈》，法律出版社 2001 年版，第 126 页。

[4] 从严格意义上讲，必要性与正当性不同，必要性是指有此需要，更多是基于现实需要的考虑，而正当性则不限于必要性的考虑，还应当考量其他因素，这一章中，作者将必要性作为正当性的一个方面。

[5] 《最高人民法院院长肖扬 2001 年 1 月 3 日在全国高级法院院长会议上的讲话》，载《人民法院报》2001 年 1 月 4 日，第 1 版。

要价值追求，同时，公正是刑事司法的首要价值。行政执法证据进入刑事诉讼中使用，一个重要的问题是，这些证据更多是因为查处违法而收集的不利于犯罪嫌疑人、被告人的证据，这类证据在刑事诉讼中使用一方面有助于国家追诉犯罪，实现刑法条文的规范目的，另一方面由于行政执法证据的生成、收集、保管等都与刑事诉讼证据的严格性有别，还有可能出现的问题是，具有双重职权的执法主体故意使用程序要求较低的行政执法程序，收集涉嫌犯罪的证据，规避刑事诉讼法的严格约束。[1]因此，行政执法证据的使用将增加错判无辜者有罪的风险。

防范冤假错案，保障被追诉人获得公正审判是各国刑事司法制度的核心目标之一。近年来，《中央政法委关于切实防止冤假错案的规定》《最高人民法院关于建立健全防范刑事冤假错案工作机制的意见》《最高人民检察院关于切实履行检察职能　防止和纠正冤假错案的若干意见》《公安部关于进一步加强和改进刑事执法办案工作切实防止发生冤假错案的通知》等法律文件一一出台，同时《刑事诉讼法》和司法解释也对非法证据排除规则进行了细化。对律师权利充分保障的规定也都具有防范冤假错案、促进司法公正的制度功能。在司法公正和司法效率的关系上，一定是公正优先的价值取向，在此基础上兼顾效率。按照日本学者棚濑孝雄的观点，如果以"一定人力或物力为基数平均所解决的纠纷件数"作为衡量标准，恐怕近代的司法制度会被视为最无效率的纠纷解决方式。[2]而刑事司法的根基则是公正，而非效率。因此，在论证行政执法证据进入刑事诉讼的必要性时，不应当将有利于节约司法资源或诉讼经济性作为一个支撑性的理由。

在难以重新取证的论证理由上，也值得进一步进行探讨。行政执法过程中收集的证据应当作一个初步的类型化区分，即实物证据（包括物证、书证、视听资料、电子数据）和言词证据（包括证人证言、行政相对人的陈述、行政被害人的陈述等），对于辨认笔录、行政检查笔录等笔录类证据后文将专门讨论。的确，对于物证、书证、视听资料、电子数据等实物证据，由于行政执法机关在办案中已经通过扣押、搜查等方式收集，因此，在案件转为刑事案件后，侦

---

〔1〕　参见冯俊伟：《行政执法证据进入刑事诉讼的类型分析——基于比较法的视角》，载《比较法研究》2014 年第 2 期。类似观点参见郑曦：《行政机关收集的证据在刑事诉讼中的运用》，载《行政法学研究》2014 年第 3 期。

〔2〕　参见［日］棚濑孝雄：《纠纷的解决与审判制度》，王亚新译，中国政法大学出版社 1994 年版，第 26 页，转引自张保生主编：《证据法学》，中国政法大学出版社 2014 年版，第 117 页。

查机关面临着无法重新收集证据的可能。从这个意义上来说，无法重新收集证据对于实物证据而言是成立的。学者也提出将"能否重新收集、调取"作为哪些行政执法证据可以直接进入刑事诉讼的标准，"一般规则是凡可在刑事诉讼中重新收集、调取的行政执法证据不应作为刑事诉讼证据使用；凡不可能在刑事诉讼中重新收集、调取的行政执法证据则可以作为刑事诉讼中的证据使用"。[1]应当说这一标准是具有重要价值的，尤其是对于物证、书证、视听资料、电子数据等实物证据可以直接进入刑事诉讼使用，而证人证言、行政相对人的陈述、行政被害人的陈述等言词证据则不能直接进入刑事诉讼中使用这一问题而言。因此，笼统地论证难以取证作为行政执法证据进入刑事诉讼证据必要性的理由也是存在问题的。

综合学者对行政执法证据进入刑事诉讼的必要性论述的各种观点，笔者认为，以下三个方面具有重要意义：

一是行政违法与刑事犯罪的关联性。按照顾永忠教授的解读，行政违法与刑事犯罪的天然联系表现为，刑法分则第 3 章中规定的破坏社会主义市场经济秩序罪、第 6 章妨害社会管理秩序罪，都涉及行为人违反有关市场经济法规、规章和社会管理法规、规章，除此之外，刑法中一些具体罪名中也规定了行为人因违反国家有关行政法规、规章社会危害性较大而构成犯罪的。[2]因此，根据我国刑事实体法的规定，行政违法与刑事犯罪有着重要关联性。这也可以从具体案例中获知，如张三和李四系邻居，因琐事张三将李四打伤，公安机关出警后将张三使用的斧头进行了扣押，同时对张三、李四分别作了询问并形成笔录。随后因李四的伤情鉴定为轻伤需要追究刑事责任，则面临相关证据如何使用的问题。在这一案件中，行政违法和刑事犯罪在行为指向上具有同一性，在证明对象上具有一定的重叠性，[3]行政执法证据进入刑事诉讼中使用具有一定的正当性。

二是行政执法与刑事司法的"先行后续"关系。田宏杰教授指出："'行政优行'的行刑衔接程序的设计和运行，不仅是对行政犯罪本质的科学回归，而

---

〔1〕　顾永忠：《行政执法证据"在刑事诉讼中可以作为证据使用"解析》，载《法律适用》2014 年第 3 期。

〔2〕　参见顾永忠：《行政执法证据"在刑事诉讼中可以作为证据使用"解析》，载《法律适用》2014 年第 3 期。

〔3〕　参见谢登科：《论行政执法证据在刑事诉讼中的使用——基于典型案例的实证分析》，载《华东政法大学学报》2016 年第 4 期。

且是实现行政效率和司法公正的必然选择。"[1]在现代社会，行政已经深入社会生活的各个方面，在一定程度上"从摇篮到坟墓"都需要行政权的介入，因此，在对案件的接触和案件数量上，行政执法机关最早接触到可能违法犯罪案件，行政违法案件的数量也非常庞大。这些数量庞大的可能违法犯罪的案件，最早是由行政机关接触、行政机关处理，仅在相关违法案件非常明确地涉及刑事犯罪（或者达到了刑事立案标准）时，才由行政执法部门移送公安司法部门。例如，国务院法制办等部门在《关于加强行政执法与刑事司法衔接工作的意见》中规定，"行政执法机关在执法检查时，发现违法行为明显涉嫌犯罪的，应当及时向公安机关通报。接到通报后，公安机关应当立即派人进行调查，并依法作出立案或者不予立案的决定"。但在具体实践中，行政执法机关开始处理违法案件时并不清楚该案件是否涉嫌犯罪，是否达到了刑事立案的标准。根据我国《刑事诉讼法》的规定，刑事立案的标准是"有犯罪事实需要追究刑事责任"，同时"两高"、公安部等还出台了较为详细的立案标准，如根据《最高人民检察院、公安部关于公安机关管辖的刑事案件立案追诉标准的规定（一）》第10条的规定，安全生产设施或者安全生产条件不符合国家规定，造成一定严重后果时才追究刑事责任。[2]在这种情形下，行政执法人员对于刑事立案条件的理解差异、对具体刑事立案标准的不熟悉都可能导致其无法准确判断"是否明显涉嫌犯罪"。因此，行政执法机关可以继续对相关违法行为进行调查和收集相关证据，随着调查的深入，随后将案件移送给公安司法机关时，部分行政执法证据应当可以作为刑事证据使用。

三是刑法功能实现的客观需要。在具体实践中，刑法作为保护法应当具有最后性，因此，一些刑事案件已经经过行政处理。例如，在一起违法行为发生后，无论是从刑法规范对行政法规、规章的依赖而言，还是在案件性质不明时，行政执法机关先行处理的角度出发，行政执法机关依法对案件进行调查并收集相关证据都是合法的做法，在随后刑事立案中部分证据进入刑事诉讼中使用也具有必要性和正当性，这也契合了刑法谦抑性的一般要求。2012 年《刑事诉讼法》第 52 条第 2 款的立法理由中也阐述到，随着社会的发展，犯罪及其治理也

---

[1] 田宏杰：《行政犯罪的归责程序及其证据转化——兼及行刑衔接的程序设计》，载《北京大学学报（哲学社会科学版）》2014 年第 2 期。

[2] "安全生产设施或者安全生产条件不符合国家规定，涉嫌下列情形之一的，应予立案追诉：（一）造成死亡一人以上，或者重伤三人以上的；（二）造成直接经济损失五十万元以上的；（三）发生矿山生产安全事故，造成直接经济损失一百万元以上的；（四）其他造成严重后果的情形。"

发生了新变化，很多案件都是在行政机关处理后才交由侦查机关处理。[1]因此，为了有效实现刑法一般预防与特别预防的功能，也应当承认部分行政执法证据进入刑事诉讼的必要性和正当性。2012 年《刑事诉讼法》第 52 条第 2 款的规定，正是对这一问题的积极回应。

　　除了上述三个方面必要性，更重要的是，我们需要从证据与程序之间的关系角度出发，论证提供必要的权利保障是行政执法证据运用于刑事诉讼的正当性。在前文中，已经论述到证据是一种法律程序产品。不同法律程序之下对证据的要求不同，不同（法律）程序环境下也形成和塑造了不同的证据，如民事证据、行政诉讼证据、行政执法证据、仲裁证据等。证据不仅仅是一种结果，更是一系列法律行为后形成的一个程序产品或程序结果。举例言之，正是法律程序的不同决定了刑事诉讼中的证人证言和行政执法中的证人证言之间的差异，两者并不能被简单等同。"程序化"的证据思维方式更强调证据形成的程序环境，[2]强调证据形成过程的合法性和权利保障。因此，提供必要的权利保障构成了刑事诉讼中行政执法证据运用的正当性基础之一。行政执法程序与刑事侦查程序的差异，导致言词证据的权利保障方面有较大差异，并且行政执法程序不可能、也没有必要像刑事诉讼程序一样严格，这使得行政执法言词证据难以直接进入刑事诉讼中使用。在行政执法中收集的实物证据方面，从比较法的角度观察，也涉及基本权利保障问题，如在美国，无论是行政搜查和刑事搜查都必须尊重美国宪法第 4 修正案，公民的人身、财产、住宅等不受不合理搜查和扣押。1967 年，美国联邦最高法院在"卡莫若案""与席案"两个案件中发展了关于行政搜查的"合理根据"要求，表明刑事搜查与行政搜查在宪法要求上有所不同，[3]但也同样显示行政搜查中如果出现无令状搜查将导致所获证据不得使用。因此，提供必要的权利保障是行政执法证据进入刑事诉讼证据的正当性基础之一。这一观点也是后续几章展开论述的一个重要基础。

---

　　〔1〕　参见全国人大常委会法制工作委员会刑法室：《关于修改中华人民共和国刑事诉讼法的决定：条文说明、立法理由及相关规定》，北京大学出版社 2012 年版，第 50 页。

　　〔2〕　保罗·罗伯茨教授也主张"证据性问题的语境化研究"，参见［英］保罗·罗伯茨：《普通法系证据法的五个基本谬误》，阳平译，载《证据科学》2018 年第 1 期。

　　〔3〕　参见［美］约书亚·德雷斯勒、艾伦·C. 迈克尔斯：《美国刑事诉讼法精解·第一卷　刑事侦查》，吴宏耀译，北京大学出版社 2009 年版，第 318-319 页。

第三节　行政执法证据进入刑事诉讼的三种情形

在讨论完行政执法证据进入刑事诉讼的正当性后，为了进一步深化对刑事诉讼中行政执法证据运用问题的研究，我们需要思考的是，行政执法证据进入刑事诉讼包括哪些情形，这些情形有何不同，在不同情形之下是否需要建立不同的程序规则。考夫曼认为，在法律发现的过程，应当回到法律概念背后的类型。[1]行政执法证据进入刑事诉讼中使用是个宽泛的表述，因此，有必要将抽象的行政执法证据还原到具体语境中进行分析，并区分不同情形下的行政执法证据进入刑事诉讼所展现的问题。

在比较法上，有学者指出，行政机关移送给刑事司法机关的案件分为三种：一是根据行政法上的协助义务，行政相对人未提供相关信息而应受刑罚（指行政刑法），如一些立法中规定证据持有人不向执法机关提供相关证据，可能会受到刑事追究；二是在授益性行政行为中，行政相对人提供虚假信息的行为可能触犯刑法；三是行政机关在行政调查中发现与行政事项相关的案件涉嫌犯罪，而将之移送给刑事司法机关。[2]从我国的立法来看，我国刑法中并未规定行政相对人违反行政协助义务的犯罪，因此，我国实践中并不存在第一种情形，第二种和第三种情形可以合在一起并重新划分为行政机关在执法中发现相关事项涉嫌犯罪的证据和发现其他事项构成犯罪的证据。我国有学者也认为，行政执法机关向公安司法机关移送案件包括在调查处理某个行政违法行为时发现该行为涉嫌犯罪，和发现行政相对人还存在其他犯罪事实两种情形。[3]同时，还应当重视的一点是，司法实践中，还可能存在获得境外的行政执法证据并在本国刑事诉讼中使用的情形。因此，这一部分将行政执法证据进入刑事诉讼区分为三种情形，前两种都指向行政执法机关在（国内）调查中发现、收集的证据，后一种情形是指行政机关在执法中从境外通过行政协助方式获得的证据，如下论述。

---

〔1〕　参见［德］阿图尔·考夫曼：《类推与事物本质——兼论类型理论》，吴从周译，颜厥安审校，学林文化事业有限公司 1999 年版，第 117 页。

〔2〕　See Oswald Jansen, Philip M. Langbroek ed., Defence Rights During Administrative Investigations, Intersentia, 2007, p. 379.

〔3〕　参见刘洋、张斌：《行政执法证据与刑事证据衔接的理论基础》，载《东北大学学报（社会科学版）》2017 年第 5 期。

一、行政执法中发现违法事项涉嫌犯罪的证据

这一情形是指行政执法机关在处理行政违法事项过程中，发现并收集了与违法事项相关的证据，随后以该事项涉嫌犯罪将案件移送给公安司法机关。这是我国实践中行政执法与刑事司法衔接中最普遍的情形之一。

例如在具有广泛影响的"快播案"中，2013 年 11 月，北京市海淀区文委在行政执法检查时将该案作为行政违法案件处理，查获快播公司远程控制和管理的 4 台缓存服务器，这也是本案的主要证据。随着案件的发展，办案机关发现快播公司的行为已经涉嫌传播淫秽物品牟利罪，海淀区文委将 4 台缓存服务器移送公安部门。这几台服务器及其鉴定意见在刑事诉讼中的使用也成为案件的核心问题，辩方主张证据保管存在较大问题，主要包括海淀区文委对 4 台服务器的扣押中未详细记载服务器的特征信息、服务器在证据保管环节存在证据保管链条断裂、服务器移交手续违法等，[1]因此主张相关服务器及基于服务器所做的鉴定意见不得作为认定被告人有罪的证据。在这一情形下，强调的是行政违法事项与刑事犯罪事项具有一致性，其内在的考虑是，在依法行政原则之下，行政执法行为也必须按照法律授权和法律程序进行，不得出现以办理 A 案件之名行办理 B 案件之实。在这一问题上，程龙博士提出通过"主体同一、事实同一"两个方面加以判断，前者是指行政执法中的相对人和刑事诉讼中的被追诉人应当是同一人，后者是指行政违法指向的事实和刑事犯罪所指向的事实属于同一案件。[2]

笔者认为，上述观点具有一定的合理性，但是"主体同一、事实同一"的要求还有进一步讨论的空间。在主体方面不应当作限定，而应当主要关注案件事实，并且行政违法事实与刑事诉讼事实也不必完全同一，但是行政违法事实必须等于刑事追诉的事实或属于刑事追诉事实中的一部分（原因在于案件进入刑事侦查程序后，侦查机关可能在原有涉嫌犯罪事实的基础上发现新的犯罪事实），将行政执法证据移送刑事诉讼中使用的限定才更为合理。本书主要讨论这一类型下的行政执法证据进入刑事诉讼中运用的问题。

二、行政执法中发现违法事项外的其他事项涉嫌犯罪的证据

这种情形是指行政执法机关在办理涉嫌违法的 A 事项时发现了 B 事项涉嫌

---

〔1〕　本案案情，参见刘品新：《电子证据的鉴真问题：基于快播案的反思》，载《中外法学》2017年第 1 期。

〔2〕　参见程龙：《行政证据在刑事诉讼中使用问题研究》，法律出版社 2018 年版，第 77-78 页。

犯罪的证据时可能的做法有两种：一是同时调查 A 事项的违法证据和 B 事项违法犯罪的证据；二是及时将 B 事项及其证据移送公安司法机关进行追诉。应当说在这种情形下，无论是按照刑事诉讼法理，还是按照《最高人民检察院、全国整顿和规范市场经济秩序领导小组办公室、公安部、监察部关于在行政执法中及时移送涉嫌犯罪案件的意见》、国务院法制办等部门《关于加强行政执法与刑事司法衔接工作的意见》的规定，都应当在发现 B 事项涉嫌犯罪时，及时将案件和相关证据移送公安机关处理。例如，《最高人民检察院、全国整顿和规范市场经济秩序领导小组办公室、公安部、监察部关于在行政执法中及时移送涉嫌犯罪案件的意见》第 1 条中明确要求，"行政执法机关在查办案件过程中，对符合刑事追诉标准、涉嫌犯罪的案件，应当制作《涉嫌犯罪案件移送书》，及时将案件向同级公安机关移送，并抄送同级人民检察院"。《最高人民检察院、全国整顿和规范市场经济秩序领导小组办公室、公安部关于加强行政执法机关与公安机关、人民检察院工作联系的意见》也规定，"行政执法机关查处的破坏社会主义市场经济秩序违法案件，根据法律和司法解释的规定，凡是达到刑事追诉标准、涉嫌犯罪的，应按照《行政执法机关移送涉嫌犯罪案件的规定》，及时向公安机关移送，并向人民检察院备案，切实防止'以罚代刑'现象的发生"。由于我国在行政执法和刑事司法衔接中并未建立严格的一事不二罚原则（立法上体现该精神的一个规定是，2021 年《行政处罚法》第 29 条规定："对当事人的同一个违法行为，不得给予两次以上罚款的行政处罚。同一个违法行为违反多个法律规范应当给予罚款处罚的，按照罚款数额高的规定处罚。"），在确有必要的情形下，行政机关可以对 B 事项涉嫌行政违法的事项进行调查，并依法作出处理。

因此，行政机关在执法中发现违法事项外的其他事项涉嫌犯罪的证据，应当及时将案件和相关证据移送给公安司法机关，不得拒绝移送或将案件查清后移送。其内在理由是，根据刑事诉讼法理，能够对刑事案件进行侦查的只能是刑事诉讼法授权的机关，其他机关无权办理刑事案件。根据 2018 年《刑事诉讼法》的规定，公安机关、国家安全机关、军队保卫部门、监狱、中国海警局等有权进行刑事侦查，而其他行政执法机关不具有该项权限。本书认为，如果行政执法机关在发现相关案件涉嫌犯罪后不移送或者继续调查，属于严重的违反法律规定的情形。根据程序法理，即使随后行政执法机关将相关证据移送公安司法机关，因收集证据行为严重违法，相关证据也不应当作为刑事诉讼证据使用。

三、行政执法中从国外通过行政协助获得的证据

随着公司、企业和个人活动范围的不断扩展，在行政执法过程中还遇到一类特殊的证据问题，即涉外行政执法证据的问题，即在我国领域外由国外执法者收集的相关执法证据通过行政协助等方式移送给我国行政执法机关。如果相关违法事项随后被发现涉嫌犯罪，这些国外行政执法证据能否在我国刑事诉讼中使用。这种情形下涉及的问题较为复杂：首先，这种情形涉及三种程序环境，即外国的行政执法程序、我国的行政执法程序、我国的刑事司法程序；其次，这种情形涉及国外证据和国内证据的衔接问题。在第一个方面，这种情形涉及以下问题：一是外国的行政执法程序如何规定、在执法中如何运行的；二是我国的行政执法规定和相关要求；三是我国刑事诉讼程序的相关规定和要求。因为每一种程序环境都可能存在不同，我国行政执法机关首先应当依法审查外国执法机关的执法证据是否符合我国行政法律、法规的要求，如果不符合，则不得作为行政执法证据。在这一问题上，有论者提出"域外材料不可为据"，其核心论点就是来自我国主权以外的或者法域外的证据材料必须满足一定的条件、经过一定的审查才能在我国行政执法中作为证据使用。[1]在我国相关立法上，可以参考 2002 年《最高人民法院关于行政诉讼证据若干问题的规定》第 16 条、第 17 条的规定，即当事人向人民法院提供的在我国领域外形成的证据，应当说明来源，经所在国公证机关证明，并经我国使领馆认证，或者履行我国与证据所在国订立的有关条约中规定的证明手续。提供外文书证或者外国视听资料的，应当附有中文译本，由翻译机构盖章或者翻译人员签名。还可以参考《最高人民法院关于审理发生在我国管辖海域相关案件若干问题的规定（二）》第 9 条第 2 款的规定，对于境外证据在我国行政诉讼中使用的问题，"下列证据不得作为定案依据：（一）调查人员不具有所在国法律规定的调查权；（二）证据调查过程不符合所在国法律规定，或者违反我国法律、法规的禁止性规定；（三）证据不完整，或保管过程存在瑕疵，不能排除篡改可能的；（四）提供的证据为复制件、复制品，无法与原件核对，且所在国执法部门亦未提供证明复制件、复制品与原件一致的公函；……"在相关证据通过行政机关审查后，还应当根据我国刑事诉讼法上关于涉外证据使用的规定，来审查这些证据能否作为刑事诉讼证据使用，主要依据是 2021 年《最高人民法院关于适用〈中华人民共和国刑

---

[1]　参见甘应龙、谈湘兰：《域外材料不可为据——关于境外证据的合法性》，载《工商行政管理》2002 年第 23 期。

事诉讼法〉的解释》第 77 条的规定，对来自境外证据材料的审查应当区分是办案机关取得还是辩护方取得；如果是前者取得，应当审查证据来源、提供人、提供时间以及提取人、提取时间等；如果是后者取得并提交，相关证据材料"应当经所在国公证机关证明，所在国中央外交主管机关或者其授权机关认证，并经中华人民共和国驻该国使领馆认证，或者履行中华人民共和国与该所在国订立的有关条约中规定的证明手续，但我国与该国之间有互免认证协定的除外"。[1] 以及 2007 年海关总署缉私局、最高人民检察院侦查监督厅公诉厅、最高人民法院刑二庭联合发布的《关于走私犯罪案件中境外证据的认定与使用有关问题的联席会议的纪要》文件、2003 年最高人民法院《关于对信用证诈骗案件有关问题的复函》等。

---

〔1〕 2012 年《最高人民法院关于适用〈中华人民共和国刑事诉讼法〉的解释》第 405 条规定："对来自境外的证据材料，人民法院应当对材料来源、提供人、提供时间以及提取人、提取时间等进行审查。经审查，能够证明案件事实且符合刑事诉讼法规定的，可以作为证据使用，但提供人或者我国与有关国家签订的双边条约对材料的使用范围有明确限制的除外；材料来源不明或者其真实性无法确认的，不得作为定案的根据。当事人及其辩护人、诉讼代理人提供来自境外的证据材料的，该证据材料应当经所在国公证机关证明，所在国中央外交主管机关或者其授权机关认证，并经我国驻该国使、领馆认证。"

第二章
刑事诉讼中行政执法证据运用的比较考察
——以 OLAF 的相关实践为例

本章概要： 刑事诉讼中行政执法证据的运用问题并非我国所独有，在英美法系、大陆法系国家也存在这一问题。为了进行比较考察，这一章将以 OLAF 的相关实践为例进行分析，以探知在不同国家，行政执法证据在刑事诉讼中使用遭遇何种问题、有何种解决思路。为了保护欧盟的财产利益，欧盟在 1999 年成立了作为行政调查机构的 OLAF，这一机构收集的证据在成员方刑事诉讼中使用的问题，在实质上属于刑事诉讼中行政执法证据运用的问题。因欧盟成员方既包括德国、法国等大陆法系国家，也包括英国等英美法系国家，还包括意大利、北欧等国的混合法系国家，OLAF 收集的证据在欧盟成员方的使用成为行政执法证据进入刑事诉讼比较考察的合适样本。

通过研究发现，OLAF 在具体案件中所收集的证据在进入成员方刑事诉讼中遭遇了刑事调查权欠缺、法定证据种类不符、权利保障不足等三方面制度障碍。欧盟成员方根据本国刑事诉讼法的规定，通过不同方式对上述问题作出了回应。在行政执法证据进入刑事诉讼这一问题上，欧盟成员方的不同实践给我国立法的启示是，刑事侦查权只能由特定机关行使，进入刑事诉讼的行政执法证据必须符合《刑事诉讼法》规定的证据种类，同时，应当提高行政调查中的权利保障，以促进行政执法证据能够有效进入刑事诉讼使用。

从历史角度观察，1993 年《马斯特里赫特条约》的生效，标志着欧洲联盟正式成立。在欧盟成立后，作为具有独立法律地位的政治、经济实体，欧盟在运行中也面临着如何有效保护自身财产利益的问题，在实践中，损害欧盟财产利益的腐败犯罪、欺诈犯罪等违法犯罪行为，严重损害了欧盟的利益，影响了欧盟的运行和发展。为了回应上述问题，1999 年 4 月 28 日，欧盟决定成立作为行政调查机构的 OLAF，致力于调查欧盟及成员方内部损害欧盟财产利益的欺诈、腐败案件和其他行政违法行为。根据建立 OLAF 的欧盟委员会决议的规定，[1]OLAF 代表欧盟委员会行使执法权，对于可能损害欧盟财产利益的所有相关活动都具有调查权。我国学者总结道，"OLAF 有权行使独立调查权，对损害欧盟公共利益的腐败及其他非法活动开展调查，协助欧共体及各成员方有关机构打击贪污腐败，即有权提起行政调查甚至是开展刑事侦查（但不具有起诉权）"。[2]但从欧盟学者的研究来看，OLAF 虽然事实上具有一定的刑事侦查权，但在立法中并未明确，其很难被认定为刑事侦查机关，欧盟各成员方也多将其调查权界定为行政调查。[3]由于 OLAF 不具有处置权，其所收集的证据和形成的调查报告必须移送给成员方的行政部门或司法部门。这在实践中产生了一个重要问题：OLAF 收集的证据和形成的调查报告能否在成员方刑事诉讼中作为证据使用？从这个角度观察，作为欧盟行政执法机构的 OLAF 收集的证据也面临如何进入成员方刑事诉讼中使用的问题。因欧盟成员方既包括德国、法国等大陆法系国家，也包括英国等英美法系国家，还包括意大利、瑞典等混合法系国家，OLAF 收集的证据在欧盟成员方的使用成为行政执法证据进入刑事诉讼的比较考察的合适样本。

在我国，由于"行政罚—刑罚"二元体系的划分，行政执法机构收集的证据能否进入刑事诉讼作为证据使用一直困扰着实务部门。2012 年修正后的《刑事诉讼法》第 52 条第 2 款明确规定，"行政机关在行政执法和查办案件过程中收集的物证、书证、视听资料、电子数据等证据材料，在刑事诉讼中可以作为证据使用"。"两高"的司法解释中又作出了进一步规定。理论界对行政执法主体在行政执法或查办案件中收集的证据能否进入刑事诉讼、如何进入刑事诉讼、进入刑事诉讼中如何使用也作了研究。[4]但是，学者们对于刑事侦查权应否只能由特定机关行使[5]、行政执法证据是否必须符合刑事诉讼法定证据种类、

---

〔1〕 Commission Decision of 28 April 1999 establishing the European Anti-fraud Office（OLAF），Official Journal of the European Communities，L 136/20.

〔2〕 卢培伟：《欧盟反欺诈工作机制与启示》，载《人民检察》2016 年第 17 期。

〔3〕 See Hans-Heiner Kühne, European investigational structures in the area of conflict of efficiency and protection of civic rights, in EPP Group Public Hearing：OLAF and interferences with rights of persons concerned, 2013, https：//www. eppgroup. eu/newsroom/publications/olaf-and-interference-with-the-rights-of-persons-concerned, pp. 17-20.

〔4〕 参见黄世斌：《行政执法与刑事司法衔接中的证据转化问题初探——基于修正后的〈刑事诉讼法〉第 52 条第 2 款的思考》，载《中国刑法杂志》2012 年第 5 期；参见董坤：《行、刑衔接中的证据问题研究——以〈刑事诉讼法〉第 52 条第 2 款为分析文本》，载《北方法学》2013 年第 4 期。

〔5〕 如有学者认为，根据 2012 年《刑事诉讼法》第 52 条第 2 款的规定，行政机关被有条件地赋予了刑事取证主体的资格。参见姜虹：《从证据能力视角审视行政证据向刑事证据转化》，载《北京警察学院学报》2013 年第 4 期。

应否区分行政执法主体收集的证据和形成的证据、行政执法程序与刑事诉讼中权利保障的差异等问题都存在不同认识。在行政执法证据进入刑事诉讼的问题上，作为欧盟行政调查机关的 OLAF 收集的证据在成员方刑事诉讼中所遭遇的困境，与我国行政执法证据进入刑事诉讼存在的问题具有相似之处。因此，这一章将分析和梳理 OLAF 收集的证据进入成员方刑事诉讼中使用所遭遇的困境及不同的解决方案，然后再反思学者的相关争论，以期对相关问题的解决有所助益。

第一节　OLAF 所获证据进入刑事诉讼的制度障碍

在欧盟成立前后，损害欧洲共同体或欧盟财产利益的行为已经不断出现，这对作为具有一定超国家权限的欧洲共同体/欧盟的有效运行造成了影响。1999年之前，欧盟层面缺乏适当的机构对损害欧盟财产利益的违法犯罪行为进行调查，直到 OLAF 正式成立。在 OLAF 成立之后，欧盟立法者就意识到，作为欧盟行政执法机构的 OLAF 必须强化与成员方行政机构、司法机构的合作，并通过相关法律文件专门规定了 OLAF 的调查权限和调查措施、调查程序等。为了促进 OLAF 相关职能的有效实现，1999 年关于 OLAF 调查权决议[1]第 9 条第 1款规定，反欺诈办公室调查结束后，应在局长授权下制作调查报告，说明事实依据、经济损失、可能的调查结果以及局长对采取措施的建议。第 2 款也规定，OLAF 所起草的报告在欧盟成员方的行政程序或司法程序中，应当与成员方的行政机构所起草的行政报告，以同样方式、同样条件构成可采证据；并且，在证据评价上，也应当与成员方的行政机构所起草的行政报告适用同样的规则。在具体实践中，OLAF 不仅会向成员方相关机构提交其所做的最终报告，还会将作为报告依据的其他证据，如相关人员的陈述、物证、书证等移送给成员方的司法部门。由于各成员方刑事诉讼法对于刑事侦查权、证据种类、证据可采性条件等的规定不同，OLAF 收集的证据和形成的调查报告进入成员方刑事诉讼遭遇了诸多制度障碍。概言之，这些制度性障碍主要包括：

（1）刑事侦查权限于一定主体。OLAF 所收集的证据和形成的调查报告进入成员方刑事诉讼中，遭遇的第一个障碍是刑事侦查权的缺失。成员方刑事诉

---

[1] REGULATION (EC) No 1073/1999 OF THE EUROPEAN PARLIAMENT ANDOF THE COUNCIL of 25 May 1999 concerning investigations conducted by the European Anti-Fraud Office (OLAF), Official Journal of the European Communities, L 136/1.

讼法都存在这一规定，即刑事侦查权只能由特定机关行使，主要包括检察机关和警察机关以及其他享有侦查权的特定机关，如英国的国家犯罪调查局。而按照欧盟相关立法文件，OLAF 是欧盟行政执法机构，仅具有一定的行政调查权限，[1]不能以刑事侦查主体的身份直接收集刑事证据，这给严格限定刑事侦查权主体的国家带来了严重问题，如《芬兰初步调查法》（*Preliminary Investigation Act*）规定，初查的机关只能是警察机关、海关、边防等部门，其他机关则无权进行刑事侦查；[2]根据《荷兰刑事诉讼法》第141条的规定，刑事侦查权也只能由特定机关行使，一般案件主要由检察机关和警察机关负责侦查，特别刑事犯罪则由税务或海关部门进行侦查。在意大利，根据《意大利刑事诉讼法》第327条的规定，[3]刑事侦查权的主体是检察机关，具体由刑事警察来执行，其他机关包括欧盟行政执法机构都无权收集刑事证据。在这些国家，除法律规定的特殊情形外，行政执法主体如果在行政调查中发现任何刑事犯罪嫌疑，都应当停止调查并通知刑事侦查机关。在发现犯罪嫌疑后仍然使用行政调查措施获得的证据将不得在刑事审判中使用。[4]并且，"假借行政调查之名收集的刑事证据"也必须被排除在法庭之外。而欧盟关于 OLAF 的规则中，虽然授权 OLAF 可以对损害欧盟财产利益的欺诈、腐败案件和其他行政违法行为进行调查，但并未明确授予其刑事侦查权，因此，OLAF 收集的证据和形成的调查报告进入成员方刑事诉讼中使用遭遇了严重障碍。

（2）刑事诉讼法定证据种类的限制。在欧盟各成员方中，不仅包括英格兰、威尔士等英美法系国家及地区，还包括德国、法国、荷兰、比利时等传统大陆法系国家，以及意大利、瑞典等混合法系国家。[5]在传统大陆法系国家，根据严格证明的要求，各国刑事诉讼法都规定了法定的证据种类，只有符合法

---

〔1〕　See REGULATION (EU, EURATOM) No 883/2013 OF THE EUROPEAN PARLIAMENT AND OF THE COUNCIL of 11 September 2013 concerning investigations conducted by the European Anti-Fraud Office (O-LAF) and repealing Regulation (EC) No 1073/1999 of the European Parliament and of the Council and Council Regulation (Euratom) No 1074/1999, NO L248/1.

〔2〕　See M. Delmas-Marty, J. A. E. Vervaele (eds.), The Implementation of the Corpus Juris in the Member States, Penal Provisions for the Protection of European Finances, Volume 4, Intersentia, 2001, p. 283.

〔3〕　参见《意大利刑事诉讼法典》，黄风译，中国政法大学出版社1994年版，第117页。以下引用的意大利刑事诉讼法的条文，都来自该书。

〔4〕　See Oswald J. D. M. L. Jansen, Philip M. Langbroek, Defence Rights during Administrative Investigations, Intersentia, 2007, pp. 260-261.

〔5〕　还有一些欧洲学者习惯上将东欧等国归入社会主义法系国家。但社会主义法系这一划分并不普遍，本书不将其单列。

定证据种类的证据才能作为刑事证据使用。例如，《德国刑事诉讼法》中规定的被告人陈述、证人证言、鉴定意见、对犯罪现场的勘察、物证和书面证据，认定一个人有罪只能通过上述证据进行。[1]《荷兰刑事诉讼法》第339条规定的证据种类包括：法院在听审中的观察，如相片或视频记录；被追诉人在庭上或庭外对相关案件事实所作的陈述；证人的庭上陈述和庭外陈述；专家的庭上陈述和书面材料。[2]《意大利刑事诉讼法》第三篇证据中也对可采的证据种类作了规定，包括证人证言、询问当事人、对质、辨认、司法实验、鉴定和文书。

综上，OLAF在行政调查中收集或形成的证据必须符合上述成员方的法定证据种类，才能够作为刑事证据使用，其中争议较大的是OLAF在调查结束后作的调查报告。有学者指出，在欧盟行政执法机构提交给成员方司法机关的各种材料中，要严格区分书证（written evidence）和书面报告（written report），前者是指在刑事犯罪行为实施过程中制作或形成的与案件事实相关的各种文件，而后者是指为庭审准备的各种书面报告；书证的范围并不包括在初查或行政调查中为准备起诉、审判而制作的包含各种陈述的书面报告。[3]因此，欧盟行政执法机构出具的报告属于书面报告，不能作为书证使用。

（3）权利保障程度差异带来的问题。欧盟立法者早就意识到，在保护欧盟财产利益的行政调查中，如果调查中权利保障水平方面较低，将影响到调查结果后续在成员方行政程序或司法程序中的使用。早在1996年，欧盟立法者就在立法文件中规定，在保护欧盟财产利益的调查中，调查报告的起草要虑及成员国国内法的程序要求（procedural requirements），并应当将相关材料和支持文件附录于后。[4]并且，该报告在成员方的行政程序或司法程序中，应当与成员方的行政机构所起草的行政报告，以同样方式和同样条件构成可采证据。在OLAF成立之初，欧盟立法者在关于OLAF调查权决议中再次重申，OLAF在制作调查报告时，应当考虑相关成员方立法上的程序要求。从立法上看，这里所谓的成员方立法应当包括成员方的行政法和刑事诉讼法。但是，遗憾的是"欧盟委员

---

〔1〕　See Mireille Delmas-Marty & John R. Spencer, European Criminal Procedures, Cambridge University Press, 2002, p. 325.

〔2〕　See Peter J. P. Tak, The Dutch Criminal Justice System, Wolf Legal Publishers, 2008, p. 105.

〔3〕　See M. Delmas-Marty, J. A. E. Vervaele (eds.), The Implementation of the Corpus Juris in the Member States: Penal Provisions for the Protection of European Finances, Volume 4, Intersentia, 2001, pp. 289-290.

〔4〕　COUNCIL REGULATION (EURATOM, EC) No 2185/96 of 11 November 1996 concerning on-the-spot checks and inspections carried out by the Commission in order to protect the European Communities' financial interests against fraudand other irregularities, Official Journal of the European Communities, No L 292/2.

会没有制定一套统一的关于权利辩护的方法。在 OLAF 实施的内部调查中，各利益相关方不享有对 OLAF 调查资料的查阅权"。[1]换言之，OLAF 调查中的权利保障存在严重不足。

在 OLAF 的具体调查实践中，权利保障上的差异构成了行政执法证据进入刑事诉讼的制度障碍之一。如以刑事诉讼中不被强迫自证其罪权利为例，这一权利是刑事诉讼中的基本权利之一，一般是指犯罪嫌疑人、被告人不被强迫提出不利于己方证据的权利，在一些欧盟成员方的立法中，该权利还包括了沉默权。但在 OLAF 进行的行政调查中，行政相对人在一些情形下负有协助的义务，有义务提交相关文书、材料或者进行合理解释，违反相关协助义务将带来一定的不利法律后果，这一做法体现出了一定的"强制性"。在这种情形下，OLAF 进行的行政调查中不被强迫自证其罪和沉默权的保障明显与刑事诉讼中的不被强迫自证其罪和沉默权的保障存在较大差异。

除上述几个方面外，从 OLAF 调查与成员方刑事诉讼法的关系来看，在任何成员方的刑事诉讼中，判断一项材料或信息能否作为证据使用的重要依据都是本国的刑事证据规则。但是一个必须面对的事实是，因法系传统、诉讼模式和具体立法条文等方面的差异，成员方之间的证据规则存在较大的差异。因此，在这一背景下，OLAF 收集的证据和形成的调查报告进入成员方刑事诉讼还面临着各成员方的刑事证据规则多样性的挑战，"多样化引起了差别和无效的重大危险"。[2]

第二节　OLAF 所获证据进入成员方刑事诉讼的不同模式

欧盟成立 OLAF 的重要目的就是对损害欧盟财产利益的违法犯罪行为进行调查，并通过成员方的行政、司法程序实现对上述行为的有效打击。如果调查结果不能在成员方有效使用，则妨碍了上述目的的实现。因此，在 OLAF 成立后的改革过程中，OLAF 所收集的证据和形成的调查报告在成员方行政程序或司法程序中的有效使用，一直备受关注。由于各成员方的诉讼模式、司法体制、具体立法规定有所不同，为了回应 OLAF 所获的证据进入刑事诉讼中面临的刑事侦查权缺失、法定证据种类不符、权利保障不足等挑战，各成员方分别采取

---

〔1〕　卢培伟：《欧盟反欺诈工作机制与启示》，载《人民检察》2016 年第 17 期。

〔2〕　[法] M. 戴尔玛斯·玛蒂、[荷] 约翰·A. E. 佛菲勒主编：《欧盟刑事法：欧盟财政利益的刑事法保护》，贾宇、喻贵英、付玉明译，法律出版社 2009 年版，第 25 页。

了不同的处理方式。

一、德国、瑞典模式

按照学者的论述，在德国，检察机关在刑事侦查中具有主导地位；[1]《德国刑事诉讼法》第 161 条规定，为了犯罪侦查的目的，检察院可以要求所有公共机关部门提供情况，或者自行侦查，或者通过警察机构及其官员进行任何种类的侦查。[2]该条文中规定的"所有公共机关部门"也包括行政机关，因此，对于行政机关在执法过程中收集的信息，当然可以也应当在刑事诉讼中作为证据使用。在这个意义上，OLAF 行政调查所获证据在德国刑事诉讼中可以作为证据使用，但须受到《德国刑事诉讼法》中的证据种类规定的限制，受到直接言词原则、证据禁止制度的限制。在直接言词原则之下，OLAF 形成的报告不能进入刑事诉讼中作为证据使用。在瑞典，《瑞典刑事诉讼法》第三编第 35 章第 1 条规定，[3]"在良心指引下对发生的所有事实进行评价后，法庭应对案件中已被证明之事项作出认定"。这一条文确立了证据自由原则，即任何证据都可以提交法庭，不存在法定证据种类的限制。该法第 35 章第 7 条规定，对于所证明对象不重要的证据、多余的证据、明显无效的证据以及可以更便利和更低成本的其他方式提交的证据予以排除。因此，任何材料或信息，只有符合集中原则、直接原则、口头原则的才可以作为证据使用。[4]根据上述要求，书面报告等证据不可以进入刑事诉讼中作为证据使用。因此，OLAF 所获的证据原则上可以进入瑞典刑事诉讼，但 OLAF 形成的报告则不能进入。

在德国、瑞典模式之下，OLAF 所获的证据进入刑事诉讼使用并不存在严重障碍，其主要原因在于，成员方虽然将刑事侦查权限定在一定机关（如德国是检察机关），但侦查机关有权要求其他行政机关提供任何信息和材料，缓解了刑事侦查权主体特定的限制。或者是由于成员方刑事诉讼法中有较为宽松的证据规定，任何与案件事实相关的证据，无论由哪一主体提出，都可以作为证据

---

〔1〕 See Anne Weyembergh, Elodie Sellier (eds.), Criminal procedures and cross-border cooperation in the EU area of criminal justice: together but apart?, Editions de l'Université libre de Bruxelles, 2020, p. 74.

〔2〕 See M. Delmas-Marty, J. A. E. Vervaele (eds.), The Implementation of the Corpus Juris in the Member States: Penal Provisions for the Protection of European Finances, Volume 4, Intersentia, 2001, p. 307.

〔3〕 参见卞建林主编：《刑事证据制度：外国刑事诉讼法有关规定（上）》，中国检察出版社 2017 年版，第 308 页。以下引用的瑞典刑事诉讼法的条文，都来自该书。

〔4〕 See M. Delmas-Marty, J. A. E. Vervaele (eds.), The Implementation of the Corpus Juris in the Member States: Penal Provisions for the Protection of European Finances, Volume 4, Intersentia, 2001, pp. 373-374.

使用。但在直接言词原则之下，OLAF 调查后形成的报告则属于"二手证据"，不应当作为证据使用。

二、意大利、匈牙利模式

根据《意大利刑事诉讼法》第 327 条的规定，检察机关是刑事侦查的主体，而刑事侦查行为则由司法警察来执行，具体是指《意大利刑事诉讼法》第 57 条规定的各种警察组织，因此其他行政机关无权进行刑事侦查，所获证据也不得作为直接刑事证据使用。对于行政机关收集的证据能否在刑事诉讼中运用的问题上，学者指出，一项证据即使在行政程序中具备可采性，在刑事诉讼中也必须按照刑事可采性的要求进行重新审查。[1]就 OLAF 所获的证据而言，意大利最高法院在一起判例中指出，OLAF 所获的证据可以在税务案件中作为证据使用，并且具有足够的证明力（have full probative value），但在刑事诉讼中，OLAF 提供的报告和书面材料仅能作为犯罪嫌疑的证据或可以作为辩方证据使用，但不能够直接作为刑事证据使用。[2]

根据匈牙利的法律规定，匈牙利的司法警察对所有犯罪案件有刑事侦查权。刑事程序外获得的证据进入刑事诉讼中使用虽然没有特别的法律障碍，但必须满足刑事诉讼法上对于证据的要求，才能作为刑事诉讼证据使用。[3]虽然从理论上看，这一要求与部分欧盟成员方的要求一致，但在具体实践中，有论者总结道，由于 OLAF 属于行政调查机构，其调查不具有刑事侦查性质，其所获的证据很难满足《匈牙利刑事诉讼法》的要求，因此，不能直接作为刑事证据使用。[4]作为实践中可行的方案，对于 OLAF 形成的调查报告的使用而言，可以执法人员出庭作证的方式来提供证据，或者以专家身份参与到已经启动的刑事侦查活动中。

意大利、匈牙利模式的主要特点是，刑事诉讼法上对于刑事侦查权主体有

〔1〕 See Fabio Giuffrida and Katalin Ligeti（eds.），Admissibility of OLAF Final Reports as Evidence in Criminal Proceedings, p. 175.

〔2〕 See Bernardo Cartoni, Admissibility and value of OLAF produced evidence: the Italian experience, in Celina Nowak（ed.），Evidence In EU Fraud Cases, Wolters Kluwer Polska, 2013, pp. 93-94.

〔3〕 See Dr László Kis, The relevant rules on the admissibility and value of OLAF produced evidence in Hungarian criminal procedure, in Celina Nowak（ed.），Evidence In EU Fraud Cases, Wolters Kluwer Polska, 2013, pp. 104-105.

〔4〕 See Dr László Kis, The relevant rules on the admissibility and value of OLAF produced evidence in Hungarian criminal procedure, in Celina Nowak（ed.），Evidence In EU Fraud Cases, Wolters Kluwer Polska, 2013, p. 108.

严格的规定，刑事侦查与行政调查有着严格的区分，行政机关不得进行刑事侦查，并且行政机关获得的证据同时还要符合刑事诉讼法上法定证据种类的规定，符合刑事诉讼中相关的诉讼权利保障的要求。因此，在这些国家，OLAF 所获的证据和 OLAF 形成的证据进入刑事诉讼使用存在着障碍。[1]

三、一种替代性模式

由于在意大利、匈牙利、芬兰、荷兰等国，刑事侦查与行政调查有着严格区分，并且刑事侦查权主体仅限于特定机关（主要是警察机关、税务机关等），为了促进行政调查中收集的证据在刑事诉讼中的使用，在这些国家的司法实践中还兴起了一种替代性模式，即联合调查。如前文所述，根据《芬兰初步调查法》的规定，初查的机关只能是警察机关、海关部门、边防部门，而其他机关则无权进行刑事调查，为了解决行政执法机构获得的证据在刑事诉讼中的使用问题，实践中多采取行政机关和刑事调查机关联合调查的方式来促进两种证据的衔接。[2]在意大利刑事诉讼法的框架下，由于 OLAF 调查人员缺乏刑事侦查主体的身份，其调查获得的证据在刑事诉讼中运用遇到较大障碍，对此可以以技术顾问的方式参与到刑事侦查活动中，这也是一种缓解 OLAF 所获证据在意大利刑事诉讼中难以运用的难题的方法。[3]这些做法促进了行政执法证据与刑事诉讼证据的衔接，但也可能带来负面效果。例如，可能造成行政程序与刑事诉讼程序之间界限的模糊，实质地规避刑事诉讼法的相关规定，进而损害刑事被追诉人的权利。

OLAF 收集的证据及其调查报告在部分成员方刑事诉讼法中遭遇不可采问题后，欧盟立法者也开始调整立法，促进相关证据在成员方刑事诉讼中的使用。1999 年欧洲委员会关于成立 OLAF 的决议，[4]正文共 7 条，分别是成立、职责、独立调查、领导、监督委员会、工作展开、决议的有效期。从决议的内容

---

〔1〕　也有不同观点认为，OLAF 收集和形成的证据在匈牙利刑事诉讼中可以使用，但证明力较弱。See Fabio Giuffrida and Katalin Ligeti（eds.），Admissibility of OLAF Final Reports as Evidence in Criminal Proceedings，p. 167.

〔2〕　See M. Delmas-Marty，J. A. E. Vervaele（eds.），The Implementation of the Corpus Juris in the Member States：Penal Provisions for the Protection of European Finances，Volume 4，Intersentia 2001，p. 283.

〔3〕　See Riccardo Nodari & Vania Cirese，Admissibility and value of OLAF produced evidence in criminal proceedings in Italy，in Celina Nowak（ed.），Evidence In EU Fraud Cases，Wolters Kluwer Polska，2013，pp. 101-102.

〔4〕　See COMMISSION DECISION of 28 April 1999，establishing the European Anti-fraud Office（OLAF），in Official Journal of the European Communities，31. 5. 1999，L136/20-22.

来看，并未对 OLAF 调查中如何保障被调查人和相关程序参与人的权利作出适当安排。1999 年关于 OLAF 调查权决议正文共 16 条，[1]内容是对建立 OLAF 的欧洲委员会决议进一步细化。这一文件中也未对权利保障问题作出细致规定。2013 年修正后的 883 号法令正式增加了第 9 条，专门规定程序保障。[2]具体包括无罪推定、公正调查、全面调查等原则，以及当事人、证人等享有不被强迫自证己罪、获得权利告知、获得法律帮助、使用本国语言文字、检查询问笔录、补正更正询问笔录等方面的权利。但从整体而言，OLAF 调查中的权利保障与成员方刑事侦查中的权利保障程度相比，仍然有较大缺陷。

第三节　OLAF 证据进入刑事诉讼的经验及对我国的启示

在前两节中，我们分析了 OLAF 的性质、OLAF 收集的证据及其形成的调查报告在欧盟成员方刑事诉讼中使用所遭遇的难题。在这一背景下，我们需要归纳 OLAF 证据进入欧盟成员方刑事诉讼的相关经验，并在我国立法的框架下，反思我国学者对于相关问题的学术立场，以获得有益启示。

一、OLAF 行政执法证据进入成员方刑事诉讼的经验

OLAF 收集的证据和形成的调查报告在欧盟成员方刑事诉讼中的使用，遭遇了刑事侦查权欠缺、法定证据种类不符和权利保障不足等三个难题，为了解决上述难题，欧盟及其成员方采取各种措施，以促进 OLAF 收集的证据和形成的调查报告的可采性。从上述实践可以归纳出的经验包括以下五个方面：

（一）刑事侦查权的专属性必须得到有效尊重

在欧盟各国刑事诉讼法上，侦查权法定是一项基本原则，即刑事诉讼法规定，特定主体才享有刑事侦查权，而其他立法机关、行政机关等不具有调查刑事案件的职权。侦查主体特定是防止国家刑罚权滥用的重要方面，也是公法中

---

[1]　See REGULATION (EC) No 1073/1999 OF THE EUROPEAN PARLIAMENT AND OF THE COUNCIL of 25 May 1999 concerning investigations conducted by the European Anti-Fraud Office (OLAF), in Official Journal of the European Communities31, 31. 5. 1999, L136/1-7.

[2]　REGULATION (EU, EURATOM) No 883/2013 OF THE EUROPEAN PARLIAMENT AND OF THE COUNCIL of 11 September 2013 concerning investigations conducted by the European Anti-Fraud Office (OLAF) and repealing Regulation (EC) No 1073/1999 of the European Parliament and of the Council and Council Regulation (Euratom) No 1074/1999, NO L248/10-11.

法律保留原则的重要体现。OLAF 是行政调查机构，虽然其对于贪污、受贿等违法犯罪行为具有复合性的调查权，但是由于缺乏明确的法律授权，OLAF 即使事实上有权调查部分犯罪行为，也并非具有刑事侦查权的主体，这是导致 OLAF 收集的证据和形成的调查报告难以在成员方刑事诉讼中具有可采性的重要因素。刑事调查权的缺失使 OLAF 收集的证据和形成的调查报告作用有限，这方面也是未来 OLAF 改革中需要解决的重要问题之一。

（二）应当区分行政执法机关收集的证据和形成的证据

在 OLAF 证据进入成员方刑事诉讼的问题上，相关的讨论区分了 OLAF 在调查中收集的证据和 OLAF 在调查后形成的调查报告。在第一类证据中，物证、书证、电子数据等实物证据引起的问题较小，但在言词证据中引起了较大问题，其中的一个因素在于，在行政执法与刑事诉讼中，被询问人获得权利保障的程度并不相同，其中较为重要的方面是权利告知、不被强迫自证己罪、获得律师帮助、获得免费翻译、是否需要录音录像等的差异。在第二类 OLAF 调查后形成的调查报告上，则产生了较大问题。根据英美证据法的规定，传闻证据不可采纳。所谓的传闻是指主张内容为真的"二手信息"。《美国联邦证据规则》第 801 条规定："'传闻'是陈述人并非在审判或听证中作证时作出的，作为证据提供用以证明所主张事项之真实性的陈述。"[1]2003 年《英国刑事司法法》第 114 条第 1 项也规定，在刑事程序中，一项非以口头证据所作的陈述，在作为其陈述事项的证据时，在符合一定条件下才可采。[2]在传统大陆法系国家，虽然不存在传闻证据排除规则，但是直接言词原则也排斥传闻证据的使用，例如，《德国刑事诉讼法》第 250 条规定了直接原则，"如果事实的证明基于人的感知，应当在法庭审理中询问此人。询问不得以宣读先前询问笔录或书面陈述代替"。[3]OLAF 调查后形成的调查报告在性质上属于传闻证据，还可能涉及多重传闻，在欧盟成员方刑事诉讼实践中，对于 OLAF 调查后形成的调查报告基本上采取了排斥的态度。因此，必须区分行政执法机关收集的证据和经过执法人员加工、综合、分析、归纳后形成的证据。

---

〔1〕［美］罗纳德·J. 艾伦等：《证据法：文本、问题和案例》，张保生等译，满运龙校，高等教育出版社 2006 年版，第 454 页。下文所援引的《美国联邦证据规则》条文也来自该书。

〔2〕See Art. 114 of Criminal Justice Act 2003.

〔3〕《德国刑事诉讼法典》，宗玉琨译注，知识产权出版社 2013 年版，第 200 页。下文所援引的《德国刑事诉讼法》条文也来自该书。

(三) 行政执法证据需要符合法定的证据种类

关于 OLAF 在调查中收集的证据和 OLAF 在调查后形成的调查报告在成员方的使用问题，欧盟成员方的相关经验显示，行政执法主体收集的相关证据必须符合刑事诉讼法上关于证据种类的规定，在法定证据种类背后是不同证据规则的限制，如对于言词证据而言，言词证据的形成、出示等必须遵循一定的规则，违反相关规则的言词证据不得作为证据使用。法定证据种类的规定也是对国家追诉的一种限制，如果不属于法定证据种类则不得作为追诉的证据使用。"成员方刑事诉讼法上对行政报告的可采性规定有很大不同：成员方一般将国内行政报告视作书面证据（documentary evidence）并承认其可采性，也有部分国家仅在特定情形下才承认行政报告可采。"[1] 因此，OLAF 调查后形成的调查报告若要在欧盟成员方刑事诉讼中作为可采证据使用，其必须能够被归入某一法定证据种类。然而，现实情形是，在很多成员方的立法上，调查报告既不属于书证，也并不属于证人证言等言词证据，因此，无法被归入成员方的法定证据种类之中。

(四) 行政执法证据的使用应当区分不同主体

OLAF 所收集的证据和形成的调查报告的使用因使用主体不同应当有所差别。《德国刑事诉讼法》规定的法定证明方法种类，《荷兰刑事诉讼法》第 339 条中规定的法定证据种类等，都意在要求追诉机关不得使用法律上未明确规定的证据方法、证据种类进行追诉，但是这一规定并不应当被适用于辩护方，辩方的辩护并不需要严格按照法律规定的证据种类来进行。这一点被保罗·罗伯茨教授称为"证据法的非对称性"，"普通法中平等对待对抗双方的传统，可能完全适用于民事诉讼，但当其被扩展为一般证据规则时，再假设其具有对称性则是谬误"。[2] 换句话说，刑事证据规则、证明标准等对控辩双方的约束是存在差异的，那种认为控辩双方都需要遵循相同的证据规则、证明标准的说法是不准确的。在这一背景之下，OLAF 在实践中收集的相关言词证据及其最后出具的调查报告，虽然不能用作控方追诉被告有罪的证据，但是可以作为辩方证明无罪或者罪轻的证据使用。这一基本判断是与上述"证据法的非对称性"契

---

〔1〕 Katalin Ligeti, The protection of the procedural rights of persons concerned by OLAF administrative investigations and the admissibility of OLAF Final Reports as criminal evidence, 06/07/2017, p. 27.

〔2〕 参见 ［英］保罗·罗伯茨:《普通法系证据法的五个基本谬误》，阳平译，载《证据科学》2018年第 1 期。

合的。

（五）行政执法证据的使用必须考虑权利保障

OLAF 作为行政执法机构在成立之初就以打击违法犯罪为重要目的，权利保障问题未被其重视，这也是相关证据难以在欧盟成员方刑事诉讼中被采纳的一个重要原因。[1]有论者指出：在 1999 年 OLAF 成立时，程序保障问题几乎未被关注。[2]这也是欧盟在某些方面立法存在的普遍问题，欧盟立法者为了建构自由安全的司法区域，将打击犯罪价值赋予了更高的地位，而忽略了立法和司法中对于相关程序参与人员的权利保障。2004 年关于 OLAF 的一份报告中也指出，OLAF 在权利保障方面存在不足，由于缺乏对犯罪嫌疑人权利的适当关注，OLAF 的相关实践也受到了诸多指责。[3]行政执法程序与刑事诉讼程序是两种不同的法律程序，在一个程序权利保障程度较低的环境下形成的证据进入一个权利保障程度较高的程序环境中使用，必然遭遇法律上的障碍，并且可能会带来规避刑事诉讼法规定的嫌疑。

二、OLAF 行政执法证据运用对我国的启示

我国行政执法机关收集的证据能否在刑事诉讼中使用，在理论和实践中存在诸多讨论。在 2012 年之前，由于刑事诉讼法中未对该问题加以明确规定，司法实践中主要采取了"转化"的做法，即公安司法机关将行政执法证据进行一定的"转化"，补足相关手续后作为刑事诉讼证据使用。在 2012 年《刑事诉讼法》修正后，2012 年《刑事诉讼法》第 52 条第 2 款明确规定，"行政机关在行政执法和查办案件过程中收集的物证、书证、视听资料、电子数据等证据材料，在刑事诉讼中可以作为证据使用"。随后最高人民法院、最高人民检察院、公安部等在司法解释和部门规章中又对这一条文进行了解释。虽然立法上作了回应，由于在相关理论问题上存在不同立场，司法者和学者在对该条文的解释上仍存在诸多分歧，如将可以直接进入刑事诉讼的范围限于上述四类证据，或理解为

---

〔1〕　See Katalin Ligeti, The protection of the procedural rights of persons concerned by OLAF administrative investigations and the admissibility of OLAF Final Reports as criminal evidence, 06/07/2017, p. 28.

〔2〕　See Jan Inghelram, Procedural guarantees: current situation and future challenges, in EPP Group Public Hearing: OLAF and interferences with rights of persons concerned, https://www.eppgroup.eu/newsroom/publications/olaf-and-interference-with-the-rights-of-persons-concerned, p. 9.

〔3〕　See European Union Committee, Strengthening OLAF the European Anti-Fraud Office, Report with Evidence, the Authority of the House of Lords, 2004, p. 26.

"客观证据"，不包括证人证言笔录、调查询问笔录等"主观证据"。[1]在这一背景下，学者还对取证主体专属性理论、法定证据种类等展开了批评，部分论者基于所有与案件事实相关的材料都可以作为证据的立场，认为所有行政执法证据都可以作为刑事证据使用。

借鉴 OLAF 所收集的证据和形成的调查报告在欧盟成员方刑事诉讼中使用的相关经验，本书认为，侦查权具有专属性，取证主体合法性理论具有一定的合理性，"任何能够证明案件事实的材料都是证据"的观点也不能成为行政执法证据直接进入刑事诉讼的正当性理由，为了促进行政执法证据与刑事诉讼证据衔接，应当重视取证中的权利保障问题。具体言之，相关启示如下：

（一）取证主体专属性具有一定合理性

在讨论行政执法证据与刑事诉讼证据衔接问题时，很多学者对"取证主体专属性"进行了批判。根据我国《刑事诉讼法》的相关规定和刑事司法实践，"法律上明确赋予调查取证权的主体包括国家专门机关（侦查机关、检察机关、人民法院）、辩护人与诉讼代理人、刑事自诉案件中的自诉人和被告人，除此之外，其他机关和个人均非调查取证权之法定主体"。[2]2018 年《刑事诉讼法》第 52 条规定，审判人员、检察人员、侦查人员必须依照法定程序，收集能够证实犯罪嫌疑人、被告人有罪或者无罪、犯罪情节轻重的各种证据。同时，该法第 43 条规定："辩护律师经证人或者其他有关单位和个人同意，可以向他们收集与本案有关的材料，也可以申请人民检察院、人民法院收集、调取证据，或者申请人民法院通知证人出庭作证。辩护律师经人民检察院或者人民法院许可，并且经被害人或者其近亲属、被害人提供的证人同意，可以向他们收集与本案有关的材料。"在这一理论下，只有上述主体在刑事诉讼中才有调查取证的权利，其收集获得的证据材料才能被称为证据，其他主体收集的证据只能被称为证据信息。应当说，这一规定和类似主张存在严重不足，从武器平等原则上看，这严重限制了被告方的辩护权，任何与案件事实相关的、有利于辩方的证据信息都可以作为证据使用。

我国学者对于取证主体专属性作了诸多批评："证据是据以认识案件真相的一系列知识，'取证主体'的限定，实质上是赋予特定主体具有对知识予以甄

---

〔1〕 参见樊崇义主编：《公平正义之路——刑事诉讼法修改决定条文释义与专题解读》，中国人民公安大学出版社 2012 年版，第 22 页。

〔2〕 万毅：《证据"转化"规则批判》，载《政治与法律》2011 年第 1 期。

别的特权，非法定主体取得的证据无证据资格的观点，背后所反映的是一种对特权的神秘崇拜，而罔顾相关知识与案件真相之间的关联，其本质是非理性的。"[1]也有传统观点认为，我国《刑事诉讼法》上也规定"可以用于证明案件事实的材料，都是证据"，因此，行政执法证据与刑事诉讼证据不应当以是否属于法定证据收集主体而有所区分。[2]但是，这种完全抛弃刑事取证主体限制的做法是不正确的，OLAF 调查所获证据进入刑事诉讼的经验表明，刑事侦查权的专属性必须得到有效尊重。我国的取证主体专属性理论确实有讨论争鸣的空间，但在行政执法证据进入刑事诉讼的问题上，必须坚持刑事侦查权的专属性，必须坚持只有法定主体才能进行刑事侦查行为，才能进行刑事取证活动。一个重要的例证是，2018 年《刑事诉讼法》修正中，经过充分讨论后，才将中国海警队规定为享有刑事侦查权的主体。在任何国家的立法和实践中，都不存在行政机关可以调查刑事案件或者行政机关调查的证据可以直接进入刑事诉讼中使用的做法。具体分析在前文已经作了阐述。

（二）法定证据种类的限制也应当得到重视

与德国、荷兰等国刑事诉讼法的规定类似，我国《刑事诉讼法》第 50 条规定："可以用于证明案件事实的材料，都是证据。证据包括：（一）物证；（二）书证；（三）证人证言；（四）被害人陈述；（五）犯罪嫌疑人、被告人供述和辩解；（六）鉴定意见；（七）勘验、检查、辨认、侦查实验等笔录；（八）视听资料、电子数据。证据必须经过查证属实，才能作为定案的根据。"这一条文对于我国刑事诉讼中法定证据种类做了封闭列举式规定，根据相关理论阐释和实践做法，不属于上述法定证据种类的证据不能作为证据使用。其内在法理是，认定一个人有罪只能通过法律上明确规定的证据方法种类进行。[3]这一要求不仅有利于防止国家刑罚权的滥用，也彰显了刑事诉讼法宁可错放真凶不可错判无辜的价值追求。由于我国缺乏行政程序法，行政执法中的证据种类主要规定在行政诉讼法中，《行政诉讼法》第 33 条规定："证据包括：（一）书证；（二）物证；（三）视听资料；（四）电子数据；（五）证人证言；（六）当事人的陈述；（七）鉴定意见；（八）勘验笔录、现场笔录。以上证据经法庭审

---

〔1〕　孙远：《行政执法证据准入问题新论——从卷宗笔录式审判到审判中心主义》，载《中国刑事法杂志》2018 年第 1 期。

〔2〕　王进喜主编：《刑事证据法的新发展》，法律出版社 2013 年版，第 113 页。

〔3〕　需要说明的是，证据种类和证据方法种类在大陆法和我国法的背景下，存在一定差异。参见孙远：《论法定证据种类概念之无价值》，载《当代法学》2014 年第 2 期。

查属实，才能作为认定案件事实的根据。"

在《刑事诉讼法》规定的法定证据种类方面，学者作了诸多批评，如认为这一规定具有严重的形式化倾向，不当限制了可以使用的证据的范围，妨碍了案件事实真相的查清。[1]也有论者指出，这一封闭列举式规定最大的问题在于，不能涵盖所有的证据种类，也不能适应社会生活的发展。[2]例如，我国1996年和2012年《刑事诉讼法》修正中，都增加了新的法定证据种类，这在一定程度上反映了原有立法的不适应性。还有学者提出，建立在对"证据"进行划分基础上的思维方式，严重影响了我国证据法、程序法的发展，法定证据种类这一概念应当被抛弃，应当引入法定证据方法这一概念。[3]在行政诉讼证据种类方面，近年来学者和司法者更加强调行政诉讼证据、行政执法证据的特殊性问题，认为《行政诉讼法》第33条规定的证据种类并非封闭式列举，其他能够证明案件事实的证据也属于行政诉讼证据。[4]按照这一理解，如果行政诉讼证据的种类并非封闭的，则行政执法证据的种类也应具有开放性。

在上述背景下，就带来一个重要问题，即行政诉讼证据种类、行政执法证据种类并不以法律规定为限，也可能包括其他能够证明案件事实的证据，而刑事诉讼的证据种类是封闭列举式规定，那么，一些属于行政执法证据，但不能纳入刑事诉讼法定证据种类的证据材料应如何处理。从现行立法上看，行政诉讼证据种类中的现场笔录，在刑事诉讼中并无规定，现场笔录如何进入刑事诉讼中使用是一个重要问题。对于如何处理证据种类方面的冲突，如前所述，有观点认为，证据种类的差异不应当成为影响两种证据衔接的障碍，证据的衔接应当从实质角度出发，因此，各类行政执法证据都可以直接进入刑事诉讼作为证据使用。[5]另一种观点认为，行政笔录的功能具有多样性，"不同的笔录进入刑事诉讼后，其证据性质也不同，证明案件现场情况的笔录发挥与刑事勘验、检查笔录相似的功能；直接证明案件事实的笔录实际上相当于证人证言，是行政程序中特有的一种笔录证据；证明其他证据真实性保障的笔录属于辅助证据，

---

〔1〕 参见龙宗智：《证据分类制度及其改革》，载《法学研究》2005年第5期。

〔2〕 参见张保生主编：《证据法学》，中国政法大学出版社2009年版，第149页。

〔3〕 参见孙远：《论法定证据种类概念之无价值》，载《当代法学》2014年第2期。

〔4〕 有观点指出，"从司法实践需求角度考虑，行政诉讼法有关证据种类的规定更多的是提供一种证据判断索引，不能死板恪守条文规定从而对无法对应归类的证据不予审查认证或予以排除"。参见江必新主编：《新行政诉讼法讲座》，中国法制出版社2015年版，第153页。

〔5〕 这一观点即对《刑事诉讼法》第54条第2款中"等"字的广义理解，参见喻海松：《刑事诉讼法修改与司法适用疑难解析》，北京大学出版社2021年版，第136页。

与刑事搜查、查封、扣押笔录相似；而作为固定言词证据方式的询问笔录则属于言词证据"。[1]

本书认为，从 OLAF 所收集的证据和形成的调查报告在欧盟成员方刑事诉讼中使用的经验来看，必须重视刑事诉讼证据种类对行政执法证据的限制，行政执法证据必须能够归入某一刑事诉讼法定证据种类才能作为证据使用。第二种观点提出的从证明功能角度将行政笔录归入不同证据种类的做法具有一定启发意义，但有两个方面需要注意：一是行政笔录显然比现场笔录的内涵更大，这种不当放大现场笔录的做法，更容易带来传闻证据或传来证据进入刑事诉讼的情形。二是从行政笔录的功能角度出发将其归入勘验、检查笔录、证人证言和搜查、查封、扣押笔录等具有重要的参考意义，但从功能角度出发与从证据内容角度出发相比，后者更具有合理性。本书对于这一问题的具体阐释，将在本书最后一章进行。

（三）权利保障上的差异影响两种证据的有效衔接

从我国传统的观点来看，根据《刑事诉讼法》的规定，能够证明案件事实的都是证据。一些分析中将这一规定作为行政执法证据进入刑事诉讼的正当理由之一，因为行政执法机关收集的证据与案件事实相关，所以行政执法证据当然可以在刑事诉讼中作为证据使用，这在行政犯的场合更为明显。例如，《刑法》第 139 条规定："违反消防管理法规，经消防监督机构通知采取改正措施而拒绝执行，造成严重后果的，对直接责任人员，处三年以下有期徒刑或者拘役；后果特别严重的，处三年以上七年以下有期徒刑。"在消防责任事故罪的认定中，是否违反消防管理法规，其主要法律依据是行政法，主要证据是行政执法证据，在这种情形下行政执法证据直接可以作为刑事诉讼证据使用。但是，上述观点存在不足之处：一是与案件事实相关只是作为证据的一个前提条件，即使按照传统的"三性"（客观性、关联性、合法性）观点，还需要考虑合法性和真实性，其中合法性背后更重要的考虑是对犯罪嫌疑人、被告人、证人等诉讼参与人的权利保障。二是刑法分则中很多认定行政犯的主要证据确实来自行政执法，但是言词证据具有可重复收集的特点，这一例证仍然无法回应行政执法言词证据能否直接使用的问题，本书将在第三章中论述行政执法言词证据不能直接进入刑事诉讼，仅能在特定情形下"有限使用"。另外从行政犯的认定

---

[1]　董坤、纵博：《论行政笔录在刑事诉讼中的使用》，载《苏州大学学报（哲学社会科学版）》2015年第 4 期。

角度出发，由于行政执法程序与刑事诉讼程序的要求和严格性不同，上述案例中还牵涉行政不法与刑事不法的"二次评价"问题，本书认为在是否构成犯罪的问题上，刑法上的评价和判断具有决定性，不能将行政不法等同于刑事不法，更不宜将行政执法证据直接等同于刑事诉讼证据。

从 OLAF 所收集的证据和形成的调查报告进入成员方刑事诉讼中使用的经验来看，权利保障上的差异是一个重要障碍，欧盟立法者近年来对于相关立法的修改也意在改善 OLAF 调查中的权利保障程度较低等问题。诚如前述，从证据与程序之间的关系来看，证据是一种法律程序产品，证据是通过一定的法律程序形成的，因此，证据与不同法律程序中的权利保障密切相关，权利保障上的差异是行政执法证据无法直接进入刑事诉讼的重要原因。行政执法与刑事诉讼中在权利保障方面的不同也被我国学者所认可，刑事诉讼程序更为严格，刑事诉讼对犯罪嫌疑人、被告人的权利保障也明显高于行政程序中对行政相对人的权利保障。[1]最高人民法院司法解释的起草人员也承认，"行政机关收集言词证据的程序明显不如公安司法机关收集言词证据严格"。[2]因此，从欧盟的相关经验出发，在我国行政执法证据与刑事诉讼证据衔接中，必须提升行政调查中的权利保障程度，在未来立法和执法中，可以有条件地将刑事诉讼中的重要权利保障纳入其中。[3]

综上，本章以作为行政调查机关的欧盟反欺诈调查局的相关实践作为观察对象，分析了 OLAF 在具体案件中收集或形成的证据在不同成员方的使用问题。这一分析超越了对国外立法条文的单纯比较，更多从制度及其运行的角度分析了问题的产生原因和解决思路。欧盟反欺诈调查局收集和形成的证据在进入成员方刑事诉讼中遭遇了刑事调查权欠缺、法定证据种类不符、权利保障不足等三方面制度障碍。不同成员方根据本国刑事诉讼法的规定，通过不同方式对上述问题作出了回应。欧盟成员方在这一问题上的不同实践给我国立法的启示是，刑事调查权只能由特定机关行使，进入刑事诉讼的行政执法证据必须符合《刑事诉讼法》规定的证据种类，同时，应当提高行政调查中的权利保障水平，以促进行政执法证据能够有效进入刑事诉讼使用。

---

[1] 参见郑曦：《行政机关收集的证据在刑事诉讼中的运用》，载《行政法学研究》2014 年第 3 期。

[2] 江必新主编：《〈最高人民法院关于适用中华人民共和国刑事诉讼法的解释〉理解与适用》，中国法制出版社 2013 年版，第 49 页。

[3] 需要说明的是，行政执法程序有着自己的程序定位和价值追求，本书并不主张行政执法程序与刑事诉讼程序一样严格，但从比较法经验来看，公权力运用领域都应当提升最低的基本权利保障水平。

第三章

刑事诉讼中行政执法言词证据的有限使用[1]

本章概要：在对刑事诉讼中行政执法证据使用的问题作了比较考察后，我们需要进入具体领域，对刑事诉讼中行政执法言词证据运用问题进行分析。根据 2018 年《刑事诉讼法》第 54 条第 2 款的规定，行政机关依法收集的"物证、书证、视听资料、电子数据等"可以直接进入刑事诉讼，对于行政机关收集的言词证据则未予明确。在这个问题上，学者、司法者存在不同认识，有人认为，任何与案件事实相关的都是证据，因此行政执法言词证据也可以直接进入刑事诉讼中使用，该款中的"等"字应当视为不完全列举。在具体司法实践中，也有部分判决采取了这一立场。也有论者主张，从 2018 年《刑事诉讼法》第 54 条第 2 款立法规定来看，本款中仅规定了物证、书证、视听资料、电子数据四类证据，至多也只能包括与上述四类证据相关的客观性较强的证据，不应当包括行政执法过程中收集的行政相对人的陈述、证人证言等言词证据。本章将从证据法理角度论证，行政执法中获得的书面言词证据原则上不具有刑事可采性，仅在例外情形下可以在刑事诉讼中使用。我国学者对这一问题的讨论存在不同立场，反映了刑事证据法中自由证明理念与权利保障理念的对立，前者在立法和实践上已遭到诸多背离，应在后者的基础上反思行政执法证据进入刑事诉讼的问题。行政机关收集的书面言词证据在刑事诉讼中的使用，应当区分原则和例外。原则上行政机关收集的书面言词证据不能进入刑事诉讼中作为不利于被告人的实质证据，但在作为弹劾证据，证人无法出庭且证言有必要性、可信性等情形下可以使用。

为了促进行政执法与刑事司法中的证据衔接，2012 年《刑事诉讼法》第 52 条第 2 款规定："行政机关在行政执法和查办案件过程中收集的物证、书证、视

---

〔1〕 本章内容作为项目中期成果，发表在《理论学刊》2015 年第 11 期。

听资料、电子数据等证据材料，在刑事诉讼中可以作为证据使用"。这一规定成为讨论刑事诉讼中行政执法证据运用问题的规范基础。随后，"两高"的司法解释对这一条文又作了解释。根据上述立法，行政机关收集的实物证据可以直接进入刑事诉讼，无须重新提取或者转化。但在言词证据上则形成了立法冲突：2012 年《刑事诉讼法》第 52 条规定的"物证、书证、视听资料、电子数据等证据材料"中的"等"字属于煞尾使用，即只包括上述四个证据种类。[1]《人民检察院刑事诉讼规则（试行）》第 64 条则规定，作为言词证据之一的"鉴定意见"可以直接进入刑事诉讼中使用，并且，在例外情形下，其他言词证据（"涉案人员供述或者相关人员的证言、陈述"）也可以直接进入刑事诉讼。[2]上述冲突蕴含了两个需要讨论的问题：一是立法权限，即最高人民检察院是否有权扩大刑事诉讼法条文的内涵；二是法理合理性，即行政机关收集的言词证据进入刑事诉讼是否符合证据法理。第一个问题涉及最高人民检察院的司法解释权限，其做法已经遭到了学者的批判。[3]第二个问题的实质是书面言词证据（如证人证言笔录、被询问人陈述笔录等）能否直接进入刑事诉讼中使用，如果陈述主体在刑事诉讼中愿意再次作出内容一致的陈述，就不存在行政执法言词证据进入刑事诉讼的问题了。本章将从证据法理的角度，反思行政执法机关收集的书面言词证据能否直接进入，或者在多大范围内可以在刑事诉讼中使用的问题。这也有助于将行政执法言词证据与行政执法实物证据的使用相区分，对行政执法过程中收集的实物证据在刑事诉讼中的使用，将在下一章作专门讨论。

第一节　比较法视野下行政执法言词证据的运用

在处理非刑事程序（non-penal）中获得的证据（或信息）能否进入刑事诉讼的问题上，英美法系和大陆法系国家区分了实物证据和言词证据。行政程序中获得的实物证据满足一定权利保障条件后，可以直接进入刑事诉讼中使用；

---

〔1〕　这一结论的依据是，2011 年刑事诉讼法修正案草案一稿中只规定了"物证、书证"，在（草案）二稿中扩大为"物证、书证、视听资料、电子数据"，如果"等"字是不完全列举，则在二稿中无须增加证据种类。参与立法起草者也持同样观点，参见郎胜主编：《〈中华人民共和国刑事诉讼法〉修改与适用》，新华出版社 2012 年版，第 120 页。

〔2〕　2012 年公安部《公安机关办理刑事案件程序规定》第 60 条规定"鉴定意见""检验报告"等可以直接进入刑事诉讼中使用。

〔3〕　参见韩旭：《限制权利抑或扩张权力——对新〈刑事诉讼法〉"两高"司法解释若干规定之质疑》，载《法学论坛》2014 年第 1 期。

行政程序中获得的书面言词证据，则原则上禁止在刑事诉讼中使用。

一、大陆法的一般进路

鉴于历史上实行间接审理、书面审理给司法公正造成的诸多负面影响，在现代刑事诉讼中，大陆法系国家确立了直接言词原则，并奉行严格证明法则。两者是非刑事程序中获得的书面言词证据进入刑事诉讼的主要障碍：

（1）严格证明的限制。在大陆法刑事审判中，区分严格证明和自由证明，在定罪和不利于被告人的量刑事项上实行严格证明，其余事项属于自由证明的范畴。严格证明的要求包括两个方面：[1]一是认定被追诉人有罪只能根据法定的证据方法。例如，《德国刑事诉讼法》中规定的被告人陈述、证人证言、鉴定意见、对犯罪现场的勘查、物证和书面证据。[2]又如，《意大利刑事诉讼法》中规定的证人证言、询问当事人、对质、辨认、司法实验、鉴定和文书。[3]二是上述法定证据方法必须经过严格的法庭调查。而对于严格证明以外的事项则实行自由证明，"自由证明，是指法律对需要证明的事实未加以资格和程序条件的限制，对何种资料以何种方式加以调查赋予法官自由裁量权"。[4]在自由证明之下，并不受法定证明方法和法定调查程序的限制，追诉机关和辩护方可以采用其法定证明方法以外的方式进行证明，同时法官对于证据调查也可以采取庭审调查以外的方式进行，如庭外核实或以其他方式进行核实。在严格证明的背景下，法定证据方法的形成以犯罪嫌疑人、被告人、证人等身份的确定为前提，由于在刑事诉讼启动前，并不存在刑事诉讼中的犯罪嫌疑人、被告人、证人和鉴定人，因此，非刑事程序中无从形成被告人陈述、证人证言、鉴定意见等法定证据方法。[5]据此，在大陆法系国家的司法实践中，非刑事程序中的被调查人并不具有犯罪嫌疑人、被告人、证人的身份，其陈述笔录不能构成法定的证据方法，这一原因也是在大陆法系背景下，对于行政调查中所获的言词证

---

〔1〕　参见林钰雄：《严格证明与刑事证据》，法律出版社 2008 年版，第 8 页。

〔2〕　See Mireille Delmas-Marty & John R. Spencer, European Criminal Procedures, Cambridge University Press, 2002, p. 325.

〔3〕　虽然该法第 189 条规定，"在有助于发现真相并且未损害个人自由时"，法院可以采纳未规定的证据种类，但这一条文的使用被严格限定。See Bernardo Cartoni, Admissibility and value of OLAF produced evidence: the Italian experience, in Celina Nowak（ed.）, Evidence in EU Fraud Cases, Wolters Kluwer Polska, 2013, pp. 91-92.

〔4〕　张弘：《刑事证据裁判理论研究》，西安交通大学出版社 2016 年版，第 188 页。

〔5〕　参见林永翰：《前侦查行为——行政调查与刑事侦查之中间地带》，台湾政治大学法律学系 2006 年硕士学位论文，第 117-119 页。

据很少被争执是否具有证据能力的原因之一；另一个原因是直接言词的贯彻，要求证人原则是出庭提供证言，如果证人出庭提供证言，则其在非刑事程序中提供的书面证言意义就不大了。

与此相对照，我国 2018 年《刑事诉讼法》第 50 条第 1 款和第 2 款规定："可以用于证明案件事实的材料，都是证据。证据包括：（一）物证；（二）书证；（三）证人证言；（四）被害人陈述；（五）犯罪嫌疑人、被告人供述和辩解；（六）鉴定意见；（七）勘验、检查、辨认、侦查实验等笔录；（八）视听资料、电子数据。"该条第 3 款规定，"证据必须经过查证属实，才能作为定案的根据"。虽然我国立法者并未提出这一规定与大陆法系国家的严格证明理论有关，也很少有学者将这一条款解释为严格证明理论，但是这一规定体现了严格证明的精神，本书认为，在理解和适用这一条文时，应当贯彻严格证明的精神。这对于我国证据立法的体系化解释以及行政执法证据进入刑事诉讼问题的相关讨论都具有重要意义。

（2）直接言词的限制。直接言词原则包括直接原则和言词原则。直接原则要求法官亲自审理案件并接触与案件事实距离最近的证据；言词原则要求法庭审理应以言词方式进行。《德国刑事诉讼法》第 250 条规定了直接原则："如果事实的证明基于人的感知，应当在法庭审理中询问此人，询问不得以宣读先前询问笔录或书面陈述代替。"[1]这一原则要求："法院自己获得对证据的印象，原始的证据材料不得以替代品代替。在法庭审理中对证人的询问也就不能通过宣读侦查程序中的询问笔录来代替。"[2]《法国刑事诉讼法》第 452 条也有类似规定。

直接言词原则确立了口头陈述优先的规则，审判前获得的笔录类证据原则上不能在法庭中使用，无论这些笔录是由有侦查权的检察机关、警察机关获得，还是由不具有侦查权的行政机关获得。在此意义上，行政机关获得的书面言词证据不能在法庭中作为证据使用。该原则虽然确立了口头陈述优先的规则，但并不以排除传闻证据为目的。德国司法实践中允许传闻证人出庭，如允许从直接证人处获知案件事实的警察、了解案情的行政执法人员出庭作证。[3]在立法

---

[1]《德国刑事诉讼法典》，宗玉琨译注，知识产权出版社 2013 年版，第 200 页。下文所援引的《德国刑事诉讼法》条文也来自该书。

[2]［德］科劳斯·缇德曼：《德国刑事诉讼法导论》，载《德国刑事诉讼法典》，宗玉琨译注，知识产权出版社 2013 年版，第 19 页。

[3] 参见［德］托马斯·魏根特：《德国刑事诉讼程序》，岳礼玲、温小洁译，中国政法大学出版社 2004 年版，第 184 页。

上，直接言词原则的适用也存在一些例外，如在证人死亡、身患严重疾病或者因正当理由无法出庭的情形下，允许检察机关向法庭提供笔录或书面陈述。

　　直接言词原则是刑事诉讼的一项基本原则，在证据法领域也具有重要的意义。一是"直接言词原则要求法官、当事人和证人等在法庭上直接接触，法官能够借助直接讯问（询问），通过聆听被告人的陈述和辩解，通过当事人的当庭辩论，发现事实真相"。[1]因此，直接言词原则的适用限制了传闻证据、传来证据等在法庭上的使用，有助于查明案件真相，促进司法公正的实现。二是在直接言词原则之下，证人、鉴定人等出庭提供证言、意见等，有助于保障辩方与不利于己方的证人对质权利的实现，当事人证据权利方面的保护也是程序正义的重要方面。我国刑事诉讼法上并未规定直接言词原则，但2012年《刑事诉讼法》第59条规定体现了直接言词原则的要求，即"证人证言必须在法庭上经过公诉人、被害人和被告人、辩护人双方质证并且查实以后，才能作为定案的根据。法庭查明证人有意作伪证或者隐匿罪证的时候，应当依法处理"。除了这一条文，2012年《刑事诉讼法》第187条规定也体现了直接言词原则的要求。[2]但从司法实践角度观察，实践中也并未贯彻直接言词原则，其中一个重要参考指标就是我国证人出庭作证率低。有论者总结道："刑事审判实践中，书面证言代替证人出庭作证的现象非常普遍，证人不愿作证、证人出庭率低一直是非常突出的问题。"[3]对于证人出庭率低的具体比率，学者之间则存在不同的说法。

　　近年来，我国开展了以审判为中心的诉讼制度改革，这一改革的核心要求就是发挥庭审在证据审查、事实认定、法律适用等方面的实质化作用，其中的一个重要方面就是直接言词原则的贯彻。有论者也指出："落实直接言词原则，对于实现庭审实质化，贯彻证据裁判规则，完善证人出庭作证制度，意义重大。"[4]在上述背景下，相关改革文件中开始要求证人、鉴定人出庭，减少书面言词证据的使用，这一改革方向对于行政执法言词证据进入刑事诉讼有着重要影响。如"两高三部"出台的《关于推进以审判为中心的刑事诉讼制度改革

---

　　[1]　樊崇义等：《底线：刑事错案防范标准》，中国政法大学出版社2015年版，第253页。

　　[2]　"公诉人、当事人或者辩护人、诉讼代理人对证人证言有异议，且该证人证言对案件定罪量刑有重大影响，人民法院认为证人有必要出庭作证的，证人应当出庭作证。"

　　[3]　熊选国：《刑法刑事诉讼法实施中的疑难问题》，中国人民公安大学出版社2005年版，第400页。

　　[4]　徐拿云：《直接言词原则的理论阐释与实现路径》，载《西南民族大学学报（人文社会科学版）》2018年第8期。

的意见》第 11 条规定，规范法庭调查程序，证明被告人有罪、无罪、罪轻、罪重的证据，都应当在法庭上依法出示；第 12 条规定，落实证人、鉴定人、侦查人员出庭作证制度，提高出庭作证率。公诉人、当事人或者辩护人、诉讼代理人对证人证言有异议，人民法院认为该证人证言对案件定罪量刑有重大影响的，证人应当出庭作证。

二、英美法的证据规则进路

在英美刑事诉讼中，非刑事程序中获得的书面言词证据在刑事诉讼中使用，遇到的主要障碍是传闻证据排除规则。非法证据排除规则、禁止程序滥用等也会限制其使用。[1]

在英美证据法上，传闻证据排除是指如果一项证据属于传闻，则原则上不具有可采性。该规则设立的理由是，如果允许在法庭上使用传闻证据，将损害被追诉人的对质权，也会危及案件真相的发现。英美证据法上对传闻及其豁免、传闻证据排除的例外都作了细致规定。对于传闻的界定，《美国联邦证据规则》第 801 条规定："'传闻'是陈述人并非在审判或听证中作证时作出的，作为证据提供用以证明所主张事项之真实性的陈述。"[2]2003 年《英国刑事司法法》第 114 条第 1 项也规定，在刑事程序中，一项非以口头证据所作的陈述，在作为其陈述事项的证据时，在符合一定条件下才具有可采性。[3]在传闻的豁免上，《美国联邦证据规则》第 801 条规定两类证据不属于传闻：（1）证人的先前陈述。证人在审判前所作的不一致陈述可以用来弹劾任何的可信性，但不得作为证明被告人有罪的证据。（2）当事人的承认。是指证人就犯罪嫌疑人、被告人承认自己罪行所作的陈述。在传闻证据排除的例外上，《美国联邦证据规则》第 803 条、第 804 条规定了诸多传闻证据排除的例外，分为陈述人无论是否能够到庭的例外和陈述人不能出庭的例外；前者包括即时感觉印象、激奋话语、记录的回忆、日常活动记录、公共记录、家庭记录等例外；后者包括陈述人因死亡、身体疾病或者精神疾病等不能到庭等情形。《英国刑事司法法》中规定了当事人同意的例外、证人难以获得的例外、商业文件和其他文件的例外等。

---

〔1〕 See M. Delmas-Marty, J. A. E. Vervaele（eds.）, The Implementation of the Corpus Juris in the Member States：Penal Provisions for the Protection of European Finances, Volume 4, Intersentia 2001, pp. 379-380.

〔2〕 ［美］罗纳德·J. 艾伦等：《证据法：文本、问题和案例》，张保生等译. 满运龙校，高等教育出版社 2006 年版，第 454 页。

〔3〕 See Art. 114 of Criminal Justice Act 2003.

　　根据上述规定，在英美证据法中，行政机关收集的书面言词证据在用以证明其内容真实性时，属于传闻，原则上应当予以排除。但是，如果属于传闻豁免或者传闻证据排除的例外，则具有刑事可采性，如陈述人因死亡、严重身体或者精神疾病等不能到庭时，或陈述人未能出庭是对方当事人故意或过失造成的，行政机关收集的书面言词证据具有可采性。陈述人在行政机关的先前陈述也可以用作弹劾证据。除了传闻证据排除规则的限制，如果行政机关以侵犯宪法权利的方式收集证据，还可能因非法证据排除规则而被排除；如果行政机关（尤其是警察机关）假借行政手段调查刑事案件，其所获得的证据将因程序滥用而被排除。

　　需要说明的是，大陆法系的直接言词原则与英美法系的传闻证据排除规则具有异曲同工之处，在制度功能上具有一定的相似性。直接言词原则在要求裁判者直接接触第一手信息和拒绝以案卷作为裁判依据上具有同样要求；但直接言词原则并非与传闻排除规则一样，"均不承认证人在法庭之外就案件事实所作的证言具有可采性"。[1]在以审判为中心的诉讼制度改革的背景下，最高人民法院、最高人民检察院的相关文件中不仅要求贯彻直接言词原则，还从证据排除的角度对英美法上的"传闻证据"的排除作了规定。为了贯彻"两高三部"出台的《关于推进以审判为中心的刑事诉讼制度改革的意见》，最高人民法院又出台了《关于全面推进以审判为中心的刑事诉讼制度改革的实施意见》，该意见第 29 条再次强调证人应当出庭作证。[2]《人民法院办理刑事案件第一审普通程序法庭调查规程（试行）》第 13 条规定："控辩双方对证人证言、被害人陈述有异议，申请证人、被害人出庭，人民法院经审查认为证人证言、被害人陈述对案件定罪量刑有重大影响的，应当通知证人、被害人出庭。"该规程第51 条第 1 款又明确规定，证人不出庭，相关书面证言无法确定是否真实的，不得作为定案根据。有论者将上述规定描述为"有条件的传闻证据排除规则"。[3]应当说这一归纳是正确的，上述法律规定并未建立严格的传闻证据排除规则，其他的一些法律规定也体现了相关规则的不彻底性。例如，《人民法院办理刑事案件第一审普通程序法庭调查规程（试行）》第 51 条第 2 款规定："证人当庭

作出的证言与其庭前证言矛盾，证人能够作出合理解释，并与相关证据印证的，应当采信其庭审证言；不能作出合理解释，而其庭前证言与相关证据印证的，可以采信其庭前证言。"

三、一个简要的评析

行政机关收集的书面言词证据进入刑事诉讼中遭遇了严格证明法则、直接言词原则、传闻证据排除规则三个主要障碍。大陆法系的严格证明法则，其目的在于保障被追诉人的诉讼权利，如被追诉人在刑事诉讼中享有诸多诉讼权利，而行政程序中的被询问人则不享有。直接言词原则、传闻证据排除规则也以保障被追诉人的诉讼权利为目的。虽然直接言词原则并非以排除传闻证据为规范目的，但是，两者在要求裁判者直接接触第一手信息和拒绝以案卷作为裁判依据上具有同样要求。行政执法中收集的书面言词证据不仅属于第二手信息，也正是案卷的重要组成部分，禁止其在刑事诉讼中使用有助于促进对质权、交叉盘问权的实现，有助于防止错判无辜者有罪。在严格证明、直接言词原则和传闻证据排除规则的背后，是对被追诉人诉讼权利保障的关注，既包括收集证据时的诉讼权利（如告知罪名的权利、获得律师帮助的权利、获得免费翻译的权利等），也包括使用证据时的诉讼权利（如对质权、交叉询问权等）。两大法系国家原则上禁止行政机关收集的书面言词证据进入刑事诉讼，正是基于权利保障的考虑。

第二节　我国立法框架下的反思

诚如前文所述，由于我国立法中并未规定和严格贯彻直接言词原则和传闻证据排除规则，严格证明原则也未被广泛接受，我国学者对于行政机关收集的书面言词证据应否进入刑事诉讼的讨论采取了不同的路径。

一、不同立场及其理由

（一）赞成方及其理由

赞成行政机关收集的书面言词证据可以直接进入刑事诉讼一方所持的理由包括：一是打击犯罪、提高诉讼效率。例如，认为即使言词证据可以重新提取或转化，也会浪费大量的司法资源。有论者提出，重复取证会耗费司法资源，损害司法效率，也会影响案件真相的查清。[1]"行政执法证据也是行政机关及行政执法人员依法收集、调取的，不必再在刑事诉讼中重新收集、调取，由此可以提高诉讼效率，节约诉讼资源。"[2]二是考虑现实需要。这种观点从"证据短缺"或"证据资源有限性"出发，认为司法实践中，有时会发生言词证据无法重新提取的情形，不采纳行政机关收集的言词证据，会放纵犯罪。[3]"基于刑事案件事实认定的需要及证明资源稀缺的困境，充分运用刑事诉讼程序之前所收集的证据材料，是刑事司法机关的现实选择。"[4]三是基于实质证据观。从国内的研究来看，西北政法大学裴苍龄教授指出，我国 1979 年《刑事诉讼法》第 31 条第 1 款规定："证明案件真实情况的一切事实，都是证据"。"这就确立了证据是事实的观点。确立这一观点意味着，在中华大地上树起了实质证据观的大旗。"[5]沿循实质证据观的思路，2012 年修正前的《刑事诉讼法》第 42 条规定，证明案件真实情况的一切事实，都是证据；以及 2012 年修正后的《刑事诉讼法》第 48 条第 1 款规定："可以用于证明案件事实的材料，都是证据。"这表明任何与刑事案件事实相关的事实或材料都可以作为证据使用，立法者不应当根据证据的收集主体是公、检、法还是行政机关而对言词证据有所区别，应当放弃这种形式主义立场，当行政执法机关收集的言词证据能够证明案件事实时，也应当赋予其证据能力。[6]

上述观点是对取证主体合法性的重要质疑，但相关观点无法回应的是，在任何国家的刑事诉讼中，侦查主体特定原则是一项基本原则，对于刑事案件的侦查行为只能由特定的法律主体、按照特定的程序、采用特定的侦查措施来进行，而其他任何行政机关都不具有侦查刑事案件的权力。也有论者承认，证据

---

[1] 参见刘晨琦：《浅议行政执法与刑事司法的衔接——以〈刑事诉讼法〉第 52 条第 2 款规定为视角》，载《云南社会主义学院学报》2014 年第 2 期。

[2] 顾永忠：《行政执法证据"在刑事诉讼中可以作为证据使用"解析》，载《法律适用》2014 年第 3 期。

[3] 参见郝爱军、殷宪龙：《行政机关收集证据在刑事诉讼中运用的疑难问题解析》，载《中国刑事法杂志》2013 年第 9 期。

[4] 刘洋、张斌：《行政执法证据与刑事证据衔接的理论基础》，载《东北大学学报（社会科学版）》2017 年第 5 期。

[5] 裴苍龄：《形式证据观的终结——四论实质证据观》，载《河北法学》2013 年第 5 期。

[6] 有观点认为，2012 年《刑事诉讼法》第 52 条第 2 款有条件地赋予了行政机关刑事取证主体的资格。参见姜虹：《从证据能力视角审视行政证据向刑事证据转化》，载《北京警察学院学报》2013 年第 4 期。

收集主体和方式的确会影响证据的可靠性，但认为不应当据此排除证据。[1]承认证据收集主体和方式影响证据可靠性，但认为不应当排除的观点仍然体现出浓厚的"实质真实"的情结，即任何相关的都是证据，而不考虑取证主体、取证程序、取证手段、取证方式等的限制。除了上述三种主张，还有学者认为，对于公安机关执法中获得的言词证据应当区别对待，公安行政执法程序的规范性赋予了言词证据较高的公信力，公民的基本权利也得到了必要保障，因此应准许公安行政执法言词证据作为刑事证据使用。[2]对于这一主张本书将在第七章作出回应。

（二）反对方及其理由

反对行政机关收集的书面言词证据可以直接进入刑事诉讼一方的主要理由包括：一是言词证据的主观性及其形成过程与实物证据的差异。如认为言词证据具有主观性和变化性，在不同环境中形成的言词证据其可靠性程度也有所不同。[3]"言词证据的主观性较强，容易受人的主观感知能力、表述能力、思想感情和客观环境等因素的影响，而且其形成过程是一个由证人、被害人以及涉嫌犯罪行为人与取证主体的双向互动甚至双方博弈的过程，不同的取证主体和取证方式、方向可能会导致证据内容出现差别。"[4]二是司法实践传统。这种观点认为，《刑事诉讼法》的规定不过是将司法实践的做法予以法定化，司法实践中行政执法实物证据可以直接使用，而言词证据则需重新提取后才可使用。[5]在2012年《刑事诉讼法》修正前，2011年《最高人民法院、最高人民检察院、公安部关于办理侵犯知识产权刑事案件适用法律若干问题的意见》中也有类似规定，即该意见第2条规定，"行政执法部门制作的证人证言、当事人陈述等调查笔录，公安机关认为有必要作为刑事证据使用的，应当依法重新收集、制作"。三是有违职权原则。[6]鉴于刑事侦查权对公民权利可能造成的巨大危害，

[1] 参见王进喜主编：《刑事证据法的新发展》，法律出版社2013年版，第113-115页。

[2] 参见韦佼杏：《公安行政执法言词证据作为刑事证据的使用》，载《中国刑警学院学报》2018年第1期。

[3] 参见江必新主编：《最高人民法院关于适用〈中华人民共和国刑事诉讼法〉的解释理解与适用》，中国法制出版社2013年版，第48-49页。

[4] 宋维斌：《行政证据与刑事证据衔接机制研究——以新〈刑事诉讼法〉第52条第2款为分析重点》，载《时代法学》2014年第3期。

[5] 参见张永超：《行政机关收集的证据仅限于实物证据》，载《检察日报》2013年2月20日，第3版。

[6] 参见龙宗智：《进步及其局限——由证据制度调整的观察》，载《政法论坛》2012年第5期。

各国刑事诉讼法都规定刑事侦查权只能由特定机关（如检察机关或警察机关）行使，如果允许行政机关收集的言词证据直接进入刑事诉讼，将会架空刑事诉讼法中关于侦查权主体、取证程序、权利保障等方面的规定。对于行政机关收集的言词证据，"应当由侦查人员依据刑事诉讼法的规定，在告知当事人权利与义务、相关法律后果后，对证人证言、当事人陈述等重新收集、制作证言笔录"。[1]

分析可知，打击犯罪或提高诉讼效率，这种目的性价值并不能赋予行政执法言词证据进入刑事诉讼的正当性，如果刑事诉讼的唯一目的是打击犯罪，那么任何刑事诉讼规则都是多余的。同时，实物证据、言词证据都不具有天然的可靠性、客观性。而试图从现实需要或司法实践中寻找支持或反对理由的观点，则犯了与"存在就是合理"一样的逻辑错误。事实上，我国司法实践中的诸多做法并不合理。综上，实质证据观和职权原则才是赞成或反对行政执法言词证据进入刑事诉讼的最重要理由，两者反映了不同的证据理念。

二、两种证据理念的分析

实质证据观秉承了自由证明的理念，主张所有与案件事实相关的材料（或信息）都应当进入刑事诉讼中使用；职权原则则彰显了权利保障的理念，正是因为两种主张所持的基本理念不同，导致了学者在行政执法证据进入刑事诉讼范围上的不同认识。因此，我们需要对这两种理念进行分析。

（一）自由证明理念

在英美证据法上，自由证明的理念一直影响深远，早在 18 世纪，著名学者边沁就对证据排除规则作出了猛烈批判，在他看来，除了可能导致讼累、耗费和迟延等原因而排除相关证据，不应当对相关证据加以排除，他还提出了"排除证据就是排除正义"的主张。[2]自由证明的理念是指："首先，事实认定者评价证据证明力的过程应当是自由的，不受强制性规则的约束；其次，所有与待证事实具有逻辑上相关性的材料都应当采纳作为证据使用，除非存在必要的理由，否则不应排除具有相关性的证据。"[3]在大陆法证据立法中，自由证明

---

〔1〕　杜开林、陈伟：《行政执法中收集的言词证据不可直接作为刑事诉讼证据——江苏南通中院裁定维持王志余等容留卖淫罪抗诉案》，载《人民法院报》2013 年 8 月 15 日，第 6 版。

〔2〕　参见［英］威廉·特文宁：《反思证据：开拓性论著》，吴洪淇等译，中国人民大学出版社 2015 年版，第 44-46 页。

〔3〕　樊传明：《自由证明原理与技术性证据规则——英美证据法的前提性假设和两种功能解释》，载《环球法律评论》2014 年第 2 期。

也是最基本的理念之一，原则上所有与案件事实相关的材料（或信息）都可以作为诉讼证据使用。例如，《法国刑事诉讼法》第427条规定，除法律另有规定外，犯罪得以任何证据形式认定。学者认为，这一规定表明，"在刑法里，能够证明事实真相的一切都可以加以运用"。[1]

在这种理念的影响下，我国学者提出了，"把体现着实质的事实直接看作证据"的"实质证据观"。[2]与此类似，主张立法者不能根据言词证据的获取主体是公、检、法还是行政机关而人为进行区别，在行政执法言词证据能够证明案件事实时，应当赋予其可采性的观点都建立在这一理念之上。

自由证明理念有助于促进刑事案件的理性裁判。在个案裁判中，事实认定者掌握越多、越全面的证据，越是有助于准确地认定案件事实，进而有效实现实体法的内容。因而，自由证明的理念与英美证据法的理性主义传统密切相连，并成为现代证据法的基本理念之一。但自由证明也面临诸多挑战：一是刑事诉讼必须在一定时间内完成，大量与案件事实相关性较低的证据涌入刑事诉讼，将损害诉讼效率；二是当大量芜杂不齐、质量不一的信息涌入刑事诉讼，可能混淆案件争点、误导事实认定者，进而损害案件事实认定的准确性；[3]三是这一理念更多关注了刑事诉讼的认识论方面，即事实认定的准确性，忽略了刑事诉讼还是一个价值实现、价值选择的过程。这种价值实现、价值选择至少包括两个方面：[4]一是防止错判无辜的人有罪；二是保障被追诉人（包括刑事诉讼参与人）在刑事诉讼中得到公正对待。上述因素使得刑事诉讼中不可能采取一个绝对的自由证明理念，而应当在证据取得和运用中注重保障被追诉人的宪法权利、诉讼权利。事实上，在法国，证据自由原则也受到诸多限制，主要包括对证据之性质的限制（如民事事项应按民法上要求的形式提出）、对司法尊严和基本人权的尊重、对不正当取证手段的限制、对特殊取证手段的限制（如卧底调查）等。[5]

---

〔1〕［法］贝尔纳·布洛克：《法国刑事诉讼法》（原书第21版），罗结珍译，中国政法大学出版社2009年版，第73页。

〔2〕裴苍龄：《论实质证据观》，载《法律科学（西北政法学院学报）》2006年第3期。

〔3〕See John leubsdorf, Evidence Law as a System of Incentives, 95 Lowa Law Review 2010, pp. 1625-1630.

〔4〕See William Twining, Freedom of Proof and the Reform of Criminal Evidence, 31 Israel Law Review 1997, p. 457.

〔5〕参见［法］贝尔纳·布洛克：《法国刑事诉讼法》（原书第21版），罗结珍译，中国政法大学出版社2009年版，第77-78页。

（二）权利保障理念

随着正当程序的发展，刑事证据法中权利保障的理念也逐渐兴起。这种理念认为，刑事诉讼的进行不仅是为了在个案中实现刑罚权，更与公民的个人权利保障密切相关，这包括两方面的权利：一是公民所享有的基本权利和诉讼权利，如各国宪法中规定的生命权、自由权、隐私权、个人信息权等，以及各国刑事诉讼法中规定的犯罪嫌疑人、被告人有被告知罪名、获得律师帮助、获得法律援助、不被强迫自证其罪、获得免费翻译等权利。例如，在实体权利方面，我国《宪法》上规定，公民的人身自由不受侵犯。任何公民，非经人民检察院批准或者决定或者人民法院决定，并由公安机关执行，不受逮捕。公民的通信自由和通信秘密受法律的保护。这些规定对于刑事诉讼中的证据取得及运用有重要影响。2018 年《刑事诉讼法》第 56 条规定，采用刑讯逼供等非法方法收集的犯罪嫌疑人、被告人供述和采用暴力、威胁等非法方法收集的证人证言、被害人陈述，应当予以排除。"两高三部"《关于办理刑事案件严格排除非法证据若干问题的规定》第 4 条就明确规定，采用非法拘禁等非法限制人身自由的方法收集的犯罪嫌疑人、被告人供述，应当予以排除。二是不被错误定罪的权利。有学者指出，不被错误定罪的权利构成了公民个人自由的根本保障；为了保障这一权利的实现，现代刑事证据法中规定了诸多制度，如要求控方承担证明责任并应达到较高的证明标准等。[1]我国 2018 年《刑事诉讼法》第 51 条也规定："公诉案件中被告人有罪的举证责任由人民检察院承担，自诉案件中被告人有罪的举证责任由自诉人承担"。第 55 条还对"证据确实、充分"的内涵作了进一步阐释。

在权利保障的理念下，证据问题不仅牵涉一系列规则的制定，更直接涉及当事人在法律程序中的权利保障。[2]对证据的观察不能仅仅从结果角度观察，还应当认识到，证据是一种法律程序产品，是一系列法律行为后产生或形成的结果，在法律程序中应当重视对犯罪嫌疑人、被告人、证人、被害人或其他诉讼参与人的权利保障。因此，与案件事实相关的材料（或信息）能否进入诉讼中使用，还需要考察这一材料（或信息）的取得或运用是否损害了犯罪嫌疑人、被告人、证人、被害人或其他诉讼参与人的相关权利。在现代刑事诉讼中，

---

〔1〕 See Ian Dennis, The Law of Evidence, 4th edition, Sweet & Maxwell, 2010, pp. 37-39.

〔2〕 See John D. Jackson & Sarah J. Summers, The Internationalization of Criminal Evidence：Beyond the Common Law and Civil Law Traditions, Cambridge University Press, 2012, p. 5.

各国对于违反宪法权利或严重侵犯诉讼权利获得的证据一般采取排除态度，如对于通过酷刑或类似手段获得的证据的排除，即使这些证据与案件事实相关并具有证明作用，也不得用作认定被追诉人有罪的证据。《联合国禁止酷刑公约》第 15 条规定，每一缔约国均应确保在任何诉讼程序中，不得援引任何业经确定系以酷刑取得的口供为证据，但这类口供可用作对被控施用酷刑逼供者刑讯逼供的证据。欧洲人权法院通过判例的形式明确了酷刑的范围：[1]①不仅包括已然的酷刑，也包括未然的酷刑；②不仅包括在缔约国境内的酷刑，也包括在缔约国境外可能发生的酷刑；③不仅包括肉体的酷刑，也包括精神的酷刑；④不仅包括故意的行为，而且还包括过失行为。因此，以上述方式获得的证据，按照欧洲人权法院的基本立场，都应当加以排除。

对于违反特定诉讼权利获得的证据也必须排除，如违反权利告知、获得翻译、律师在场、不被强迫自证己罪等权利获得的证据。[2]就权利告知而言，在美国的刑事司法框架下，米兰达警告属于权利告知的范畴，在一般情形下，如果警察在未对犯罪嫌疑人告知米兰达警告的情形下讯问了犯罪嫌疑人，则所获得的证据不得作为证据使用。就律师在场权而言，欧洲人权法院在 2008 年一份判决中指出，在没有律师在场的情形下获得的犯罪嫌疑人的有罪供述不能作为证据使用。[3]这一判决对欧洲理事会成员方的刑事取证程序产生了重要影响。在著名的 Stojkovic 一案中，欧洲人权法院再次重申，即使是在跨境取证中，也必须保障律师在场权，否则使用缺乏律师在场权所获的证据不能获得欧洲人权法院支持。[4]就不被强迫自证己罪权利而言，这一权利实质上已经成为各国刑事诉讼的一项基本原则，违反这一原则所获的证据不得作为证据使用。在 1993 年 Funke v. France 一案中，欧洲人权法院正式将"不得自证己罪的原则"纳入了公平审判权的保障范围，强调法国海关官员通过罚锾方式迫使当事人交出相关涉案文件的做法，违背了《欧洲人权公约》第 6 条的规定。[5]

---

〔1〕 参见孙英翔：《欧洲人权法院眼中的"酷刑"》，载《山东警察学院学报》2009 年第 4 期。

〔2〕 在欧盟起草关于刑事诉讼中获得律师帮助的指令中，草案条文拟规定，违反该项权利获得的证据原则上不得在成员方任何诉讼阶段作为不利于犯罪嫌疑人的证据使用，遭到了部分成员方的反对，在正式通过的条文中未采用这一规定。See Monica Pocora, Limits of Evidence within EU, EIRP Proceedings, Vol 10 (2015), p. 137.

〔3〕 参见塔汝·斯普伦肯：《欧洲预防刑讯逼供的程序保障》，金华译，载《法制日报》2010 年 8 月 4 日，第 12 版。

〔4〕 参见林钰雄：《司法互助是公平审判的化外之地？以欧洲人权法院的两则标杆裁判为借鉴》，载《欧美研究》2015 年第 4 期。

〔5〕 参见林钰雄：《刑事程序与国际人权》，元照出版公司 2007 年版，第 294 页。

　　综上，随着正当程序的兴起和被追诉人主体地位的不断提升，权利保障的理念在刑事证据领域逐渐获得了重要地位，并修正了自由证明的适用。仅从自由证明的理念出发，主张所有与案件事实相关的证据（包括行政执法证据）可以进入刑事诉讼缺乏说服力，忽略了权利保障在两种证据转化中的重要地位。

第三节　权利保障理念下的规则建构

　　行政执法证据与刑事诉讼证据，并非简单的名称上的变化，在这种变化背后，涉及对被追诉人、证人和鉴定人的权利保障问题，诚如上一章所述，提供必要的权利保障才能赋予行政执法证据进入刑事诉讼的正当性。因此，必须从权利保障的视角反思行政机关收集的书面言词证据能否进入刑事诉讼的问题，并应区分原则与例外。

一、一般原则：不得作为刑事证据使用

　　从权利保障的角度出发，行政机关收集的书面言词证据在刑事诉讼中使用，涉及证据收集和证据运用两个阶段的权利保障。对于证据收集阶段的权利保障而言，在行政执法过程中，由于尚未启动刑事诉讼程序，并不存在刑事诉讼中的犯罪嫌疑人、被告人、证人和鉴定人，因此，行政执法过程中也不能形成刑事诉讼中的犯罪嫌疑人、被告人的供述与辩解，证人证言，鉴定意见等法定证据方法。[1]虽然行政执法中的当事人陈述、证人证言、鉴定意见在表述上与上述法定证据方法具有某种一致性，但是行政执法中的当事人、证人、鉴定人与刑事诉讼中的犯罪嫌疑人、被告人、证人、鉴定人并不相同，这种身份差异的背后是权利保障上的不同。

　　有学者也持相同见解，认为"由于刑事诉讼涉及法益重大，对于言词证据提供者的权利保障的力度也较行政执法和行政机关办案时大。例如刑事诉讼中被追诉人享有不受强迫自证其罪的特权，这些是行政机关执法和办案中收集言词证据时所没有的"。[2]"作为行政机关执法依据的行政法律法规，其关于取证

────────────

　　〔1〕　参见林永翰：《前侦查行为——行政调查与刑事侦查之中间地带》，台湾政治大学法律学系2006年硕士学位论文，第117-119页。
　　〔2〕　郑曦：《行政机关收集的证据在刑事诉讼中的运用》，载《行政法学研究》2014年第3期。

的程序、证明对象、法律后果、保护力度等规定，不如刑事诉讼法严格。"[1] 以犯罪嫌疑人为例，我国《刑事诉讼法》中规定，犯罪嫌疑人有被告知罪名、接受律师帮助、获得法律援助、不被强迫自证其罪、获得免费翻译、核对讯问笔录并要求补充、改正等权利；而在行政执法程序中，行政相对人并不享有这些权利，由于缺乏统一的行政程序法，我国行政相对人在行政程序中享有哪些程序权利并不清晰。再以证人为例，在英美法上不认可非刑事程序中的证人证言，除了传闻证据排除规则的影响，证人未能宣誓具结、不承担可能带来的伪证罪后果，也是重要的考虑因素，如果刑事诉讼中将其作为证据使用可能损及被追诉人不被错误定罪的权利。在证据运用方面的权利保障上，直接言词原则和传闻证据排除规则都有助于当事人对质权的实现。由于证人不出庭将使得被追诉人无法对证人进行质疑，无法通过盘问的方式进行有效质证，书面言词证据的使用将削弱甚至实质地剥夺被追诉人的对质权。因此，行政执法机关收集的书面言词证据（当事人陈述、证人证言、鉴定意见）原则上不能直接进入刑事诉讼中使用，尤其是不能作为不利于被告人的证据，如定罪证据或不利于被告人的量刑证据。

二、例外可用的具体情形

由于刑事诉讼包括了立案、侦查、审查起诉、审判等诉讼阶段，同时，刑事证据也可以作为实质证据或弹劾证据等不同目的的使用，因此，刑事诉讼中不应当完全禁止行政执法中获得的书面言词证据的使用。根据相关立法例，其例外使用的情形包括以下几种。

（一）作为立案或采取强制措施的证据使用

任何国家的刑事诉讼都可以区分为审判前和审判两个阶段，两者对证据的要求也有所不同。大陆法系的证据能力概念是针对审判阶段的严格证明事项而言的，英美证据法上的可采性及其排除规则也都是以法庭为中心建构的。而审判前阶段的启动刑事诉讼、适用强制措施等的证据要求一般较低。因此，各国审前阶段一般并不禁止行政执法言词证据的使用。[2] 根据我国《刑事诉讼法》

---

[1] 黄宁：《行政执法之言词证据须经转化成为刑事证据》，载《检察日报》2017年6月14日，第3版。

[2] See M. Delmas-Marty, J. A. E. Vervaele (eds.), The Implementation of the Corpus Juris in the Member States: Penal Provisions for the Protection of European Finances, Volume 4, Intersentia 2001, pp. 307-327.

的相关规定，行政执法机关收集的书面言词证据可以作为立案和采取强制措施的依据。有论者提出能否作为公诉证据的质疑，笔者认为，在以审判为中心的背景下，因行政执法过程中收集的言词证据不能直接作为刑事证据使用，公诉机关对于证据的筛选应当以审判证据为参照，我国"两高三部"《关于推进以审判为中心的刑事诉讼制度改革的意见》中也明确规定，侦查机关、人民检察院应当按照裁判的要求和标准收集、固定、审查、运用证据，人民法院应当按照法定程序认定证据，依法作出裁判。因此，行政执法言词证据不宜作为检察机关公诉被告人有罪的证据。

（二）作为量刑证据使用

我国《刑法》第61条规定，在决定刑罚时，"应当根据犯罪的事实、犯罪的性质、情节和对于社会的危害程度，依照本法的有关规定判处"。为了公正量刑并尽快促使犯罪人重新回归社会，应当尽量在更全面、更准确的量刑信息基础上裁量刑罚。"量刑程序所要解决的核心问题是量刑信息的全面性和准确性问题。"[1]因而，定罪证据与量刑证据有所不同，我们所熟知的传闻证据排除规则、非法证据排除规则、品性证据排除规则等都属于定罪证据规则，"在英美法系国家，适用于定罪阶段的严格的证据规则并不直接适用于量刑阶段"。[2]量刑程序中不仅不适用定罪阶段的严格证据排除规则，还允许和鼓励更多有价值的信息进入裁判者视野。举例言之，行政执法机关曾经对某个人多次盗窃行为做过行政处理，在该人因盗窃行为被认定有罪后，该人之前的多次未构成犯罪的盗窃行为当然可以作为量刑证据使用，用于评价该人社会危险性和重新回归社会可能性的依据。因此，行政执法机关收集的书面言词证据可以作为全面评估被告人的量刑证据使用。

（三）作为弹劾证据使用

根据使用目的的不同，证据可以分为实质证据和弹劾证据。前者是指与犯罪构成要件事实相关并用以证明其成立与否的证据，后者是指用于弹劾陈述人可信性的证据，如辩护方提出目击证人丁庭前所做的不一致陈述，可以用于质疑丁的可信性。也有论者同样主张，行政机关制作的行政调查笔录不得作为证

---

[1] 陈瑞华：《量刑程序中的证据规则》，载《吉林大学社会科学学报》2011年第1期。
[2] 冯俊伟：《量刑程序中证据制度的构建——一个比较法的视角》，载《刑法与刑事司法》2013年第2期。

明犯罪事实的证据，只能用于弹劾被告人、证人及其陈述的可信性。[1]有检察官针对国家监察体制改革前的纪检监察实践提出，即使"犯罪嫌疑人、被告人、证人原在纪检监察机关所陈述的内容，不能作为证明犯罪事实的证据，但可以用来质证犯罪嫌疑人、被告人、证人'翻供'后证言的真实性"。[2]这种使用正是作为弹劾证据使用。

（四）为刷新证人、鉴定人记忆使用

在国外证据立法上，即使一项书面证据不得作为实质证据使用，仍然可为刷新证人记忆而使用。"当证人起初不能回忆起某些事情时，通过向该证人展示盘问者认为或证人提议的能够触动证人记忆的文件或其他物品的方式，也许可能刷新证人的记忆。"[3]《美国联邦证据规则》第 612 条规定，在作证前或作证后，证人可以使用书写品来刷新记忆。《德国刑事诉讼法》第 253 条也规定，为了恢复证人或鉴定人的记忆，或者在无法以其他方法确认或消除与先前陈述的矛盾时，可以宣读审前获得的笔录。《澳大利亚 1995 年证据法》第 32 条规定："经法院许可，证人在作证过程中，可以使用文件来试图唤醒其关于某事实或者意见的记忆。"[4]

（五）在证人、鉴定人死亡、丧失行为能力等情形下使用

根据《日本刑事诉讼法》第 321 条的规定，被告人以外之人（包括证人和鉴定人）由于死亡、精神或身体障碍或现居国外等原因不能出庭作出陈述时，其对检察官的陈述有特别可信情形时，可以作为证据使用。[5]《人民检察院刑事诉讼规则（试行）》第 64 条规定，确有证据证实涉案人员或者相关人员因路途遥远、死亡、失踪或者丧失作证能力，无法重新收集，但供述、证言或者陈述的来源、收集程序合法，并有其他证据相印证，经人民检察院审查符合法定要求的，可以作为证据使用。上述规定具有合理性，但未强调供述、证言和

---

[1] 参见龙宗智等：《司法改革与中国刑事证据制度的完善》，中国民主法制出版社 2016 年版，第 421 页。

[2] 朱铭元：《司法实践的新观念——纪检监察证据向刑事证据的转化》，载《探索与争鸣》2007 年第 1 期。

[3] ［美］罗纳德·J. 艾伦等：《证据法：文本、问题和案例》，张保生等译，满运龙校，高等教育出版社 2006 年版，第 585 页。

[4] 王进喜：《澳大利亚〈1995 年证据法〉的立法技术及对普通法的变革》，载《比较法研究》2013 年第 3 期。

[5] 参见王兆鹏等：《传闻法则：理论与实践》，元照出版公司 2003 年版，第 127 页。

陈述的特别可信性和必要性，为立法之不足。

（六）对方当事人恶意造成证人、鉴定人不能出庭的情形

根据因恶意而失权的一般法理，任何人都不能因自己的错误行为而获得利益。如果因对方当事人的故意或者过失行为导致行政执法中的证人、鉴定人不能再次提供证据，行政执法中收集的证人证言笔录、鉴定意见可以在刑事诉讼中使用。《美国联邦证据规则》第804条（b）6也规定，如果控辩双方实施或者默许不法行为，致使陈述人不能出庭进行陈述时，其先前陈述不受传闻证据排除的限制。我国当前的司法改革的一个重心就是，促进证人和鉴定人出庭，如《人民法院办理刑事案件第一审普通程序法庭调查规程（试行）》第13条、第51条的规定，证人应当出庭而没有出庭作证时，其庭前证言真实性无法确认的，不得作为定案的根据。在司法实践中，如果当事人恶意造成证人或鉴定人不能出庭，应当允许行政执法阶段收集的言词证据在刑事诉讼中作为证据使用。

（七）被告人同意将其作为对自己不利的证据

在现代刑事证据法上，出于对被告人自主性和双方合意的尊重，"证据契约"也逐渐兴起，"充分发挥刑事诉讼当事人在刑事证据场域中的合作与协商，实现在合意基础上完成证明任务和解决纠纷的目标，已成为刑事证据法学理论研究的发展趋势和新的课题"。[1]在恢复性司法等理念的影响之下，犯罪嫌疑人、被告人对于罪责刑问题都可以通过"同意"的方式合作，在行政执法言词证据进入刑事诉讼的问题上，笔者认为，在充分保障被告人同意的自愿性、真实性、合法性的基础上，人民法院可以将其作为定罪证据使用。在被告人同意的情形下，证据法原理和证据排除规则不应当成为阻碍事实认定、阻碍真实发现的理由。在英国证据法上，对于传闻证据的排除，就出现了同意使用的例外。但同意认定的主体只能是人民法院，在侦查阶段、审查起诉阶段，不得使用同意作为行政执法言词证据进入刑事诉讼的理由，在这两个阶段如果被告人同意，应当按照刑事诉讼法的规定重新取得言词证据。

综上，行政执法证据进入刑事诉讼的范围问题，主要争议在于行政执法机关收集的书面言词证据能否直接进入刑事诉讼。在我国理论界和实务界对于这一问题的讨论中，绝对的自由证明理念占据了主流位置，诸多学者一直坚持具

---

〔1〕宋志军：《契约精神与刑事证据法律关系的契约化》，载卞建林、文晓平主编：《建言献策：刑事诉讼法再修改》，中国人民公安大学出版社2011年版，第535页。

有"三性"（客观性、关联性、合法性）的证据材料都可以作为刑事证据使用。这种绝对自由理念的形成和发展与实事求是的哲学思维、偏好实质真实的价值追求密切相关，也反映了我国证据法学研究从"证据学"到"证据法学"的学术转型尚未彻底完成。然而，刑事证据的取得和运用不仅关涉刑事实体法内容的实现，还与公民的宪法权利、诉讼权利保障密切相关。因此，仅从自由证明理念出发讨论这一问题，忽略了行政执法证据与刑事诉讼证据转化背后的权利保障问题，提供必要的权利保障才能赋予行政执法证据进入刑事诉讼的正当性。刑事诉讼包括立案、侦查、起诉、审判等诉讼阶段，刑事证据也可以用作实质证据或弹劾证据、定罪证据或量刑证据、有利于被告人的证据或不利于被告人的证据等不同目的，完全赞成或完全反对行政执法中收集的书面言词证据直接进入刑事诉讼的观点都具有片面性。从权利保障的视角出发，行政执法中收集的书面言词证据不能直接作为定罪证据和不利于被告人的量刑证据，但在例外情形下可以使用。

第四章

刑事诉讼中行政执法实物证据运用的类型区分[1]

> **本章概要** 在上一章，我们对刑事诉讼中行政执法言词证据运用问题作了讨论，在这一章，我们将对刑事诉讼中行政执法实物证据运用进行分析。根据 2018 年《刑事诉讼法》第 54 条第 2 款的规定，行政执法过程中收集的物证、书证、视听资料和电子数据等实物证据可以直接进入刑事诉讼中使用，无需再进行"转化"或"重新收集"。在这一问题上，一些学者认为，实物证据的可靠性、不可重新收集等特点是上述规定的重要考量。本章将延续程序与证据之间密切联系的基础立场，认为证据是一种法律程序产品，从程序视角将行政执法过程中收集的实物证据分为三种类型，并结合具体案例，分别讨论其适用规则：一是行政执法主体依法执法中取得的实物证据；二是行政执法主体"以行政执法之名行刑事侦查之实"取得的实物证据；三是行政执法机关与侦查机关联合调查取得的实物证据。在第一种类型之下，应当评价行政执法机关是否存在法律授权、是否具有正当的执法目的、（执法者）是否有执法资格、是否符合法定程序等四个方面；在第二种类型之下，应当确立"以行政执法之名行刑事侦查之实"所获实物证据的排除规则，在判断标准上采用综合标准；在第三种类型之下，应当以"主导机关决定法律程序"为基本思路，综合判断联合执法所获证据能否在刑事诉讼中使用。

根据 2018 年《刑事诉讼法》第 54 条第 2 款规定："行政机关在行政执法和查办案件过程中收集的物证、书证、视听资料、电子数据等证据材料，在刑事诉讼中可以作为证据使用。"这一条款是我们讨论刑事诉讼中行政执法证据运用问题的核心法律依据。根据上一章的分析，行政执法过程中获得的言词证据不能直接在刑事诉讼中使用，一般应当在刑事立案后，由侦查机关按照刑事诉讼法的规定对犯罪嫌疑人、证人、被害人等进行重新讯问或询问，形成符合刑事

---

[1] 本章的一个早期版本刊发在《比较法研究》2014 年第 2 期。

诉讼法要求的证据种类，如犯罪嫌疑人、被告人的供述与辩解、被害人的陈述等。但在例外情形下，行政执法言词证据也可以在刑事诉讼中使用。根据这一条款的规定，"物证、书证、视听资料、电子数据"具备直接进入刑事诉讼中使用的证据资格，在 2012 年《刑事诉讼法》修正后，无须办案机关的"转化"，可以直接进入刑事诉讼中使用。但从学理上看，这一条文仍然有进一步讨论的空间。

诚如前述，证据是一种法律程序产品，不同性质的法律程序中产生的证据材料虽然在证据种类上具有一致性或者相似性，例如民事诉讼中的"证人证言"、刑事诉讼中的"证人证言"，再如刑事诉讼中的"犯罪嫌疑人、被告人的供述与辩解"、监察调查中的"被调查人的供述与辩解"、行政执法中的"当事人陈述"，但是因其形成的"程序环境"有所不同，不同"程序环境"之下的言词证据并不相同，任何人都不会不假思索地将民事证人证言直接作为刑事证人证言使用，在实物证据方面，亦是如此。这里所谓的"程序环境"，一般是指一个法律程序的各个要素及其整体的运行情形，在程序要素方面，如法律程序的性质、目的的不同，不同法律程序在程序主体、程序结构、程序措施、程序权利、程序结果、程序救济等方面也有所不同，因此，不同程序环境形成的证据也不同，这也是为何会产生行政执法证据、刑事诉讼证据、行政诉讼证据、仲裁证据、民事证据的原因。[1]虽然行政执法与刑事司法在个案中具有密切的关联，但是不应当将行政执法证据直接等同于刑事证据，更不可以将行政执法手段作为办理刑事案件的方式。举例言之，公安机关在正常办理卖淫嫖娼案件中收集的物证、书证，在案件随后转化为刑事案件后，可以作为刑事证据使用。但如果公安机关明知卖淫嫖娼案件已经构成刑事犯罪，仍然将其作为行政案件处理，并依据《公安机关办理行政案件程序规定》来收集取得物证、书证，故意以行政执法代替刑事侦查，规避刑事诉讼法对刑事调查取证权的约束，此时虽然也获得了物证、书证，但在程序法治的背景下，前一种情形下获得的物证、书证与后一种情形下获得的物证、书证存在较大差异。从行政执法调查与刑事侦查启动先后的角度出发，两者之间的关系包括三种情形：[2]一是先启动行政调查后启动刑事侦查，这是司法实践中最为常见的一种情形，也是需要着重讨论的情形；二是行政调查和刑事侦查同时启动，在各国司法实践中，对于环境犯罪、税务犯罪等一般都存在同时调查的做法，以确定行为人应负的行政责任

---

〔1〕 参见冯俊伟：《〈监察法〉实施中的证据衔接问题》，载《行政法学研究》2019 年第 6 期。

〔2〕 参见冯俊伟：《行政执法证据进入刑事诉讼的类型分析——基于比较法的视角》，载《比较法研究》2014 年第 2 期。

和刑事责任，除去交叉办案等情形，这一做法并不违背诉讼法理；三是先启动刑事侦查后再启动行政调查，在这一情形下，多数是行政专家协助办理刑事案件，在委托和聘请专家程序合法的情形下，一般不会产生行政执法证据进入刑事诉讼的问题。因此，这三种程序类型的不同，其所产生的行政执法证据与刑事诉讼证据衔接的问题也不相同。

　　为了对上述不同程序之下的行政执法实物证据进入刑事诉讼中使用进行分析，本章将采用类型分析的方法。类型化的方法对于讨论法律问题具有重要意义，考夫曼指出，类型是"法律理念与生活事实的中间点"，是"暂时性个别现象的模范以及永恒性的理念之模仿"。[1]也有学者指出："类型思维作为法学上日益被应用的思考形式，可以补充概念思维的不足。概念是对事物特征（要素）的取舍，类型则是对事物特征（要素）的固定和组合，并借此将事物的整体形象直观地展示。"[2]在类型分析方法的指导下，刑事诉讼中行政执法实物证据可以被区分为三种不同类型：[3]一是行政执法主体依法执法获得的行政执法实物证据；二是行政执法主体"以行政执法之名行刑事侦查之实"获得的实物证据；三是行政执法主体与侦查机关联合调查获得的实物证据。本章采用类型分析方法的意义在于，打破了从"结果"角度理解证据的传统做法，更多从"程序"的角度出发，将证据与程序相结合，将"作为结果"的证据区分为不同的类型，以对证据问题的分析更具有全面性。同时，类型化分析使得对问题的分析更为深入和缜密，既有研究对于刑事诉讼中行政执法证据的运用更多停留在言词证据与实物证据区分的层面，缺乏对于实物证据的类型化分析。以下将结合典型案例，对不同类型的行政执法实物证据在刑事诉讼中的运用及其规则进行讨论。

第一节　行政执法主体依法执法中取得的实物证据

一、依法执法与刑事诉讼衔接的正当性

　　从违法犯罪的本质出发，行为人的行为都是一种触犯法律规定的活动，由

---

　　〔1〕　转引自吴从周：《论法学上之"类型"思维》，载《法理学论丛——纪念杨日然教授学术论文集》，月旦出版社股份有限公司1997年版，第331页。
　　〔2〕　陈磊：《犯罪故意认定的证据法学解读》，载《证据科学》2012年第4期。
　　〔3〕　参见冯俊伟：《行政执法证据进入刑事诉讼的类型分析——基于比较法的视角》，载《比较法研究》2014年第2期。

于立法规定、行为性质、认知有限等因素的影响，违法与犯罪在一些情形下很难被明确区分。在现代法律治理的框架下，为了有效回应违法犯罪活动，各国立法中呈现出"犯罪圈"不断扩大、不断变动的趋势，如各国刑法中罪名不断增加，传统上的一些预备行为、准备行为被纳入犯罪行为之中，预防性刑法从理论逐渐走向实践。例如，我国《刑法修正案（九）》中将为实施恐怖活动准备凶器、危险物品或者其他工具，组织恐怖活动培训或者积极参加恐怖活动培训，为实施恐怖活动与境外恐怖活动组织或者人员联络等行为纳入刑事处罚的范围。一些国家不断降低犯罪的门槛，同时采取了轻刑化的处理方式。在这一背景下，违法与犯罪的界限处于变动之中。从行为性质的角度出发，刑法是保护法，是对严重违法行为的一种惩罚与处理。从违法犯罪的过程来看，行为违法在先，触犯刑事犯罪在后。这也是我国学者提出的行政执法证据与刑事诉讼证据衔接的重要理由之一，根据《刑法》分则第3章、第6章的规定，"一般的违法行为被纳入行政执法程序加以解决，社会危害性达到相当程度的行为则被刑法规定为该类犯罪"。[1] 举例言之，走私普通货物罪犯罪成立的一个前提是，犯罪嫌疑人、被告人的行为违反了我国《海关法》及其他海关法规的规定。正是由于立法变动不居、违法行为与犯罪行为具有一定的一体性特点，导致在一些情形下，作为执者者在当时很难准确判断行为人的行为是违法行为还是犯罪行为，同时违法行为还可能在很短时间内转化为犯罪行为。正是在上述背景下，各国刑事诉讼法上对于行政执法主体依法获得的实物证据都允许直接进入刑事诉讼中使用，即具有刑事诉讼证据的资格。但最终能否作为刑事诉讼证据以及刑事案件的定案依据，要由裁判者来决定。

二、行政执法主体依法执法取得的实物证据的运用

在具体实践中，对于何谓"依法执法"以及"违法（违反行政法）获得"的证据如何排除等问题则具有一定的复杂性，以下通过案例1进行分析。

【案例1】 2016年2月7日，王某参加同学会后驾驶无牌小型客车行至某市步行街南侧时，发现前方有交警在执勤，遂拟将车停在路边，后被交警当场抓获。现场酒精呼气测试值为170mg/100ml，并提取了血样，后经当地公安机关交通物证鉴定所鉴定，王某静脉血中检出乙醇成分，乙醇含量为172mg/

---

[1] 顾永忠：《行政执法证据"在刑事诉讼中可以作为证据使用"解析》，载《法律适用》2014年第3期。

100ml，王某的行为已经涉嫌醉酒驾驶机动车，应当依据《刑法》第 133 条之一的规定追究其刑事责任。

在本案中，血样是交警部门在行政执法中取得的重要物证，随后对该血样的检验是决定本案走向的关键性证据。被告人王某及其辩护律师对于交警执法权限等并无异议，但认为交警执法获得的血样及对该血样检验形成的鉴定意见不能作为证据使用，具体理由包括：在血样取得、保管、送检等环节上存在如下瑕疵：（1）在血样提取方面，当事人血样提取登记表显示，市医院 120 医务人员使用了碘伏作为消毒液，但是碘伏存在多种类型，有的碘伏属于含酒精类药品，登记表中未明确标注碘伏的种类。在血样的密封方法上，登记表中显示为"橡皮塞"，并未表明是否真空保存，不符合相关要求。（2）在血样保管方面，本案中王某的血样是 2 月 7 日在市医院提取，在 2 月 9 日由公安局交通警察支队作的检验鉴定，在这一天多的时间里，血样是否作出标记、由哪一方进行保管、是否按照要求作出了妥善保管等因缺乏相关证据材料无从知晓，证据保管不善将影响到血样的同一性。（3）在血样送检环节，按照《公安部关于公安机关办理醉酒驾驶机动车犯罪案件的指导意见》的要求，"提取的血样要当场登记封装，并立即送县级以上公安机关检验鉴定机构或者经公安机关认可的其他具备资格的检验鉴定机构进行血液酒精含量检验。因特殊原因不能立即送检的，应当按照规范低温保存，经上级公安机关交通管理部门负责人批准，可以在 3 日内送检"。本案中，血样提取时间是 2 月 7 日，送检时间是 2 月 9 日，并未"立即送检"，但全案证据中并无公安机关交通管理部门负责人批准的证据材料。

在本案中，需要分析的是何谓"依法执法"，根据行政法的一般理论，依法执法具体包括四个要素，首先是具有执法权限，即行政执法应当符合法律保留原则，执法者具有适当权限；其次是具有正当的执法目的，即不得假借行政执法之名实现其他目的，在一些国家的立法和实践中，任意性执法、选择性执法、报复性执法、歧视性执法等行为都是严重的违法执法行为，缺乏合法目的的执法行为可能损害法律的公正执行，还会带来可能的权力滥用。[1]因此，缺乏正当执法目的的执法行为也不属于"依法执法"。再次是执法主体适格，这在我国的相关法律和实践中也有所体现，2004 年国务院《全面推进依法行政实施纲要》中明确规定，"实行行政执法人员资格制度，没有取得执法资格的不

---

〔1〕　参见［美］波斯纳：《性与理性》，苏力译，中国政法大学出版社 2002 年版，第 415 页。

得从事行政执法工作"。根据这一要求，国务院各部委和各省、自治区、直辖市都颁发了行政执法资格考试的相关规定。[1]除了执法资格考试，一些执法机构中的内部部门的设置也是执法主体适格判断的一个重要因素，如公安机关各内设机构有着不同的执法权限和案件管辖范围，从严格意义上讲，治安部门的民警只能办理治安部门享有管辖权的案件，原则上不应当从事其他执法部门享有管辖权的执法案件。最后是依照法律程序执法。现代行政法治的一个重要特点是对正当法律程序的尊重和弘扬，正是在这个意义上，有论者提出，对于法律程序的遵守，以及程序本身的正当和良善，是法治与人治的分水岭。[2]因此行政执法必须依照法律规定的程序来进行，由于我国缺乏统一的行政程序法典，行政执法程序主要规定在《行政处罚法》《行政许可法》《行政强制法》《治安管理处罚法》等实体性行政法中。近年来，一些地方性行政程序规定也不断出台，如《山东省行政程序规定》《湖南省行政程序规定》等，促进了对行政程序的尊重和遵守。从学理上看，依照法定程序行政，主要要求依照程序进行、听取对方意见、符合比例原则等。这些方面也是判断是否构成依法执法的重要方面。

在本案中，交警查处王某具有法定权限，根据《道路交通安全法》《交通警察道路执勤执法工作规范》的规定，交通警察在道路上有执行维护交通秩序、实施交通管制、执行交通警卫任务、纠正和处理道路交通安全违法行为的权力。因此，本案中交警在发现王某将车停在路边后，依法对其进行了呼气检测，并将其带到120救护车中由护士提取了血样。在执法目的上，本案中不存在任意性执法、选择性执法、报复性执法或歧视性执法等情形，具体情况是，当天交通民警正设卡拦截酒驾车辆，而王某也正是看到了这一情形后主动将车停在路边。在执法资格上，两名执法交警都是交警队所属民警，具有交通执法资格。在执法程序上，交警的执法行为符合《交通警察道路执勤执法工作规范》的要求，交警在执法中用语规范、依法出示了执法资格证，并对王某进行了权利告知，依法进行了呼气测试和血液提取。执法程序虽然依照规定进行，但的确存在辩方提出的问题，这一方面反映出执法程序仍需进一步完善，也带来了如何评价、回应的问题。本书认为，依法执法包括四个基本要素，而本案中交警的

[1] 例如，《城市管理行政执法条例》第7条规定，"城管执法机关的行政执法人员应当是公务员，要严格按照国家公务员法的规定进行管理；应当采取统一考试、考核等办法，从有关部门和社会符合条件的人员中择优录用，建立完善录用、考核、培训、交流与回避等制度，加强执法队伍建设和管理"。

[2] 参见江必新：《程序法治的制度逻辑与理性构建》，中国法制出版社2014年版，第246页。

行政执法行为具备了上述四个要素，虽然在执法程序上存在瑕疵，但应当区分"程序违法"与"程序瑕疵"，前者是指严重的程序违法，在理论上包括对于行政程序基本原则的违反、对重要程序权利的侵犯等，具体言之，如违反行政程序公正、行政程序公开、行政程序参与原则等程序原则，违反行政相对人权利告知、陈述申辩权的保障等。"程序瑕疵"是指虽然存在违反程序规定的情形，但未损害行政程序基本原则、基本权利的，属于可补救、可修正的轻微程序违法。在本案中，交警的行政执法行为虽然存在"程序瑕疵"，但仍然具备了"依法执法"的要素。辩方提出的几个理由在公安机关随后提交的证据材料中也得到了澄清。在这个背景下，根据血样形成的鉴定意见可以在刑事诉讼中作为证据使用。

第二节　"以行政执法之名行刑事侦查之实"取得的实物证据

一、"以行政执法之名行刑事侦查之实"的形成

法谚有云，"绝对的权力导致绝对的腐败"。这一表达指出了权力本身具有扩张和恣意的本性，因此，权力的行使必须受到合理的监督和制约。我国当前改革中提出的"有权不可任性""把权力关进制度的笼子里"都是对权力本性的认知和防范。对于行政违法和刑事犯罪行为的调查权也是国家权力之一，并且由于调查措施、侦查措施对公民权利具有约束性、侵入性等特点，行政调查权或刑事侦查权的滥用将对公民的实体权利、程序权利产生更大的影响。例如，根据《行政强制法》的规定，行政强制措施种类包括限制公民人身自由，查封场所、设施或者财物，扣押财物，冻结存款、汇款和其他的强制措施。在一起行政执法案件中，如果执法机关对某企业采取了"查封场所、设施"的行政强制措施，以获取相关违法证据，制止违法行为，这将对企业的运营产生较大影响。如果是错误认定了违法行为，对于当地营商环境和企业的产权保护都将产生危害。根据《刑事诉讼法》的规定，在办理刑事案件中，侦查机关可以采取的强制措施包括拘传、取保候审、监视居住、刑事拘留和逮捕，可以采取的强制性侦查行为包括讯问（犯罪嫌疑人）、询问（证人、被害人）、勘验、检查、搜查、查封、扣押、查询、冻结、鉴定、辨认、技术侦查、通缉。刑事侦查措施的采取也会对公民、企业的合法权益产生较大影响，正是在这个意义上，中共中央、国务院和最高人民法院、最高人民检察院、司法部等都强调要强化产

权的司法保护,《中共中央、国务院关于完善产权保护制度依法保护产权的意见》中要求,要依法慎重决定是否采取查封、扣押、冻结等措施,确需采取的,要严格按照法定程序进行。因此,对行政违法和刑事犯罪的调查权是重要的国家权力之一,在实践中也应当规范进行。

学者在研究中提出了"法律规避"这一术语,一般是指在国际民商事案件中,一方当事人故意采取某种行为,规避对己方不利的法律,获得更多的法律利益。有著作中指出:"法律规避又称法律欺诈,是指当事人为了实现利己的目的,故意制造或改变构成连结点的具体事实,以避开本应适用的对其不利的准据法,而使对其有利的法律得以适用的行为。"[1]也有论者认为,"如果当事人以实施某项不受禁止的行为来达到实现某项受法律禁止行为的目的,就属于规避行为"。[2]从当前的学术研究来看,对于司法实践中的"法律规避"行为的研究,更多是从私法领域出发的,关注的是民商事法律实践,对于公法领域国家权力行使的回避关注不多,也很少有国内学者进行讨论;更多是从国际私法的角度讨论的,这在多数国际私法教材中都可以得到印证,主要指向的是国际民商事法律关系。

在国家权力行使领域也存在着"法律规避"的行为,从刑事侦查权行使的角度出发包括两个情形:一种情形是以刑事侦查权或刑事手段干预经济纠纷。这一做法也为最高人民检察院、公安部等所明令禁止。最高人民检察院多次强调不得以刑事手段插手经济纠纷。2017年《最高人民检察院关于充分履行检察职能加强产权司法保护的意见》中要求,"检察机关办理有关产权刑事案件,要严格区分经济纠纷与经济犯罪的界限,企业正当融资与非法集资的界限,民营企业参与国有企业兼并重组中涉及的产权纠纷与恶意侵占国有资产的界限,执行和利用国家政策谋发展中的偏差与钻改革空子实施犯罪的界限"。早在1989年,《公安部关于公安机关不得非法越权干预经济纠纷案件处理的通知》中就要求,"对经济纠纷问题,应由有关企事业及其行政主管部门、仲裁机关和人民法院依法处理,公安机关不要去干预。更不允许以查处诈骗等经济犯罪为名,以收审、扣押人质等非法手段去插手经济纠纷问题"。1992年《公安部关于严禁公安机关插手经济纠纷违法抓人的通知》中再次重申,"各地公安机关承办经济犯罪案件,必须严格执行最高人民法院、最高人民检察院、公安部关于

---

[1] 王祥修、裴予峰主编:《国际私法学理论·实务·案例》,中国政法大学出版社2016年版,第125页。

[2] [德]卡尔·拉伦茨:《德国民法通论》(下册),王晓晔等译,法律出版社2003年版,第594页。

案件管辖的规定。要正确区分诈骗、投机倒把、走私等经济犯罪与经济合同纠纷的界限，准确定性。凡属债务、合同等经济纠纷，公安机关绝对不得介入。"在实践中，另一个情形是以行政手段办理刑事案件。1992年《公安部关于严禁公安机关插手经济纠纷违法抓人的通知》，针对我国实践中存在的个别公安机关滥用收容审查等行为，公安部强调不得使用收容审查的方式办理相关刑事案件。值得反思的是，除了以收容审查方式办理相关刑事犯罪案件，在实践中还存在着以其他行政手段办理刑事案件的做法。这在学者的研究中也有所关注，如左卫民教授的研究表明，根据我国《刑事诉讼法》的规定，刑事搜查原则上应当在立案后进行，并应当持有搜查证，但在实践中，公安机关更多以到案检查、治安检查等方式来"替代"搜查的运用。[1]马静华教授对侦查到案制度的研究表明，在实践中警察更多使用了口头传唤、留置等行政措施促使犯罪嫌疑人到案，刑事诉讼法中规定的传唤、拘传、刑事拘留和逮捕等到案措施在一定程度上被虚置了。[2]在比较法上，为了规避刑事诉讼法上对于刑事措施的约束和规范，以在具体办理中"便宜行事"，其他国家也存在着以行政手段办理刑事案件的实践。如在日本的司法实践中，"警察为了侦查的目的往往滥用行政执行法的'留置'（允许进行保护留置或者预防留置至次日日落以前），以及《违警罪即决例》中的拘留（即不是通过审判，而是由警察署长作出的最长达29日的拘留）"。[3]因此，必须重视国家权力运行中的"法律规避"现象，其本质是一种违背法律（程序）目的的权力滥用行为，在一些国家将以行政手段办理刑事案件的行为视为一种严重的违法行为（如英国法院曾认定此行为属于严重的程序滥用行为），通过这一方式所获得的证据必须被排除，不得作为刑事诉讼证据使用。[4]

二、"以行政执法之名行刑事侦查之实"取得的实物证据之排除

在犯罪调查中，警察机关借用行政措施办理刑事案件，实质性地规避了刑事诉讼法的约束，这将带来两方面的后果：一是建立在法治国基础上的对刑事

---

〔1〕　参见左卫民：《规避与替代——搜查运行机制的实证考察》，载《中国法学》2007年第3期。

〔2〕　参见马静华：《侦查到案制度：从现实到理想——一个实证角度的研究》，载《现代法学》2007年第2期。

〔3〕　[日]松尾浩也：《日本刑事诉讼法》（上卷），丁相顺译，金光旭校，中国人民大学出版社2005年版，第69页。

〔4〕　See M. Mackarel &C. Gane, Admitting Irregularly or Illegally Obtained Evidence from Abroad into Criminal Proceedings: A Common Law Approach, *Criminal law review* 1997, p. 727.

侦查机关的权力约束无从实现，刑事诉讼法上关于强制措施、侦查措施、侦查程序等的规定也将被架空。二是将导致犯罪嫌疑人、被告人难以获得法定的程序地位以及相应的程序权利保障。如果涉案人不属于犯罪嫌疑人则不具有程序主体的地位，也不具有程序参与的权利，不享有我国刑事诉讼法上关于权利告知、获得免费翻译、获得法律援助、获得律师帮助和不被强迫自证其罪等权利的保障。相反，因行政法上规定在一定情形下违法嫌疑人有行政协助义务，行为人不仅不享有不被强迫自证其罪的权利，在一定条件下，还有义务提出不利于己方的证据材料。因此，我国立法和司法中也应当明确，公安机关"以行政执法之名行刑事侦查之实"取得的实物证据应当排除。[1]

在解决了"以行政执法之名行刑事侦查之实"取得的实物证据应否排除的问题后，随之而来的一个更为重要的问题是，如何对"以行政执法之名行刑事侦查之实"进行有效判断。从比较法的角度出发，主要存在三个标准：[2]一是主观判断标准。在主观标准之下存在着两种判断方式：其一，以调查人员当时对于案件的主观判断为标准，如调查人员执法时并未认识到该案属于刑事案件，则依行政手段获得的刑事证据当然可以作为证据使用。如果已经认识到属于刑事案件，除了情况紧急，原则上应当以刑事手段来取证，如果仍以行政手段来取证，所获证据应予以排除。其二，以一般理性人的标准来进行判断，即不应当以调查人员本人的认知，而应当以一个理性人在对法律规定和案件情况综合判断的基础上，来判断在个案中调查人员应否认识到案件已经涉嫌刑事犯罪，如果一般理性人都可以认识到，则调查人员即使主张自己未有认知，也应当将案件定性为刑事案件，以行政手段获得的证据应予排除。在一般理性人的认知标准下，必须重视的是，必须结合具体案件的整体情境，不得以事后的审慎分析来苛责当时情境下的执法决策。二是客观判断标准。客观标准是在判断是否存在"以行政执法之名行刑事侦查之实"的行为时，以刑事犯罪是否成立，是否应当使用刑事调查措施为标准。"如果调查主体实施了刑事诉讼中规定的强制性侦查措施，则属于刑事侦查行为；如果调查主体未实施刑事诉讼中规定的强制性侦查措施，则需综合考虑调查行为是否存在合理的行政目的、是否带来了一

---

[1] 这一观点已经为其他学者所认可，参见程龙：《行政证据在刑事诉讼中使用问题研究》，法律出版社2018年版，第60-61页。

[2] 参见冯俊伟：《行政执法证据进入刑事诉讼的类型分析——基于比较法的视角》，载《比较法研究》2014年第2期。

定的行政处罚措施等。"[1]客观标准虽然有助于克服主观标准之下认定标准的主观性问题，但在具体实践中存在着较多难题，一个重要挑战是是否构成刑事犯罪本身也需要执法者的主观判断，而在诸多"以行政执法之名行刑事侦查之实"的案件中，执法者根本不会使用刑事侦查措施或其他刑事强制措施。三是综合判断标准，是指由于违法犯罪行为的一体化特点，在具体个案中不应当简单地套用主观标准或者客观标准，应当重视对警察执法裁量权、案件执法公正、调查措施的必要性和紧急性等的综合考虑，在此基础上作出判断。[2]也有学者提出，除了考虑法律的授权、权力行使的目的，还应当对调查措施的种类、行为人主观动机、程序的推进等作总体权衡。[3]整体而言，从促进警察权力规范行使和保障警察执法裁量权的双重目的出发，采取综合标准说更具有合理性。以下将以案例2进行说明。

【案例2】　2015年10月，被告人高某应聘到某市某会所任经理，负责会所的经营、订房等全面工作。同年12月1日0时许，高某在明知有客人要在该会所内吸毒的情况下，仍然将两个房间提供给该客人娱乐消费。当日3时许，公安人员在该会所的两个房间内查获吸毒人员若干名。在本案中，公安机关出警前获得的证据材料包括：一是某匿名举报人的电话，告知隔壁包间有人吸毒；二是线人的信息，包括该会所多次出入吸毒人员。公安机关出警后对涉案房间进行了场所检查，查获毒品若干，吸毒用具若干。[4]

在本案中，应当采取综合标准对是否存在"以行政执法之名行刑事侦查之实"进行判断，如果以严格的一般理性人标准，则会带来"事后判断""脱离个案情境"两个风险，如本案后来已经被认定被告人触犯容留他人卖淫罪，判断者很容易认定本案是刑事案件，从一开始就应当使用刑事侦查措施，这一判断脱离了本案的具体情况，是一种事后判断。客观标准之下也会带来这一问题。在本案中，应当采取综合性的"层次化"判断方法。首先应当重视警察的主观目的，看其是否存在故意以行政手段办理刑事案件的违法目的，如果查明确实

---

〔1〕　冯俊伟：《行政执法证据进入刑事诉讼的类型分析——基于比较法的视角》，载《比较法研究》2014年第2期。

〔2〕　参见陈景发：《论行政调查与犯罪侦查》，载《警大法律论集》1998年第3期。

〔3〕　参见张泽涛：《行政违法行为被犯罪化处理的程序控制》，载《中国法学》2018年第5期。

〔4〕　本案例改编自最高人民法院2016年公布的毒品犯罪及吸毒诱发次生犯罪十大典型案例之八：高某容留他人吸毒案。

存在这一目的，则认定"以行政执法之名行刑事侦查之实"的行为存在，所获的证据应当予以排除。如果不存在该目的，则继续对案件的具体情况进行分析。具体而言，应当根据公安机关当时掌握的证据材料来判断该案是否符合刑事立案的标准，如果符合刑事立案的标准则应当在立案后采取刑事强制措施（但应当允许存在例外）。根据我国《刑事诉讼法》第16条和第112条的规定，刑事立案的标准是"认为有犯罪事实"和"需要追究刑事责任"，前者是指有证据证明犯罪事实存在，相关证据已经确实充分；后者是指不存在"情节显著轻微、危害不大，不认为是犯罪""犯罪已过追诉时效期限""经特赦令免除刑罚"等六种情形。在本案中，公安机关接到匿名举报后掌握的证据包括，匿名举报人的举报电话和线人的证言，从这两个证据来看，匿名举报人的电话在证据的可靠性上较为单薄，线人本身虽然具有更高的可信性，但线人的证言只是宽泛地指出该会所多次有吸毒人员出入，未能提供本次高某涉嫌容留他人吸毒的有用信息。因此在本案的情形下，公安机关接到举报后对涉案场所进行场所检查，并不属于"以行政执法之名行刑事侦查之实"的行为，所获的证据也不属于应当排除的范围。

通过对案例2的分析，我们也可以看到一个实践中的悖论，根据刑事诉讼法的规定，刑事办案中原则上应当在立案后才可以采取刑事强制措施和强制性侦查措施，而我国的刑事立案的证明标准较高，[1]"判断是否有犯罪事实发生应建立在客观存在的证据材料基础之上……并且这些证据经审查属实"。[2]一方面刑事立案证据标准较高，另一方面未立案又不得采取刑事措施，这使得办案机关在实践中或者采取任意性侦查措施或者采取初查措施，或者依赖其他的调查手段（如行政手段）办理刑事案件。[3]这一悖论和我国实践中的"以行政执法之名行刑事侦查之实"的做法都应当引起立法者和司法者的重视。

---

　　〔1〕　2018年修正后的《刑事诉讼法》第55条第2款规定，"证据确实、充分，应当符合以下条件：（一）定罪量刑的事实都有证据证明；（二）据以定案的证据均经法定程序查证属实；（三）综合全案证据，对所认定事实已排除合理怀疑。"

　　〔2〕　陈光中主编：《刑事诉讼法》，北京大学出版社、高等教育出版社2012年版，第256页。

　　〔3〕　公安部《公安机关办理行政案件程序规定》（2012）第51条规定："对发现或者受理的案件暂时无法确定为刑事案件或者行政案件的，可以按照行政案件的程序办理。……"这一规定也为公安机关借用行政手段办理刑事案件提供了制度便利。

第三节　行政执法主体与侦查机关联合调查取得的实物证据

一、联合调查作为一项例外情形

在现代法治框架下，不同国家机关行使不同权力是一项基本要求。但学者对于这一要求的理解存在多样认识，如有学者从历史角度指出："分权的真正含义是将原先由君主所代表的国家机构的权力分离出一部分来由人民直接或间接控制地享有和行使。"[1]在现代意义上，这一基本要求是不同性质的权力由不同国家机关来行使，不同国家机关只享有特定的权力也有助于防止权力滥用，实现对权力的有效制约。[2]在违法犯罪调查中，也遵循了这一基本要求，即国家设立了行政执法机关负责对违法行为的调查，设立刑事侦查机关或者特定调查机关负责对刑事犯罪进行调查。因此，行政执法调查与刑事侦查（也有论者将其称为犯罪调查[3]）有着相对严格的区分，两者在调查主体、调查性质、调查目的、调查方法、调查程序、调查处理结果等方面有较大差异。但是，在行政执法权与刑事侦查权严格分离、行政执法调查与刑事侦查严格区分的背景下，在一定情形下，各国立法上都允许行政调查与刑事侦查两种权力的协作，如发生具有较大的社会影响案件后，一些国家会组成特别调查组或者联合调查组，其中包含了行政调查、刑事侦查等复合性权力。另外，为了有效打击某类或某些犯罪，也允许进行联合调查，如一些国家对于环境犯罪、毒品犯罪等特定犯罪存在着"平行调查"等制度实践。"在美国环境犯罪调查中，存在着类似于'共同调查'的做法，即由于行为人的行为可能同时带来行政责任和刑事责任，可以同时启动行政调查和刑事侦查，并且两种程序中获得的证据可以共享。但是如果检察机关或环境犯罪调查机关指挥行政调查机关进行某些调查行为或者参与到行政调查中，则通过行政调查收集的证据不得作为刑事证据使用。"[4]需要说明的是，行政调查权与刑事侦查权分离是基本原则，一些国家

---

〔1〕　张恒山：《论分权的理由与反驳》，载《江苏行政学院学报》2004 年第 6 期。

〔2〕　参见张恒山：《论分权的理由与反驳》，载《江苏行政学院学报》2004 年第 6 期。

〔3〕　例如，有论文讨论了"网络赌博的犯罪调查"，参见王立梅、刘浩阳主编：《电子数据取证基础研究》，中国政法大学出版社 2016 年版，第 299 页。

〔4〕　冯俊伟：《行政执法证据进入刑事诉讼的类型分析——基于比较法的视角》，载《比较法研究》2014 年第 2 期。Donna Mussio, Drawing the Line Between Administrative and Criminal Searches: Defining the "Object of the Search" in Environmental Inspections, 18 B. C. Envtl. Aff. L. Rev. （1990）, pp. 209-210.

实践中存在的"联合执法""共同调查"等做法仅属于例外情形，并且有严格的制度规范。背后的原理仍然是对于不同国家机关行使不同国家权力这一要求的考量，是为了防止不同权力的混淆、防止权力运行的失范。

二、我国实践中联合调查的不同形态

在我国，为了促进特定法律目的的实现，提高权力运行的效率，一些规范性文件中也规定了联合执法、联合办案、提前介入等办案方式，在实践中也存在着行政执法主体与侦查机关联合调查的做法。主要包括三种做法：

一是联合执法或联合办案，联合执法在实践中较为混乱，既包括不同行政执法机关之间的联合执法，如卫生、税务、土地等行政执法部门的联合执法活动，也包括行政执法机关与侦查机关联合办案的形式，[1]主要是公安机关与其他执法机关联合执法的活动，因公安机关同时具有行政执法权和刑事办案权，在公安机关参与的联合执法活动中，很难区分出公安机关是以行政执法者还是刑事侦查者的身份参与其中，在实践中更多的是公安机关执法人员在两种不同执法主体之间切换。一些地方还出台了专门的关于联合执法的规范性文件，以《天津市行政联合执法规定》为例，该规定中指出，"联合执法是指两个或两个以上的行政执法部门，按照各自的职责范围，在实施行政执法时进行的联合行动"。联合执法的形式包括长期性和临时性两种；联合执法的机关既可以是同一级的行政执法机关，也可以是不同级别的行政执法机关，"不同级别的行政执法部门间的联合执法，以最下一级部门管辖的地域范围为联合执法的范围"。联合执法中采取强制措施和行政处罚时，应当"严格执行级别管辖和处罚权限的规定"。在具体实践中，公安机关多以与税务、土地等部门形成了较为稳定的联合执法组织（如"公安驻国土资源部门办公室"等）或者参与"某某执法专项行动"等方式进行联合执法，[2]其中所收集的物证、书证、视听资料、电子数据等就属于本书所称的"行政执法主体与侦查机关联合调查取得的实物证据"。

二是刑事侦查机关"提前介入"行政执法或调查活动中。"提前介入"在

---

〔1〕 就联合办案本身而言，实践中还包括法院、检察院与其他机关联合办案的情形，但这一做法在实践中已经逐渐减少，尤其是法院参与办案的情况。最高人民法院颁发的《人民法院落实〈保护司法人员依法履行法定职责规定〉的实施办法》第2条规定，严禁人民法院工作人员参与地方招商、联合执法，严禁提前介入土地征收、房屋拆迁等具体行政管理活动，杜绝参加地方牵头组织的各类"拆迁领导小组""项目指挥部"等临时机构。

〔2〕 参见冯俊伟：《行政执法证据进入刑事诉讼的类型分析——基于比较法的视角》，载《比较法研究》2014年第2期。

法律层面并未有明确规定，但是在我国行政机关颁发的各类规范性文件中，"提前介入"被作为打击食品安全、非法集资、知识产权领域犯罪的有效方式，如《国务院办公厅关于贯彻落实全国知识产权保护与执法工作电视电话会议精神任务分工的通知》中明确规定，"在行政执法过程中，对符合刑事立案追诉标准、涉嫌犯罪的，要及时移送公安机关；对现场查获、行为人可能逃匿或销毁证据的，要立即商请公安机关提前介入调查"。《国务院办公厅关于进一步加强资本市场中小投资者合法权益保护工作的意见》《国务院关于加强食品安全工作的决定》也规定，公安机关应当与其他行政执法部门加强协作，根据需要进行提前介入，加大对证券期货犯罪、食品安全犯罪的打击等。从上述法律文件中可以看出，公安机关"提前介入"行政执法或行政调查中，是我国法律文件中确立的一种执法办案方式，在上述文件中，作为刑事侦查机关的公安部门被要求根据需要提前介入执法中，并应当不断强化提前介入的重要作用。在具体执法过程中，对于公安机关的"提前介入"，行政执法部门更看重的是，"利用公安的力量和侦查取证方面的经验，固定证据和控制违法行为人"。[1]根据我国刑事诉讼法的规定，除了公安机关享有刑事侦查权，我国的检察机关也享有一定的刑事侦查权，[2]在一些案件的行政调查和监察调查过程中，检察机关也可能存在"提前介入"的问题。在检察机关"提前介入"行政调查方面尚不存在规范化的做法。近期，随着国家监察体制改革的不断推进，最高人民检察院相关负责人对于检察机关"提前介入"监察调查的相关做法具有一定的参考意义。该负责人指出：提前介入的主体，应当经检察长批准后派检察官介入，并成立工作组；提前介入的案件范围，是应以书面方式商请人民检察院介入已经进入审理阶段的重大、疑难、复杂案件；提前介入的方式方法主要包括听取证据情况的报告、查阅案卷、调看讯问被调查人、询问证人的同步录音录像等。[3]从上述要求来看，人民检察院对于"提前介入"监察调查有着严格的规范，保障了不同性质的机关在权力行使上的合法性，有助于防范权力混淆、权力借用、权力滥用等。

三是行政调查与刑事侦查的"交叉"问题。在我国行政法和刑事法律衔接

〔1〕 张蕴慧、刘肖俊、郑凤和：《对完善非法行医案件行刑衔接机制的思考》，载《上海预防医学》2012年第5期。

〔2〕 根据刑事诉讼法的规定，人民检察院享有对"司法工作人员利用职权实施的非法拘禁、刑讯逼供、非法搜查等侵犯公民权利、损害司法公正的犯罪"立案侦查权。

〔3〕 参见陈国庆：《刑事诉讼法修改与刑事检察工作的新发展》，载《国家检察官学院学报》2019年第1期。

方面，由于缺乏细致的法律规定，[1]对于"两法衔接"中是否应当贯彻"一事不二罚"等基本原则并不明确。在具体实践中，对于同一件事同时进行行政调查和刑事侦查的也较为常见，尤其是在涉税案件中。例如，李某实际控制的两个公司（以下简称甲公司、乙公司）涉嫌逃税罪案件中就存在这一情形。根据刑法的规定，扣缴义务人采取前款所列手段，不缴或者少缴已扣、已收税款，数额占应缴税额的百分之十以上并且数额在一万元以上的，经税务机关通知申报而拒不申报或者进行虚假的纳税申报的手段，不缴或者少缴应纳税款，应当追究刑事责任。在本案中，税务部门在查明了甲公司不缴或者少缴已扣、已收税款，数额占应缴税额的百分之二十五以上后，要求甲公司补缴税款和滞纳金，甲公司因经营状况不善无力缴纳，案件随后被移送公安机关以逃税罪立案侦查，公安机关同时对李某实际控制的两个公司进行侦查。与此同时，税务部门继续对甲、乙两公司进行税务调查，因此在刑事案件侦查阶段，税务调查也同时持续和进行。在该案中，税务部门的调查和侦查机关的侦查"交叉"进行，具体表现在税务部门和侦查机关的询问和讯问在内容和主题上有交叉，同时侦查机关也利用税务部门的权限对李某进行施压，要求其提出不利于李某及其实际控制的两公司的书证材料等。"交叉办案"中获得的物证、书证、视听资料、电子数据等也属于本书所称的"行政执法主体与侦查机关联合调查取得的实物证据"。

三、联合调查取得的实物证据的运用

我国实践中的"联合执法""联合办案""提前介入""交叉办案"等做法与比较法上的"联合调查"相比有着自己的特点：一是实践中具有一定普遍性，这与一些国家将"联合调查"作为例外措施完全不同；二是实践中具有随意性，缺乏制度规范。在诸多规范性文件中，仅存在"联合办案""提前介入"等术语，缺乏对上述做法的规范化、制度化的要求。从实践效果来看，上述做法提高了执法的效力、一定程度上促进了法律目的的实现，但也存在着"运动化执法"的问题，导致了不同性质的权力混淆、权力借用、权力滥用等问题，[2]更使得法律程序对于权力的约束变得较难实现（并不存在关于联合办案和提前

---

〔1〕 2017年《行政处罚法》第24条规定："对当事人的同一个违法行为，不得给予两次以上罚款的行政处罚。"这一规定明确体现了该原则，但对于罚款以外的其他处罚是否遵循该原则，立法上并不明确。

〔2〕 参见冯俊伟：《行政执法证据进入刑事诉讼的类型分析——基于比较法的视角》，载《比较法研究》2014年第2期。

介入的程序规范）。前文指出，证据是法律程序的一种产品，是一系列法律行为后形成的一种结果。在此背景下，分析行政执法主体与侦查机关联合调查取得的实物证据如何运用，如何进行审查判断具有重要意义，以下将以案例 3 作出进一步分析。

【**案例 3**】　自 2009 年 6 月，被告人孟某某、周某某开始制造、销售假冒注册商标的酒水，孟某某进行材料及假冒注册商标标识的采购和假冒注册商标酒水的制造、销售，使用其豫 CX8853 号五菱牌汽车拉运上述物品，周某某辅助。2011 年 6 月 12 日，洛阳市公安局高新分局与洛阳市工商行政管理局高新技术产业开发区分局联合执法时，在洛阳高新开发区孙旗屯乡土桥沟村被告人孟某某和周某某租住处，查获已装箱的假冒贵州茅台酒若干。在该案中，洛阳市工商行政管理局高新技术产业开发区分局联合执法出具了情况说明、扣押物品清单，证实 2011 年 6 月 12 日，工商行政部门与公安部门接举报在孙旗屯乡土桥沟村孟某某租住处查获孟某某正在灌装贵州茅台酒，在现场发现贵州茅台酒、五粮液、剑南春等假冒名酒及相关名酒的酒瓶、瓶盖、商标、酒盒等物品。上述假冒物品在联合执法中由公安机关扣押。[1]

在本案中，人民法院直接采纳了上述联合执法中获得的实物证据。但在学理上值得反思的是，如何对联合执法中的实物证据进行有效区分，并从程序合法性的角度对相关证据作出分析。笔者曾提出了"主导机关决定法律程序"的审查方法（见图 4-1）[2]

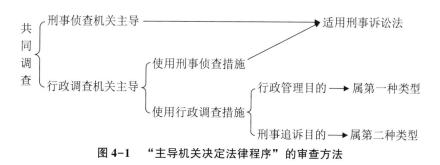

图 4-1　"主导机关决定法律程序"的审查方法

---

〔1〕　孟某某、周某某假冒注册商标、销售非法制造的注册商标标识案，洛阳高新技术产业开发区人民法院（2012）洛开刑初字第 18 号刑事判决书。

〔2〕　冯俊伟：《行政执法证据进入刑事诉讼的类型分析——基于比较法的视角》，载《比较法研究》2014 年第 2 期。

具体言之，对于本案中洛阳市公安局高新分局与洛阳市工商行政管理局高新技术产业开发区分局联合执法获得的实物证据，首先应当确定在该次联合执法中的主导机关是哪一机关，如果是由洛阳市公安局高新分局主导，并以打击刑事犯罪为目的，则应当将洛阳市工商行政管理局作为协助机关，整个调查取证程序应当按照《刑事诉讼法》的规定进行，如果存在《刑事诉讼法》[1]及其司法解释中规定的实物证据非法取证行为或者因违反法定程序导致证据的真实性存疑[2]，则应当产生证据排除的法律后果。如果是工商部门为主导机关，人民法院则应当审查本案中对于"假冒名酒及相关名酒的酒瓶、瓶盖、商标、酒盒等物品"的收集使用了刑事侦查措施还是行政调查措施，在这一点上应当作实质判断，应当以是否存在着实际上等同于刑事诉讼法上的搜查、扣押为判断标准，如果存在，则系刑事侦查措施，应以《刑事诉讼法》的规定为判断依据。如果系行政调查措施，则应当进一步根据执法的整体情况（包括联合执法的起因、采取的措施、执法是否存在明确指向）等判断本次联合执法的执法目的。这可以具体区分为两种情形：第一种情形是本次联合执法是为了行政执法目的，并非为了查办犯罪，则属于依法执法的情形，按照"行政执法主体依法执法中取得的实物证据"的审查规则进行处理；第二种情形是本次联合执法就是为了打击犯罪，或主要是为了打击犯罪活动，在联合执法中故意使用行政调查措施来取得刑事证据，则属于本书列举的第二种情况"以行政执法之名行刑事侦查之实"取得的实物证据，原则上应予排除。当然在司法实践中，还可能存在另一种情况，即公安机关和行政执法机关联合执法是为了"打击违法犯罪"的概括目的。本书认为，在这种情况下，为了规范公安机关严格执法，防范权力滥用，既然打击犯罪是其中的一个重要目的，原则上应当按照《刑事诉讼法》《公安机关办理刑事案件程序规定》的规定来进行，也应当根据第一种情形进行判断。

综上，刑事诉讼中行政执法言词证据与行政执法实物证据的运用应当加以

---

〔1〕《刑事诉讼法》第56条第1款规定："采用刑讯逼供等非法方法收集的犯罪嫌疑人、被告人供述和采用暴力、威胁等非法方法收集的证人证言、被害人陈述，应当予以排除。收集物证、书证不符合法定程序，可能严重影响司法公正的，应当予以补正或者作出合理解释；不能补正或者作出合理解释的，对该证据应当予以排除。"

〔2〕刑事诉讼法及其司法解释，"两高"出台的证据规定中规定了诸多真实性存疑的证据排除规则，例如"两高三部"《关于办理死刑案件审查判断证据若干问题的规定》第9条第1款的规定："经勘验、检查、搜查提取、扣押的物证、书证，未附有勘验、检查笔录、搜查笔录、提取笔录、扣押清单，不能证明物证、书证来源的，不能作为定案的根据。"

区分，同时，应当从证据与程序的关系角度出发，将行政执法实物证据进一步区分，即区分为三种类型并分别建构运用规则：一是行政执法主体在依法执法中取得的实物证据；二是行政执法主体"以行政执法之名行刑事侦查之实"取得的实物证据；三是行政执法机关与侦查机关联合调查取得的实物证据。在第一种类型之下，对于依法执法还是违法执法的判断，应当综合考察行政执法机关是否存在法律授权、是否具有正当的执法目的、（执法者）是否有执法资格、是否符合法定程序等四个方面；在第二种类型之下，应当确立"以行政执法之名行刑事侦查之实"所获实物证据的排除规则，在判断标准上适用综合标准；在第三种类型之下，应当以"主导机关决定法律程序"为基本思路，综合判断联合执法所获证据能否在刑事诉讼中使用。这一类型化区分打破了传统对于"证据"分析的结果化倾向，将一种程序化的理念引入其中，也能够促进我们对相关问题讨论的深入。

第五章

执法主体双重职权下证据运用的特殊问题[1]
——以公安机关办理案件为分析对象

本章概要 刑事诉讼中行政执法证据运用问题，从另一个角度观察，还存在一种特殊情形，即公安机关、海关等同时具有行政执法权和刑事侦查权的机关收集的行政执法证据的问题。具有双重职权的执法主体收集的行政执法证据在刑事诉讼中使用具有一定特殊性。

本章将回到程序法理，以公安机关办理的案件为分析对象，对上述问题进行分析。首先将对程序分离及其内在法理进行论证，指出法律程序具有规范权力行使、促进权力分工、防范权力滥用的功能。在不同主体或者同一主体享有、行使多种不同权力时应当遵循程序分离原则，具体是指不同法律程序之间应当相互独立，不得出现程序混淆、程序借用、程序规避等情形。根据《人民警察法》的规定，我国公安机关具有行政执法和刑事侦查的复合性调查权，其运行应遵循程序分离原则，应当区分行政调查和刑事侦查，区分行政执法证据与刑事诉讼证据。在公安机关办理案件时，不得出现行政调查和刑事侦查混淆、借用行政调查措施办理刑事案件和"以行政执法之名行刑事侦查之实"等情形，在上述几种情形下获得的行政执法证据不得进入刑事诉讼中作为证据使用。根据 2018 年《刑事诉讼法》第 54 条第 2 款的规定以及前文第三章（刑事诉讼中行政执法言词证据的有限使用）的论述，公安机关在行政执法过程中收集的言词证据不能直接进入刑事诉讼中使用，必须在刑事立案后按照刑事诉讼法的相关规定进行重新取证。

在前几章，我们讨论了刑事诉讼中行政执法言词证据运用、行政执法实物证据运用等具体领域的问题。从行政执法机关的角度观察，这一问题还可以进一步作出区分：一是同时具有行政执法权和刑事侦查权的机关收集的行政执法

---

[1] 本章关于程序分离原则及其运用的论述，作为项目中期成果发表在《法律科学》2017 年第 6 期。

证据，如公安机关、海关等；二是只具有行政执法权的机关收集的行政执法证据，如税务机关、市场监督管理部门等。在具体实践中，尤其对于同时具有执法权和侦查权的机关收集的证据是否需要"衔接"的问题争议较多。以公安机关办理案件为例，如有观点指出，公安机关收集的行政执法证据与其他执法机关收集的证据不同，不应当要求"衔接"或"转化"，而应当直接作为刑事诉讼证据使用，无论是言词证据还是实物证据。"从国家执法资源看，同样一件案件、同一个证据证明的内容完全一致，换文书头子或重新取证，无疑是一种对国家公共资源的浪费。"〔1〕也有论者认为，由于公安机关在行政执法中与刑事诉讼中收集的言词证据"异形同质"，因此应当在一定条件下允许其直接作为刑事诉讼证据使用。〔2〕还有观点认为公安机关行政执法证据距离案发时间近，具有一定优势。〔3〕在司法实践中，公安机关收集的行政执法证据与刑事诉讼证据的衔接也较为混乱，如行政执法中的询问笔录大量出现在刑事案件的卷宗中。2012年《刑事诉讼法》修正后，在一些地方的实践中，仍然存在着立案前的涉案人、证人的调查笔录、询问笔录随案移送并入卷的情形。笔者近几年对部分公安干警、检察官、法官的访谈中也发现，很多办案人员仍然认为，刑事立案前的相关调查笔录、询问笔录等可以入卷，也可以作为刑事诉讼证据使用。

根据我国《人民警察法》的规定，公安机关具有行政执法权和刑事侦查权，公安机关办理案件的权力具有复合性。在关于公安机关收集的行政执法证据与刑事诉讼证据应否区分、公安机关收集的行政执法言词证据应否在刑事诉讼中直接使用等问题争议的背后，隐藏的重要学术命题是：同一主体同时享有两种不同性质的权力时，应否对两种权力及其行使进行区分，同一主体行使不同性质权力所获的证据是否可以通用。这涉及程序法中的一项重要原则——程序分离原则。这一原则是指，不同法律程序之间应当相互独立，不得出现程序混淆、程序借用、程序规避等情形；程序分离原则的功能是规范权力行使、促进权力分工、防范权力滥用。〔4〕具体到证据领域，该原则内在地要求，享有复合

〔1〕　谭畅：《论公安机关行政证据与刑事证据的转化衔接》，湖南师范大学2011年硕士学位论文，摘要部分。

〔2〕　参见李宁：《公安机关在行政执法中收集的证人证言刑事证据资格——以冯某介绍、容留卖淫案为视角》，载《中国检察官》2017年第20期。

〔3〕　行政机关收集言词证据距离案发时间近的观点，参见王进喜主编：《刑事证据法的新发展》，法律出版社2013年版，第115页。

〔4〕　参见冯俊伟：《国家监察体制改革中的程序分离与衔接》，载《法律科学（西北政法大学学报）》2017年第6期。

性调查权的机关收集的不同性质的证据也应当进行衔接，不能因"主体同一"而将不同性质的证据直接等同起来。因此，本章第一节将论述程序分离原则及其内在法理，第二节将论述公安机关在办理案件中应当贯彻程序分离原则的要求，第三节将提出公安机关在行政执法中收集的言词证据与其他行政机关收集的言词证据一样，不能直接作为刑事证据使用，必须在立案后按照刑事诉讼法的规定重新收集，以回应理论和实务中的不同观点。

第一节　程序分离及其内在法理

从约束公权力运行的角度出发，程序对于法治具有基础性意义。有论者甚至认为，程序决定了法治与人治的差异。[1]法律程序运行应遵循程序公开、程序透明、程序参与、权利保障等基本原则。除了上述原则，在不同主体或者同一主体享有或行使多种权力时，为了促进不同程序目的、程序功能的有效实现，还应遵循程序分离原则。具体言之：

一、程序分离及其意义

"程序的本质是控权。"[2]在法治的语境下，法律程序的存在具有重要意义。对此，我国诉讼法学者的论述多局限于诉讼法与实体法之间的关系上，持工具主义观点的学者主张，法律程序运行的目的在于促进实体法的实现；持内在价值论的学者主张，法律程序有其独立存在的意义，如彰显程序正义、吸纳当事人不满等。[3]从程序与法治之间的关系观察，程序的意义在于对公权恣意的限制。"程序的实质是管理和决定的非人情化，其一切布置都是为了限制恣意、专断和过度的裁量。"[4]程序为公权力的行使划定了空间，对公权力的行使形成了外在限制。在此背景下，即使一个人犯下故意杀人等严重罪行，也应当按照《刑事诉讼法》的规定，通过刑事诉讼程序追诉犯罪，这是刑事程序法治要义之所在。

在不同主体或者同一主体享有、行使多种不同权力时应遵循程序分离原则，

---

〔1〕　See Justice William O. Douglas's Comment in Joint Anti-Fascist Refugee Committee v. McGrath, 341 U. S. 123, 179（1951）.

〔2〕　谢佑平主编：《程序法定原则研究》，中国检察出版社 2006 年版，第 218 页。

〔3〕　参见雷磊：《法律程序为什么重要？反思现代社会中程序与法治的关系》，载《中外法学》2014 年第 2 期。

〔4〕　季卫东：《法治秩序的建构》，商务印书馆 2014 年版，第 55 页。

属于法律程序运行的"自然之理"。由于这一原则过于"基本",以至于在学者的相关著述中很难找到专门论述。在我国学者的论著中,仅在未成年人刑事诉讼程序中论述了程序分离原则,其论述重心在于,刑事诉讼中对未成年人犯罪嫌疑人、被告人和成年人犯罪嫌疑人、被告人原则上应分案处理。[1]在上述语境中,程序分离是指办理未成年人刑事案件时,应当适用特别刑事诉讼程序(指未成年人刑事诉讼案件程序)的规定,以促进未成年人特殊诉讼权益保障(如惩罚与教育相结合、促进未成年人早日回归社会)目的之实现。在更一般的意义上,程序分离原则是指为了保障特定程序目的之实现,不同法律程序应当相互独立,不得出现程序混淆、程序借用、程序规避等情形,其实质在于保障公权力正确行使,防范权力滥用行为的发生。

在程序分离原则之下,民事、行政、刑事案件的处理应当遵循不同的法律程序,不同法律程序之间不可以相互越界、相互混淆。这也是我国法制建设过程中的基本经验之一。最典型的例证是,要求公安机关"不得以刑事手段插手经济纠纷"。[2]其内在法理在于,刑事手段的行使必须以案件属于刑事案件为前提。刑事诉讼法上的强制措施、侦查措施都必须在刑事立案后,在符合法律规定的条件下行使,更为重要的是,刑事手段的行使必须以实现刑事追诉为目的。"以刑事手段插手经济纠纷"混淆了刑事程序和民事程序之间的界限,违背了刑事诉讼的立法目的,是滥用刑事诉讼权力的典型,不仅属于严重的违法行为(部分行为还涉嫌犯罪),也严重违背了法治的基本要求。在司法实践中,还存在着另一方面的问题,即公安机关通过行政手段办理刑事案件[3]。早在1992年,公安部针对实践中存在的个别公安机关滥用收容审查等行为,就强调不得使用收容审查的方式办理相关刑事案件。[4]为了规避办案责任制可能带来的不利后果,个别执法主体将本应立案侦查的刑事案件先作为行政案件来处理。实践中还存在将行政法上的检查、扣押等措施用作办理刑事案件的手段等情形。[5]类似做法在美国、日本等国司法实践中也屡见不鲜。上述做法同样违背了程序分离原则的基本要求。

---

〔1〕 参见刘军主编:《刑事诉讼法原理与实务》,中国政法大学出版社2014年版,第322页。
〔2〕 参见《公安部关于严禁公安机关插手经济纠纷违法抓人的通知》(1992年4月25日)、《公安部关于公安机关不得非法越权干预经济纠纷案件处理的通知》(1989年3月15日)。
〔3〕 参见洪家殷:《行政调查与刑事侦查之界限》,载《东吴法律学报》2013年第1期。
〔4〕 参见《公安部关于严禁公安机关插手经济纠纷违法抓人的通知》(1992年4月25日);《公安部关于公安机关不得非法越权干预经济纠纷案件处理的通知》(1989年3月15日)。
〔5〕 参见左卫民:《规避与替代——搜查运行机制的实证考察》,载《中国法学》2007年第3期。

综上，程序分离原则对于确保公权力规范运行具有重要意义。季卫东教授指出，"程序的对立物是恣意，因而分化和独立才是程序的灵魂"。[1]这里所指的"分化和独立"，不应当仅指程序内部"权力与权利"的分化和独立，还应当包括法律程序之间的"分化和独立"。在同一主体享有多项不同性质的权力时，更容易出现权力滥用行为，更需要贯彻程序分离原则。

二、程序分离的基本要求

从工具主义观点出发，如果法律程序存在的最终目的就是为了实现一定的实体法目标，不同法律程序的分离并无实际意义，反而会阻碍特定目标的实现。但是，在现代法治之下，法律程序除了工具价值，还具有内在价值，本身彰显着独立的价值。程序分离有助于强化对权力运行的外在约束，有助于促进权力之间的分工与制约，有助于防范权力主体在具体案件中"便宜行事"。违背程序分离原则会带来三个方面的不利影响：一是难以彰显每一个法律程序的独立价值，导致法律程序功能紊乱。不同性质的权力行使需要适用不同的法律程序，不同法律程序中程序主体的权力（利）、义务并不相同。在民事程序中，当事双方具有平等的权利义务，刑事诉讼中控辩双方的权力（权利）义务天然具有不平等性。不同法律程序有着不同的程序目的，如果将刑事诉讼中严格的证据规则适用于民事诉讼中，将阻碍民事诉讼纠纷解决目的的实现；如果要求行政执法中执行司法裁判中的证据规则，也将严重损害行政效率。[2]二是难以有效保障程序相对人的各项权利。这可以区分为三个方面：（1）不同法律程序中，程序相对人的法律地位并不相同。如行政相对人、犯罪嫌疑人、被告人等不同法律地位。（2）不同法律程序中，程序相对人享有的程序权利也不相同。如在刑事诉讼中，犯罪嫌疑人在被侦查机关第一次讯问或者采取强制措施之日起有权聘请辩护人，为其提供必要的法律帮助。但在行政执法程序中，行政相对人并无类似权利。（3）不同法律程序中，程序相对人享有的程序救济权利也不同。三是难以促进程序公正的实现，程序公正有两个基础性要求，即程序参与和程序控制，[3]多种法律程序不分离，会带来缺乏有效程序参与和程序控制的

---

[1] 季卫东：《法律程序的意义》，中国法制出版社 2012 年版，第 24 页。

[2] See William H. Kuenhle, Standards of Evidence in Administrative Proceedings, 49 N. Y. L. Sch. L. Rev. 829, 845 (2004-2005).

[3] 参见［日］谷口安平：《程序的正义与诉讼》，王亚新、刘荣军译，中国政法大学出版社 2002 年版，第 12-13 页。

问题，使得法律程序的内在价值（程序公正）大打折扣。

为了彰显程序的内在价值和外在价值，程序分离原则包括两个方面的要求（见图 5-1）：

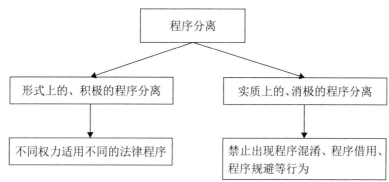

图 5-1　程序分离原则的基本要求

一是形式上的、积极的程序分离，即立法上应当针对不同的权力制定不同的法律程序规则并分别适用。如针对行政执法，制定"行政程序法"，在治安处罚、行政许可等领域，还存在针对特定领域的执法程序规定。根据我国法律规定，公安机关同时具有行政执法权和刑事侦查权；为了有效区分不同权力的行使，公安部分别制定了《公安机关办理行政案件程序规定》和《公安机关办理刑事案件程序规定》，在办理行政案件、刑事案件时分别适用不同的法律程序规定。《公安机关办理行政案件程序规定》中还对案件性质无法确定时的法律程序选择问题作了规定。形式上的或者积极的程序分离属于广义的立法层面事项，强调相关主体（广义的立法者）应当积极制定相关法律程序并以一定形式（如法律、法规、规章、规定或其他规范性文件等方式）呈现，是程序分离原则第一层次的要求，在实践中较容易实现。

二是实质上的、消极的程序分离，是指在法律实践层面，各类法律适用主体应当保障不同法律程序在运行中实质独立，不得实施程序混淆、程序借用等行为。实质上的、消极的程序分离反对的是损害程序分离原则的行为（指程序混淆、程序借用、程序规避等），鼓励法律适用主体实施一定行为促进不同法律程序之间的区分。仍以警察权为例，为了促进实质上的程序分离的实现，法国、日本等国通过行政警察和司法警察的组织区分，[1]我国公安机关通过内部机构

----

〔1〕　参见陈景发：《论行政调查与犯罪侦查》，载《警大法学论集》1998 年第 3 期。

（刑事侦查大队、经济侦查大队、治安大队等）的区分，使被调查人可通过对警察组织或者公安机关内部机构及其人员身份的识别，较容易地判断警察行使的到底是行政权还是刑事司法权力。上述做法有利于保障实质上的、消极的程序分离原则得以贯彻。实质的程序分离原则反对以下几个方面的实践：第一，程序之间的混淆。是指将不同性质的法律程序相互混淆，实践的表现是非法定主体的程序参与、在缺乏权利告知的情形下使用不同程序都存在的调查措施等。第二，程序之间的借用。是指借用其他法律程序的措施实现本法律程序的目的，[1] 较为典型的是前面提及的"以行政调查之名行刑事侦查之实"的行为，[2] 其实质是借用较为宽松的行政执法程序办理刑事案件。在性质上，"以行政调查之名行刑事侦查之实"属于程序滥用行为，通过这一行为获得的信息一般禁止作为刑事证据使用。[3] 第三，程序之间的规避。在同一法律程序中，由于法律上对于不同程序主体的权利保障不同，司法实践中还存在着程序规避的情形。主要表现为通过故意将涉案人归入某一程序主体，实现规避涉案人本应享有的权利保障的目的。例如，在刑事诉讼中，将本应作为犯罪嫌疑人的某甲列为证人。由于证人负有真实作证的义务，其难以行使"不被强迫自证其罪"或"沉默权"等犯罪嫌疑人享有的权利。上述做法弱化了对某甲的诉讼权利保障，使其在法律程序中处于不利境地，属于比较典型的"程序规避行为"。在同一主体享有多种不同权力时，程序分离原则可以进一步区分为内部的程序分离和外部的程序分离，前者是指同一权力主体内部不同权力适用程序的分离，后者是指该权力主体与其他权力主体之权力适用程序的分离。比较而言，内部的程序分离规范的重点是对实质程序分离的违反；在外部的程序分离方面，虽然"联合执法""提前介入"等做法也可能违反实质程序分离，但其重心在于不同法律程序之间的外部制约。

需要重点说明的是，上述对程序分离原则的论述更多停留在理论层面，忽略了实体法目标、法律程序运行成本等多元影响因素，因此，具有一定局限性。虽然不同法律程序在具体程序目的上存在差异，但在程序设计、程序运行中不

---

[1] 需要说明的是，这里所说的程序借用，仅指故意借用其他程序措施以规避法律规定的行为。在实践中，公安机关先以行政案件处理，后来发现相关行为涉嫌犯罪而转为刑事案件的，是正常的执法行为。

[2] 实践中还有其他做法，参见刘忠：《读解双规 侦查技术视域内的反贪非正式程序》，载《中外法学》2014 年第 1 期。

[3] 参见冯俊伟：《行政执法证据进入刑事诉讼的类型分析——基于比较法的视角》，载《比较法研究》2014 年第 2 期。

应当将程序分离原则绝对化。程序分离原则存在着割裂法律程序、提高法律适用成本等内在缺陷。在具体实践中，法律程序的设计，一方面应当遵循程序分离原则。另一方面，鉴于违纪、违法、犯罪等不同行为存在彼此交错之现实情形，以及不同法律程序在程序目的上具有深层次上的一致性（如对公正之追求）或者构建统一、高效法律制度之目标，不同法律程序还应在程序分离之基础上强化衔接，只有这样，才能有效实现共同追求之制度目标。以下将首先论述公安机关在办理案件中应当遵循程序分离原则，随后将对公安机关收集的行政执法证据与刑事诉讼证据衔接是否具有特殊性问题作专门讨论。

第二节　公安机关办案中应遵守程序分离原则

根据《人民警察法》第 2 条的规定，公安机关、国家安全机关、监狱、劳动教养管理机关的人民警察，负有保障国家安全、社会秩序、公共财产以及公民的人身、财产安全，预防、制止和惩治违法犯罪活动的职责。从这一规定可知，公安机关享有广泛的职权，《人民警察法》第 6 条列举了 14 项，从立法方式上看，这一立法方式仍然存在着"以警察任务涵盖警察职权"的问题，对于公安机关到底享有哪些职权并未明确规定。[1]从学理上看，公安机关的职权主要可以归纳为两类：一是对违反治安管理或者其他公安行政管理法律、法规的行政执法权；二是对刑事犯罪的侦查权、执行权。公安机关同时享有行政调查权和刑事侦查权也在学界获得了普遍共识。"公安机关被视为武装性质的治安行政和刑事司法力量，表现在警察权的配置上，便是两权共享机构的出现，两权共享机构是指公安机关内既享有侦查权又享有行政权的机构。"[2]有学者更是归纳出了我国警察权"两面一体"的权力构造，具有重要的启发意义。[3]

在司法实践层面，由于公安机关同时享有行政执法权和刑事侦查权，部分执法者混淆了两种权力，借用较为宽松的行政执法权办理刑事案件。例如，左卫民教授的研究表明，根据我国《刑事诉讼法》的规定，刑事搜查原则上应当在立案后进行，并应当持有搜查证，但在实践中，公安机关更多地以到案检查、

---

〔1〕　参见艾明：《论我国侦查措施立法中的权能复合主义——以继续盘问功能转变为线索的分析》，载《西南民族大学学报（人文社会科学版）》2010 年第 10 期。

〔2〕　陈刚、蒋勇：《公安机关"两法衔接"中的证据转化隐忧——以警察行政强制权为视角》，载《中国人民公安大学学报（社会科学版）》2014 年第 3 期。

〔3〕　参见刘方权：《"两面一体"：公安行政权与侦查权关系研究——基于功能的分析》，载《法学论坛》2008 年第 4 期。

治安检查等方式来"替代"搜查的运用。[1]这实质上是"假借行政调查之名行刑事侦查之实",其危害不仅在于混淆了行政执法与刑事侦查两种权力的界限,造成了"权力借用"或"权力挪用",也规避了刑事诉讼法上的严格规定,规避了刑事诉讼法上对于侦查权力的约束和诉讼参与人的权利保障。以"检查"代替"搜查"的一个重要原因是,"由于公安机关同时具有治安行政管理与刑事侦查的双重职能,这就无法避免在行使职能时出现行为的冲突与重叠"。[2]以"检查"代替"搜查"并非实践中的个例,公安机关使用《人民警察法》中的盘问、继续盘问、留置等措施办理刑事案件也是通行的实践之一。[3]我国学者批判的刑事立案中"不破不立""先破后立"等违法做法的背后,都隐藏着以其他手段办理刑事案件的问题(因为根据《刑事诉讼法》的规定,原则上应当在立案后才可使用《刑事诉讼法》中的侦查措施和强制措施)。

综上,公安机关享有针对行政违法的调查权和刑事犯罪调查权的复合性权力。按照程序分离原则的要求,两种不同性质的调查权在运行上应当适当分离,包括形式上的、积极的程序分离和实质上的、消极的程序分离两个方面,其中实质上的程序分离在我国当前的实践背景下更具有意义。贯彻程序分离原则的意义在于,有助于促进公安机关依法履职,规范权力运行;也有助于提高办案质量,强化国家对公安权力的合理约束。

一、形式上的、积极的程序分离方面

诚如前述,根据《人民警察法》的规定,我国公安机关具有行政执法权和刑事侦查权,公安机关办理案件的权力具有复合性。按照程序分离原则的要求,两种权力在法律依据和法律性质等方面都有所不同,应分别适用不同的法律程序。对此,公安部针对公安机关办理行政案件和刑事案件分别制定了不同的程序规定,即《公安机关办理行政案件程序规定》[4]和《公安机关办理刑事案件

---

〔1〕 参见左卫民:《规避与替代——搜查运行机制的实证考察》,载《中国法学》2007 年第 3 期。

〔2〕 李卫国、李阳、罗小玲:《公安机关行政检查替代刑事搜查的原因与对策》,载《贵州警官职业学院学报》2016 年第 2 期。

〔3〕 以盘查代替刑事搜查的做法,参见孙长永主编:《侦查程序与人权保障:中国侦查程序的改革和完善》,中国法制出版社 2009 年版,第 153、154 页。

〔4〕 2012 年 12 月 19 日公安部令第 125 号修订发布,根据 2014 年 6 月 29 日公安部令第 132 号《公安部关于修改部分部门规章的决定》第一次修正;根据 2018 年 11 月 25 日公安部令第 149 号《公安部关于修改〈公安机关办理行政案件程序规定〉的决定》第二次修正;根据 2020 年 8 月 6 日公安部令第 160 号《公安部关于废止和修改部分规章的决定》第三次修正。

程序规定》[1]，以下将对上述两个规章中关于行政执法和刑事侦查的规定作比较（见表5-1）：

表5-1　公安行政执法与刑事侦查比较

	法律依据	程序性质	程序目的	程序结构	程序主体	调查措施	程序权利	程序结果	程序救济
行政执法	《行政处罚法》、《行政强制法》、《治安管理处罚法》等	行政执法	廉洁、高效执法	两方结构	公安机关、违法嫌疑人	询问、勘验、检查、鉴定、辨认、扣押、扣留、查封、抽样取证、冻结等	被调查人员有权陈述、申辩等	行政处罚以及强制隔离戒毒收容教育	申诉、申请复核
刑事侦查	《刑事诉讼法》及司法解释、规章	刑事司法	打击犯罪、保障人权	准三方结构	公安机关、犯罪嫌疑人、检察院	讯问、搜查、技术侦查等	犯罪嫌疑人享有多种诉讼权利	可能带来刑罚	申请侦查监督、提出证据排除申请等

　　从上表的对比可知，对于公安机关的行政执法权和刑事侦查权的行使，公安部分别制定了不同的法律依据：一是《公安机关办理行政案件程序规定》及相关规定；二是《公安机关办理刑事案件程序规定》及相关规定等。行政执法与刑事侦查在程序性质、程序目的、程序结果方面的差异，决定了两者在具体制度方面的差异。在程序性质、程序目的方面，行政执法属于行政权的运行范畴，刑事侦查属于刑事司法权的运行范畴；前者的运行目的是促进行政的廉洁与高效。规范公安机关执法，保障其正确履职，保障行政相对人的合法权益。[2]后者运行的目的是查明犯罪事实、查获犯罪嫌疑人，在此基础上实现惩罚犯罪与保障人权的双重目的。在程序结果方面，行政执法程序可能带来警告、罚款、

---

〔1〕　2012年12月13日公安部令第127号修订发布；根据2020年7月20日公安部令第159号《公安部关于修改〈公安机关办理刑事案件程序规定〉的决定》修正。

〔2〕　参见2020年《公安机关办理行政案件程序规定》第1条。

没收违法所得、没收非法财物、责令停产停业、暂扣或者吊销许可证、暂扣或者吊销执照、行政拘留以及强制隔离戒毒等不利后果。而刑事侦查可能导致犯罪嫌疑人、被告人遭到刑事追诉的法律后果。

在调查措施和侦查措施方面，公安行政执法中的调查取证措施包括询问、辨认、检查、勘验，实施行政强制措施，其中"实施行政强制措施"是一个具有开放性的概念，按照2020年《公安机关办理行政案件程序规定》第54条的规定：（1）对物品、设施、场所采取扣押、扣留、查封、先行登记保存、抽样取证、封存文件资料等强制措施，对恐怖活动嫌疑人的存款、汇款、债券、股票、基金份额等财产还可以采取冻结措施；（2）对违法嫌疑人采取保护性约束措施、继续盘问、强制传唤、强制检测、拘留审查、限制活动范围，对恐怖活动嫌疑人采取约束措施等强制措施。由此可见，行政强制措施包括的类型很多，可以在个案中根据具体情况来采用。而刑事侦查措施则严格遵循了"法无明文规定不可为"的要求，根据刑事诉讼法的规定，我国的刑事侦查行为包括"讯问犯罪嫌疑人、询问证人、被害人、勘验、检查、搜查、查封、扣押、查询、冻结、鉴定、辨认、技术侦查、通缉"，刑事强制措施包括"拘传、取保候审、监视居住、拘留、逮捕"五种，对比可知，行政执法中的调查取证措施的范围更广，而刑事侦查措施则范围有限。除此之外，行政执法中的调查措施适用的条件也更低，更宽泛，例如在言词证据收集中，行政执法中的权利告知与刑事侦查中的权利告知有明显差异。再如，对于行政执法中电子证据的收集，《公安机关办理行政案件程序规定》仅通过第32条作出了规定，对于收集的主体、具体程序、如何检验、如何鉴定、如何鉴真等问题都未作规定。而在刑事诉讼中，为了促进电子证据收集的合法、真实，以及依法保障电子数据所有人等的合法权利，2016年9月，"两高一部"出台了《关于办理刑事案件收集提取和审查判断电子数据若干问题的规定》，共30个条文，对电子数据的收集提取和审查判断作了细致规定。为了进一步提高公安机关办理刑事案件的质量，规范电子数据的收集，2019年年初，公安部又出台了《公安机关办理刑事案件电子数据取证规则》，对电子数据的收集、提取、鉴定等作了细致规定。

在程序权利保障方面，《公安机关办理行政案件程序规定》中更多侧重于公安机关如何办理案件，对于违法嫌疑人的权利规定较为有限，主要包括申请回避的权利、不受刑讯逼供等非法取证的权利、在询问中有陈述和申辩的权利、获得免费翻译的权利等。由于我国行政法领域尚不存在统一的行政程序法典，违法嫌疑人实际享有哪些重要的诉讼权利并不清晰。由于刑事诉讼涉及犯罪嫌疑人、被告人权益重大，国际刑事司法文件中也更为关注犯罪嫌疑人、被告人基本诉讼权利的保障，根据《公民权利和政治权利国际公约》第 14 条、《欧洲人权公约》第 6 条的规定，犯罪嫌疑人、被告人享有无罪推定、获得律师帮助、获得免费翻译、不被强迫自证其罪等基本诉讼权利。我国《刑事诉讼法》中也对犯罪嫌疑人、被告人享有的各项诉讼权利作了规定，主要包括被告知指控的内容和理由、聘请律师、获得免费翻译、不被强迫自证其罪、申请回避、有权拒绝回答侦查人员提出的与本案无关的问题、要求修改讯问笔录、参加法庭调查和法庭辩论等权利。将两者对比可知，刑事诉讼中的权利保障更为充分，而我国行政执法中的权利保障则存在严重不足。在行政执法中违法嫌疑人享有哪些权利尚不清晰的背景下，对于行政执法中权利救济问题，也很难落到实处。在刑事诉讼中，犯罪嫌疑人对于公安机关侦查人员的违法取证行为，可以通过申请侦查监督、提出证据排除申请进行救济。

综上可知，行政执法与刑事侦查因程序性质、程序目的等不同，在程序结构、调查措施、程序权利、程序救济等方面都存在较大差异，因此不可以将两种权力及其行使程序相混淆，这一理由也是公安部针对治安案件和刑事案件分别出台《公安机关办理行政案件程序规定》和《公安机关办理刑事案件程序规定》的重要考量。从程序分离原则的要求来看，公安机关行政执法、刑事侦查复合权力的行使满足了形式上的、积极的程序分离的要求。

二、实质上的、消极的程序分离方面

对行政执法和刑事侦查分别规定不同的程序要求，仅是程序分离原则的第一个要求，实质上的、消极的程序分离在具体的实践中更有意义，更有价值。实质上的、消极的程序分离强调的是行政执法和刑事侦查在具体实践中相互分离，执法主体不得实施程序混淆、程序借用、程序规避等行为。这对于规范警察权行使、提高公安机关的办案质量、规范公安权力的依法运行具有重要意义。笔者认为，在当前公安执法体制改革的背景下，为了将《公安机关办理行政案件程序规定》和《公安机关办理刑事案件程序规定》的内容落到实处，防止公安机关在办案中"便宜行事"，以下几个方面的调整对于促进行政执法与刑事侦查权力的规范行使、实质分离尤为重要：

（一）程序主体的分离

为了促进实质上的程序分离的实现，法国、日本等国通过行政警察和司法警察的组织区分，[1]使被调查人可通过对警察组织及其人员身份的识别，较容易地判断警察行使的到底是行政权还是刑事司法权力。按照学者的理解，"司法警察，则在发现已发生之犯罪，专以搜索、逮捕为目的之国家作用。故行政警察，可谓为司法警察以外之各种警察之总称"。[2]在法国刑事诉讼法上，"在对案件开始进行（正式）侦查的情况下，司法警察仅限于执行预审法官的委派任务，并遵从预审法官的意见要求；在没有开始侦查的情况下，司法警察负责查证犯罪、收集犯罪证据以及追查犯罪行为人"。[3]在日本，法律上规定："行政警察之预防力有所不及，仍有人违反法律时，探索并逮捕犯人，即为司法警察之职务。"[4]而行政警察则不得从事刑事案件的侦查工作，两种警察在执法中即使执法事务有所牵连，也不得混同。[5]行政警察与司法警察的区分实现了程序主体上的分离，对于促进实质上的、消极的程序分离方面具有重要意义。根据我国《人民警察法》第2条、第6条的规定，人民警察肩负着维护国家安全、社会治安秩序、公民合法权益和预防、制止和惩治违法犯罪的职责，享有制止违法犯罪、维护社会秩序、交通执行等复合性权力。因此，我国的人民警察在主体上具有同一性，在权力上具有复合性，这在警察权的行使上有助于维护警察权的统一性、完整性，不足之处在于可能造成警察权力行使的随意性，造成权力运行的失范。

笔者认为，在公安执法体制改革的背景下，为了规范警察权力的行使，保障权力运行的规范性，应当在公安执法中促进程序主体的分类，主要方案有两种：一是在公安体制上进行大幅度改革，参照法国和日本的做法，可以采取行政警察和司法警察分立的立法结构，由司法警察专门办理刑事案件，其他领域的警察不得办理刑事案件，遇到刑事案件后应当及时移送司法警察处理。这一方案的不足在于，在警察权内部可能带来程序衔接的问题。二是在保持警察权完整性的同时，通过内设机构的设立和内设机构案件管辖权的规定，促进警察管辖事项的分类，即下面将要讨论的程序事项的分离。

---

〔1〕 参见陈景发：《论行政调查与犯罪侦查》，载《警大法学论集》1998年第3期。

〔2〕 ［日］松井茂：《警察学纲要》，吴石译，中国政法大学出版社2005年版，第20页。

〔3〕 ［法］贝尔纳·布洛克：《法国刑事诉讼法》（原书第21版），罗结珍译，中国政法大学出版社2009年版，第217页。

〔4〕 ［日］松井茂：《警察学纲要》，吴石译，中国政法大学出版社2005年版，第20页。

〔5〕 参见《日本行政警察事务规则》第2条，载《新译日本法规大全第6卷点校本》，南洋公学译书院初译，高珣点校，商务印书馆2008年版，第192页。

（二）程序事项的分离

程序事项的分离主要涉及公安机关内部机构案件管辖问题，根据《公安部刑事案件管辖分工规定》《公安部刑事案件管辖分工补充规定》《公安部刑事案件管辖分工补充规定（二）》《公安部刑事案件管辖分工补充规定（三）》等法律文件的规定，[1]除刑事侦查部门外，国内安全保卫部门、经济犯罪侦查部门、治安管理部门、消防部门、交通管理部门都同时享有办理刑事案件的职权。[2]例如，公安内部的治安管理部门，在一般人的理解中应当是处理治安案件，但根据上述规定，治安管理部门不仅处理治安案件，还对非法制造、买卖、运输、储存危险物质罪，丢失枪支不报罪，生产、销售伪劣产品罪，强迫交易罪，聚众斗殴罪，组织卖淫罪，为他人提供书号出版淫秽书刊罪等100多种犯罪行使管辖权。这在公安机关行政调查和刑事侦查权力行使方面带来的重要问题是，办案主体同一，导致权力的性质难以识别。[3]具体言之，对于通过辨识公安机关内部办案部门（如刑事侦查大队、治安大队）人员的归属，来分清案件属于行政案件还是刑事案件的一般做法失灵。

在公安执法体制改革的背景下，笔者认为，为了促进行政执法和刑事侦查在具体实践中相互分离，防止公安人员实施程序混淆、程序借用、程序规避等行为，进一步提高公安执法办案的法治化、程序化，应当在保持刑事侦查部门、国内安全保卫部门、经济犯罪侦查部门、治安管理部门、消防部门、交通管理部门的同时，调整各内设机构的案件管辖范围，如可以取消治安管理部门、交通管理部门、消防部门的刑事案件管辖权，这些机构的工作就是行政执法，发现违法犯罪线索后直接移交刑事侦查部门或经济犯罪侦查部门等。在这一问题上，也有学者提出了与本书近似的主张，李学军教授指出，在交警办理醉驾型危险驾驶案件时，"当以呼气检测法测得驾驶人员有可能涉嫌醉驾犯罪时，需立即将该案件及涉案的人员移交侦查机关的侦查人员即刑警立案、侦查，并由侦查人员依照刑诉法的相关规定，一一落实犯罪嫌疑人的各项诉讼权利，并严格

---

〔1〕　除上述几个文件外，还包括《公安部关于计算机犯罪案件管辖分工问题的通知》（公通字〔2000〕63号）、《公安部关于调整部分妨害国（边）境管理犯罪案件管辖分工的通知》（公通字〔2002〕7号）。

〔2〕　《公安部刑事案件管辖分工规定》。也可参见陈刚、蒋勇：《公安机关"两法衔接"中的证据转化隐忧——以警察行政强制权为视角》，载《中国人民公安大学学报（社会科学版）》2014年第3期。

〔3〕　参见刘方权：《"两面一体"：公安行政权与侦查权关系研究——基于功能的分析》，载《法学论坛》2008年第4期。

依照法定程序收集各种证据"。[1]综上，通过调整公安内设机构的刑事案件管辖权，可以促进行政执法和刑事侦查的实质性的程序分离。

（三）调查措施的分离

从相关法律规定来看，为了进一步规范行政调查权和刑事侦查权的行使，公安部分别制定了《公安机关办理行政案件程序规定》和《公安机关办理刑事案件程序规定》，在办理行政案件、刑事案件时分别适用不同的法律程序规定。在上述两个文件中，公安部要求，公安机关在办理对违法行为人决定行政处罚以及强制隔离戒毒、收容教育等处理措施的案件时，必须按照《公安机关办理行政案件程序规定》的规定进行，相关的调查取证手段包括：（1）针对物品、设施、场所，可采取扣押、扣留、临时查封、查封、先行登记保存、抽样取证、辨认、鉴定等措施；（2）针对违法犯罪嫌疑人，可采取进行盘问、检查、辨认、继续盘问、强制传唤、询问、强制检测、拘留审查、限制活动范围等措施；（3）针对被侵害人、证人等，可以进行询问、检查、鉴定；（4）针对违法行为案发现场，可以进行勘验、辨认。而根据《公安机关办理刑事案件程序规定》的规定，公安机关在办理刑事案件中，可以采取的强制措施包括拘传、取保候审、监视居住、刑事拘留和逮捕，可以采取的强制性侦查行为包括讯问（犯罪嫌疑人）、询问（证人、被害人）、勘验、检查、搜查、查封、扣押、查询、冻结、鉴定、辨认、技术侦查、通缉。因此，从静态上看，公安机关的两种调查权在取证过程中适用的法律文件、法律程序、强制措施、调查取证措施都有所不同。但在司法实践中，公安机关到底是在行使行政调查措施还是刑事侦查措施，一些情形下很难被区分。

导致实践中很难区分行政调查措施和刑事侦查措施的原因是多方面的，其中较为重要的两个原因：一是行政调查措施启动条件、适用程序都较为模糊和宽泛，容易带来刑事侦查行为与行政执法行为的交叉和竞合，[2]这为公安机关使用行政手段办理刑事案件提供了可能。[3]例如，在行政检查的启动条件上，《治安管理处罚法》第87条规定，公安机关对与违反社会治安有关的场所、物品、人身可以进行检查，同时对于日常监督执法检查、立即检查和住宅检查作

---

[1] 李学军：《醉驾入刑的程序考量及证据法思考》，载《光明日报》2012年5月24日，第15版。
[2] 参见张泽涛：《行政违法行为被犯罪化处理的程序控制》，载《中国法学》2018年第5期。
[3] 参见李卫国、李阳、罗小玲：《公安机关行政检查替代刑事搜查的原因与对策》，载《贵州警官职业学院学报》2016年第2期。

了区分。而上述条文中对于行政检查适用程序的规定也较为简略，使得公民在实践中很难对相关措施是行政检查措施还是刑事侦查措施作出区分。二是缺乏严格的程序告知，虽然按照相关法律规定，公安机关在办理案件中应当对违法犯罪嫌疑人的违法性质进行告知，通过这一告知违法犯罪嫌疑人也可以初步判断所采取的强制措施的法律性质，[1]进而有助于防止公安机关在权力行使中"便宜行事"。但在具体实践中，公安人员在办案中很少进行适当的程序告知，[2]相反在长期的办案实践中，不告知、模糊告知成为办理案件的一种有效策略。上述两个方面加之执法人员故意模糊两种调查措施，导致了实践中以行政调查办理刑事案件行为的发生。为了有效区分两种不同性质的调查措施，应当重视以下两个方面的工作：一是应当细化行政调查措施的启动条件和适用程序，使其与刑事侦查措施相区分。行政行为的程序化也是我国行政法治的一个重要方面，近期相关部门拟起草的《行政程序法》应当对这一问题给予关注。二是应当强化公安机关在采取调查措施时的程序告知，即在一般情形下应当明确告知违法犯罪嫌疑人涉嫌违法犯罪的性质以及使用的调查措施的性质，明确的程序告知能够使违法犯罪嫌疑人知悉调查措施的性质和应享有的救济权利。[3]

第三节　公安机关行政执法证据衔接特殊性的问题

在行政执法证据与刑事诉讼证据衔接的问题上，公安机关既享有行政执法权又享有刑事侦查权，这与税务部门、市场监督管理部门等只具有行政执法权的执法机关完全不同。这就带来了一个重要问题，公安机关收集的行政执法证据是否需要与刑事证据衔接，如何进行衔接？

一、公安机关行政执法证据衔接特殊论及其理由

虽然我国 2018 年《刑事诉讼法》第 54 条第 2 款规定："行政机关在行政执法和查办案件过程中收集的物证、书证、视听资料、电子数据等证据材料，在刑事诉讼中可以作为证据使用。"但在具体实践中，有观点认为公安机关在行政

---

〔1〕　但程序告知对于盘查、临检等手段并不发挥作用，因盘查、临检等本身就具有发现违法和犯罪的双重作用。

〔2〕　不告知的原因是立法上缺乏明确的规定以及不告知并不会产生不利的程序性制裁后果。

〔3〕　在刑事诉讼中，权利告知的意义，See Taru Spronken, An EU-Wide Letter of Rights: Towards Best Practice, Intersentia, 2010, p. 1。

执法中收集的言词证据没有必要转化,都可以直接作为刑事诉讼证据使用,[1]这一观点也为很多学者所支持。[2]在这一问题上,支持公安机关收集的行政执法言词证据应当区别对待并可以直接使用论者的理由包括:

一是有论者提出,公安机关是刑事诉讼法上的侦查机关,不属于《刑事诉讼法》第54条中规定的"行政机关",[3]但是这一点明显不具有说服性,公安机关在性质上属于行政机关,仅是享有刑事侦查权而已。"在我国政治体制下,公安机关属于行政机关,其在刑事诉讼中所进行的侦查活动属于司法活动,从这个意义上说,警察是一种重要的刑事司法力量,但不能因此把负责侦查任务的公安机关定位为司法机关。"[4]

二是行政执法主体和刑事侦查主体同一,言词证据取证程序的权利保障基本相同。如有论者指出,两种取证程序中取证主体同一,取证程序均严格,在实质上并不存在差异,都需要司法机关审查;[5]或指出,公安行政执法程序能够保障言词证据的客观性,也能够保障言词证据取得的合法性(主要是公民基本权利保障),因此应当准许公安行政执法言词证据作为刑事证据使用。[6]这一观点的问题在于,同一主体之下更容易出现突破程序分离原则的违法办案情形,主体同一更不能作为行政执法证据与刑事诉讼证据畅通的理由,否则法律程序规范权力行使、促进权力分工、防范权力滥用的功能将更加难以实现。对于行政执法程序与刑事诉讼程序中言词证据取得的程序保障相近或者存在合理差异不影响直接使用的观点,本研究的前几章都做了深入讨论,具体而言:(1)证据是一种法律程序产品,深受程序环境的影响和塑造。行政程序与刑事诉讼程序相比,程序目的、程序性质等都不相同,两种程序的程序环境有较大差异,行政程序中形成的言词证据与刑事立案后按照《刑事诉讼法》形成的言

---

[1] 参见王绩伟等:《公安机关搜集的行政案件言词证据可否用作刑事证据》,载《检察日报》2016年2月22日,第3版。

[2] 参见韦佼杏:《公安行政执法言词证据作为刑事证据的使用》,载《中国刑警学院学报》2018年第1期。

[3] 参见王绩伟等:《公安机关搜集的行政案件言词证据可否用作刑事证据》,载《检察日报》2016年2月22日,第3版。

[4] 朱磊:《将公安机关定位为司法机关应慎重考量》,载《法制日报》2011年12月22日,第3版。

[5] 参见李宁:《公安机关在行政执法中收集的证人证言刑事证据资格——以冯某介绍、容留卖淫案为视角》,载《中国检察官》2017年第20期。

[6] 参见韦佼杏:《公安行政执法言词证据作为刑事证据的使用》,载《中国刑警学院学报》2018年第1期。

词证据明显不同，不可以直接将两种等同。[1]（2）在行政执法过程中，由于尚未启动刑事诉讼程序，并不存在刑事诉讼中的犯罪嫌疑人、被告人、证人和鉴定人，因此，行政执法过程中也不能形成刑事诉讼中的犯罪嫌疑人、被告人的供述与辩解，证人证言，鉴定意见等法定证据方法。[2]这也是为何在公安机关办理行政案件中无从形成讯问笔录的原因之一。（3）行政执法程序中的权利保障远不如刑事诉讼中严格。以我国《刑事诉讼法》的规定为例，犯罪嫌疑人有被告知罪名、接受律师帮助、获得法律援助、不被强迫自证其罪、获得免费翻译、核对讯问笔录并要求补充、改正等权利；而在行政执法程序中，行政相对人并不享有这些权利，由于缺乏统一的行政程序法，我国行政相对人在行政程序中享有哪些程序权利并不清晰。

三是有论者比照公安机关初查所获证据，认为行政执法机关收集的言词证据也可以直接作为刑事诉讼证据使用。2012 年《公安机关办理刑事案件程序规定》第 171 条第 2 款和第 3 款中正式规定了初查制度。[3]在初查证据的可采性问题上，有论者从初查证据具有客观性、关联性、合法性的角度出发，认为初查证据具有可采性或证据能力。[4]龙宗智教授也认为，可以有条件地允许初查所获的证据在刑事诉讼中作为证据使用，但是强调应当坚持任意侦查、紧急行为例外、人证不得已使用原则、证据要件审查、区分证据的不同使用（实质证据与弹劾证据）等。[5]因此，在这一逻辑之下，既然公安机关在立案前的初查中获得的证据都可以直接作为刑事证据使用（我国实践中也是如此），那么公安机关在行政执法中收集的实物证据、言词证据也可以直接使用。

上述观点存在的不足包括：（1）人民检察院、公安机关在司法解释、规章、法律文件中对初查制度作了明确规定，具体是指《人民检察院刑事诉讼规则（试行）》第 168 条到第 182 条、《公安机关办理刑事案件程序规定》第 171 条。（2）初查应当遵循任意性调查原则，但并非任意调查所获的证据信息都能够作

---

〔1〕 参见本书第一章的相关论述。

〔2〕 参见林永翰：《前侦查行为——行政调查与刑事侦查之中间地带》，台湾政治大学法律学系 2006 年硕士学位论文。

〔3〕 2012 年《公安机关办理刑事案件程序规定》第 171 条："……对于在审查中发现案件事实或者线索不明的，必要时，经办案部门负责人批准，可以进行初查。初查过程中，公安机关可以依照有关法律和规定采取询问、查询、勘验、鉴定和调取证据材料等不限制被调查对象人身、财产权利的措施。"

〔4〕 参见王晓霞：《论初查证据的证据能力》，载《人民检察》2007 年第 18 期。

〔5〕 参见龙宗智：《初查所获证据的采信原则——以渎职侵权犯罪案件初查为中心》，载《人民检察》2009 年第 13 期。

为刑事诉讼证据使用。对于言词证据而言，初查中的被调查者的权利保障直接关涉所获证据信息能否作为刑事证据使用，在我国当前的法律框架下，初查中所获的言词证据不应当有刑事证据能力。[1] (3) 初查在比较法上具有预备侦查的性质，与行政执法或行政调查性质完全不同，由于其在运行中存在着"以初查代替侦查，侦查阶段前移"的制度乱象，[2] 其本身存在的正当性也存在广泛质疑。综上，以初查证据与公安机关行政执法证据作对比，并将其作为行政执法证据可以直接进入刑事诉讼的理由并不充分。

四是有论者又提出了办案需要、提高诉讼效率等理由。[3] 这一理由在实务部门有重要影响也为部分学者所支持，如认为对同一个案件的同一证明事项进行重复取证，是对司法资源的一种浪费。[4] 这些实用主义理由可能面临的诘难是，"看到了问题的形式，没看到问题的实质""看到了作为结果的证据，没有看到作为过程的程序""看到了作为办案手段的证据，没看到在办案中对诉讼参与人的权利保障"。具体言之，换文书的"抬头"，表明行政执法程序终结，刑事诉讼程序开启，行政执法和刑事诉讼程序在程序目的、程序性质、程序结构方面都具有较大差异性，公安行政执法也概莫能外。证据不仅仅是作为取证结果的证据，取证主体、取证手段、取证目的、取证方式、取证程序的严格性等对于证据都有所影响，证据深受法律程序的影响和塑造。证据的取得需要在法律程序中进行，并应当重视对诉讼参与人的权利保障，违反重要诉讼权利获得的证据材料不得作为证据使用。因此，提高诉讼效率等理由，无法承载对公安机关收集的行政执法言词证据应当区别对待并可以直接使用的正当性。

二、对公安机关行政执法证据衔接特殊论的反驳

本书认为，虽然在我国的法律框架下，公安机关的权力具有复合性质，但是在具体实践中必须区分行政执法调查权和刑事侦查权，区分行政执法证据和刑事侦查证据，并且公安机关收集的行政执法言词证据不能直接进入刑事诉讼

---

[1]　参见朱德宏：《初查中所收集人证的证据效力》，载《公安研究》2007 年第 6 期。

[2]　参见施鹏鹏、陈真楠：《初查程序废除论——兼论刑事立案机制的调整》，载《社会科学》2014年第 9 期。

[3]　参见李宁：《公安机关在行政执法中收集的证人证言刑事证据资格——以冯某介绍、容留卖淫案为视角》，载《中国检察官》2017 年第 20 期。

[4]　参见谭畅：《论公安机关行政证据与刑事证据的转化衔接》，湖南师范大学 2011 年硕士学位论文，摘要部分。

中使用。其内在理由前几章已经有所论述，现总结如下：[1]（1）证据是一种法律程序产品，不同法律程序中违法犯罪嫌疑人的法律地位、程序权利、程序保障等都不同，因此，不同法律程序中的证据存在着衔接的问题。（2）在行政程序中并不存在犯罪嫌疑人、被告人，行政执法程序中无从形成犯罪嫌疑人、被告人的供述与辩解。[2]（3）行政执法言词证据实质上是一种书面言词证据，在证据法原理上，直接言词原则、传闻证据排除规则都内在地要求排除书面言词证据的使用，尽可能地要求陈述者提供当庭陈述。在我国以审判为中心的诉讼制度改革中也有类似要求，因此，公安机关行政执法中的言词证据不应当直接进入刑事诉讼中使用，仅在例外情形下用于有限的目的。事实上，在这一问题上，人民法院和人民检察院也持这一立场。在"王某余、秦某英容留卖淫案"中，法院对这一问题作出了直接回应。该案件最早刊登在 2013 年 8 月 15 日《人民法院报》上，[3]随后被收录到《刑事审判参考》中，作为刑事指导案例第 972 号公布，其副标题是"行政执法过程中收集的言词证据，是否可以直接作为刑事证据使用以及重新收集的言词证据是否在程序上具有特殊要求"。该案的基本案情是：[4]

被告人王某余、秦某英系夫妇，共同经营了某浴室。两人明知周某宜、周某菊系卖淫人员，仍于 2012 年 1 月至 3 月容留二人在该浴室内向张某等嫖娼人员卖淫 9 次。同年 3 月 6 日，公安机关查明周某宜、周某菊有卖淫行为。经进一步调查，发现王某余、秦某英涉嫌介绍、容留卖淫，遂于同年 5 月将该案作为刑事案件立案侦查。公安机关共查获 19 名嫖娼人员，对相关人员按照《治安管理处罚法》规定的程序制作了询问笔录，后对其中 9 名嫖娼人员和 2 名卖淫女按照 2012 年《刑事诉讼法》规定的程序重新收集证言。本案中，一审法院认为，公安机关在查处卖淫嫖娼活动中形成的言词证据不得直接作为刑事诉讼证据使用，一审检察院不认同这一认定提出抗诉，二审法院认可一审法院的裁判立场，对检察机关的抗诉意见不予认可。

在这一案件中，公安机关办案人员在行政执法和刑事侦查过程中是同一的，

---

[1]　可参见第一章第一节的相关论述。

[2]　参见林永翰：《前侦查行为——行政调查与刑事侦查之中间地带》，台湾政治大学法律学系 2006 年硕士学位论文，第 117–119 页。

[3]　杜开林、陈伟：《行政执法中收集的言词证据不可直接作为刑事诉讼证据——江苏南通中院裁定维持王志余等容留卖淫罪抗诉案》，载《人民法院报》2013 年 8 月 15 日，第 6 版。

[4]　杜开林、陈伟：《行政执法中收集的言词证据不可直接作为刑事诉讼证据——江苏南通中院裁定维持王某余等容留卖淫罪抗诉案》，载《人民法院报》2013 年 8 月 15 日，第 6 版。

公诉机关提出，在主体同一、取证程序基本相同的情形下，应当允许行政执法言词证据直接进入刑事诉讼中使用。针对这一理由，二审法院指出，根据 2012 年《刑事诉讼法》第 52 条第 2 款的规定，除了物证、书证、视听资料、电子数据等证据材料，对于公安机关收集的言词证据应当在案件进入刑事诉讼后，由侦查人员按照《刑事诉讼法》的规定重新取证。[1]在该案中人民法院在该问题上表现出了清晰的裁判立场，并且作了细致的说理工作，对于解决行政执法言词证据能否直接进入刑事诉讼、对于处理公安机关在办理案件中混淆行政执法与刑事侦查权限等问题都有重要意义。如该案公布后不久，最高人民检察院正义网也刊登了一则典型案例，具体案情如下：[2]

犯罪嫌疑人周某某涉嫌容留卖淫，在审查批捕阶段，周某某提出，其只容留了苏某一人卖淫嫖娼并从苏某处拿到 20 元人民币，并不知道其他人的情况。根据容留卖淫罪的立案标准，要构成容留卖淫罪必须 2 人次以上卖淫。在本案中除了周某某的供述，至少还需要苏某及其两个嫖客的供述相互印证。但公安机关对于苏某、顾某、许某、孙某和汪某的询问笔录均是按照《治安管理处罚法》的程序制作的行政执法证据。

该案与"王某余、秦某英容留卖淫案"在涉嫌的罪名、指向的证据问题方面都基本一致，也涉及公安机关收集的行政执法言词证据能否直接作为刑事证据使用的问题。办案机关上海市金山区检察院根据 2012 年《刑事诉讼法》第 52 条第 2 款、《人民检察院刑事诉讼规则（试行）》第 64 条第 3 款并参考了"王某余、秦某英容留卖淫案"的裁判要旨后，依法排除了公安机关在刑事立案前形成的苏某、顾某、许某、孙某和汪某等五名证人的询问笔录。[3]至此，我们可以看出人民法院和人民检察院在公安机关行政执法中收集的言词证据能否直接进入刑事诉讼作为证据使用上，都采取了否定的态度。

从上述案例可以看出，公安机关行政执法证据衔接特殊论并不成立。司法解释参与起草者也指出，在 2021 年《最高人民法院关于适用〈中华人民共和国刑事诉讼法〉的解释》征求意见过程中，"有意见建议增加一款，明确'公安

---

[1] 参见杜开林：《王志余、秦群英容留卖淫案 ［第 972 号］——行政执法过程中收集的言词证据是否可以直接作为刑事证据使用以及重新收集的言词证据是否在程序上具有特殊要求》，载最高人民法院刑事审判一至五庭主办：《刑事审判参考（总第 97 集）》，法律出版社 2014 年版，第 98-99 页。

[2] 案例来源于正义网，载 http://www.jcrb.com/procuratorate/theories/cases/201407/t20140701_1410183.html，最后访问日期：2018 年 10 月 6 日。

[3] 案例来源于正义网，载 http://www.jcrb.com/procuratorate/theories/cases/201407/t20140701_1410183.html，最后访问日期：2018 年 10 月 6 日。

机关在办理行政案件过程中所收集的言词证据，需要在刑事诉讼中作为证据使用的，无需重新收集'"。[1]但该意见并未被该司法解释所采纳，主要考虑包括两点：第一，公安机关具有行政执法与刑事侦查的双重职能，其进行的取证活动不一定属于刑事侦查；第二，公安在行政执法中收集的言词证据直接进入刑事诉讼中使用，缺乏刑事诉讼法或者其他法律上的专门规定。[2]

　　综上，在本章中我们从程序分离这一基本原则出发，以公安机关办理案件为例，讨论了同时具有行政执法权和刑事侦查权的机关（公安机关、海关等）收集的行政执法证据如何在刑事诉讼中使用的特殊问题。提出同时具有两种调查权的执法机关在办理案件过程中，应当贯彻程序分离原则：一是行使不同调查权时应当依据不同的程序规范；二是在具体的实践中，不应当出现程序混淆、程序借用、程序规避等情形。从我国的实践来看，第一个方面的要件在立法上已经满足，但在第二个方面，由于各种原因，公安机关在办理案件中混用权力的情形还较为多见，在当前公安体制改革的背景下，应当在保持刑事侦查部门、国内安全保卫部门、经济犯罪侦查部门、治安管理部门、消防部门、交通管理部门的同时，调整各内设机构的案件管辖范围，取消治安管理部门、交通管理部门、消防部门的刑事案件管辖权，促进程序主体、程序事项的分离，同时还应当调整立法，将行政执法措施与刑事侦查行为严格区分。最后，本章论证了公安机关在执法中收集的言词证据并不具有特殊性，公安机关执法也必须严格区分行政执法证据和刑事侦查证据，其收集的行政执法言词证据不能直接进入刑事诉讼中使用。

---

〔1〕　参见喻海松：《刑事诉讼法修改与司法适用疑难解析》，北京大学出版社 2021 年版，第 139 页。
〔2〕　参见喻海松：《刑事诉讼法修改与司法适用疑难解析》，北京大学出版社 2021 年版，第 140 页。

第六章

刑事诉讼中行政执法证据运用的实证分析

——基于 98 份刑事裁判文书的分析

本章概要 在对刑事诉讼中行政执法言词证据和实物证据运用问题、执法主体双重职权下行政执法证据运用问题进行讨论后，这一章将以 2012 年《刑事诉讼法》修正以来，课题组从北大法宝、元典智库中收集的 98 份刑事裁判文书为基础，对行政诉讼证据进入刑事诉讼进行实证分析。

这一章将指出，我国行政执法证据与刑事诉讼证据衔接的立法文件众多，相关用语不规范是导致司法裁判立场不一的重要原因之一。根据对 98 份刑事裁判文书的分析，人民法院在行政执法证据进入刑事诉讼中使用问题的裁判上，显示出了强烈的实用主义倾向，存在着不当放大行政执法证据的取证主体范围、裁判立场缺乏统一性、裁判逻辑不清晰和未履行有效审查义务等方面的问题。这造成了法律适用上的不统一，妨碍了刑事司法公正的实现，也会影响人民法院裁判的权威性。为了有效贯彻 2018 年《刑事诉讼法》第 54 条第 2 款的规定，一方面，有必要对 2018 年《刑事诉讼法》第 54 条第 2 款作规范分析，以从学理和立法上厘清其中不确定法律概念的内容，另一方面，裁判者当严格恪守法律条文内涵，不得在个案中作出扩大解释或者缩小解释，充分认识行政执法证据与刑事诉讼证据的差异，对行政执法证据进入刑事诉讼进行实质审查。

诚如前述，在"行政—刑罚"二元化处罚体系之下，行政执法证据与刑事诉讼证据的衔接对于有效惩罚犯罪具有重要意义。在 2012 年之前，由于立法上缺乏明确规定，司法实践中对于行政执法证据与刑事诉讼证据衔接主要采取了"转化"的方式来处理，即在原行政执法主体取证的基础上，根据 1996 年《刑事诉讼法》第 45 条第 1 款的规定，"人民法院、人民检察院和公安机关有权向有关单位和个人收集、调取证据。有关单位和个人应当如实提供证据"。由办案机关办理相关手续后，作为调取的证据进入刑事诉讼中使用，或者在案件进入刑事诉讼后以相关人员"再次确认"的方式使用。在实践中各地、各部门做法不一，这不仅造成了对侦查主体范围、诉讼权利保障等方面的冲击，也严重影响了刑事案件的办案质量。为了有效促进"行政执法—刑事司法"的衔接，促进对违法犯罪行为的有效治理，2012 年修正后的《刑事诉讼法》第 52 条第 2 款明确规定："行政机关在行政执法和查办案件过程中收集的物证、书证、视听资料、电子数据等证据材料，在刑事诉讼中可以作为证据使用。"随后，2012 年《最高人民法院关于适用〈中华人民共和国刑事诉讼法〉的解释》、最高人民检察院 2012 年《人民检察院刑事诉讼规则（试行）》、2012 年公安部《公安机关办理刑事案件程序规定》中对这一条文又作了进一步细化。其中，2012 年《人民检察院刑事诉讼规则（试行）》、2012 年《公安机关办理刑事案件程序规定》中的一些规定突破了 2012 年修正的《刑事诉讼法》第 52 条第 2 款的字面含义，扩大了进入刑事诉讼中的行政执法证据的种类，这引起了学者对于司法解释的正当性、刑事司法中的权力格局、部门立法化倾向等问题的讨论。2018 年《刑事诉讼法》修正后，2019 年最高人民检察院颁发了《人民检察院刑事诉讼规则》、2020 年最高人民法院颁发了《关于适用〈中华人民共和国刑事诉讼法〉的解释》，2020 年公安部修正了《公安机关办理刑事案件程序规定》，这些法律文件对行政执法证据进入刑事诉讼又作了规定。上述规范发展是本章讨论刑事诉讼中行政执法证据运用的规范前提，行政执法证据与刑事诉讼证据衔接的立法文件众多，相关用语不规范也是导致司法裁判立场不一的重要原因之一。

对于 2012 年《刑事诉讼法》第 52 条第 2 款的规定，理论界从立法背景、法律解释等不同层面、不同角度作了诸多讨论，但对于该条款实施情况的实证研究并不多见，这一定程度上忽略了司法实务部门的实践取向，也影响了学界对法律实施效果的观察。在建设社会主义法治国家的背景下，对"行动中的法律"的研究比对"书面上的法律"的分析更为重要。法律的有效实施是法治的生命。著名法律史学者黄源盛教授也指出，"法律的真正价值，一端在于实用，而法院的判决，即系实用法律的具体表现"[1]因此，我们有必要对 2012 年以来，人民法院对行政执法证据进入刑事诉讼的裁判立场、裁判逻辑进行梳理，分析《刑事诉讼法》第 52 条的运行状况和实施效果，以促进相关立法、司法的完善。

---

[1]　黄源盛：《中国法史导论》，广西师范大学出版社 2014 年版，第 19 页。

第一节　行政执法证据与刑事诉讼证据衔接的规范冲突

规范是法律适用的前提，本章将对行政执法证据进入刑事诉讼的法律规范进行梳理。从立法史角度观察，在 2012 年《刑事诉讼法》修正前，在法律、司法解释和相关法律文件中，对于行政执法证据与刑事诉讼证据衔接的规定较少。司法实践中广泛存在着行政执法证据"转化"运用等做法。在 2012 年《刑事诉讼法》修正后，《刑事诉讼法》、司法解释、部门规章、地方立法和其他规范性法律文件对此作出了规定，不同层级立法在具体内容上存在差异，这也部分地造成了实践中的混乱。

一、2012 年《刑事诉讼法》修正前的规范状态

在 2012 年之前，虽然国家层面出台了诸多关于行政执法与刑事司法衔接的法律文件，但这些文件主要关注的是衔接主体、衔接方式、衔接程序等程序性事项，如《行政执法机关移送涉嫌犯罪案件的规定》《关于加强行政执法与刑事司法衔接工作的意见》等更多关注了向哪一主体移送、如何移送、移送什么等技术化事项。在这些法律文件中，对于"两法衔接"中的证据问题一直缺乏明确的法律规定，实践中采取了"证据转化"的做法，如对于行政执法中收集的言词证据，在案件进入刑事诉讼后，一般通过讯问或询问加以确认的方式进行转化。[1]对于行政执法中收集的实物证据主要采取补足相关手续的方式转化。证据"转化"的做法不仅降低了证据要求，也直接违背了证据法的基本原理，[2]在实践中也带来了诸多问题。为了解决不同证据衔接的难题，2011 年《最高人民法院、最高人民检察院、公安部关于办理侵犯知识产权刑事案件适用法律若干问题的意见》对"行政执法部门收集、调取的证据"的证据能力问题作出了明确规定："行政执法部门依法收集、调取、制作的物证、书证、视听资料、检验报告、鉴定结论、勘验笔录、现场笔录，经公安机关、人民检察院审查，人民法院庭审质证确认，可以作为刑事证据使用。"同时规定，行政执法部门制作的笔录类言词证据，需要作为刑事证据时应当依法重新收集、制作。这一规定对于办理知识产权犯罪中行政执法证据与刑事证据的衔接具有重要意义，也成为办

---

〔1〕　参见王进喜主编：《刑事证据法的新发展》，法律出版社 2013 年版，第 111-112 页。

〔2〕　参见万毅：《证据"转化"规则批判》，载《政治与法律》2011 年第 1 期。

理其他两法证据衔接的重要参考。有论者评价，上述规定既考虑实物证据与言词证据的特点，符合刑事证据的基本理论，也具有一定的现实合理性。[1]这一规定中的立法精神也被 2012 年《刑事诉讼法》第 52 条第 2 款所吸收。

二、2012 年《刑事诉讼法》修正后的规范冲突

2012 年修正后的《刑事诉讼法》第 52 条第 2 款明确规定，"行政机关在行政执法和查办案件过程中收集的物证、书证、视听资料、电子数据等证据材料，在刑事诉讼中可以作为证据使用。"根据相关立法精神，规定这一条文的目的一是统一"两法衔接"案件中的不同认识，二是规范行政执法证据进入刑事诉讼的程序，促进刑事诉讼目的的实现。[2]在这一条文出台后，围绕着条文中的部分用语的内涵，如"等"的理解、"行政机关"、"可以作为证据使用"的规范内涵等，学者展开了深入讨论，但在很多方面并未达成共识。随后"两高"等出台了相关司法解释、规章，这些解释和规章的内容不仅未能消除上述疑问，反而加剧了对这一条文理解的混乱。在基本立场上，2012 年《最高人民法院关于适用〈中华人民共和国刑事诉讼法〉的解释》第 65 条基本上恪守了《刑事诉讼法》的规定，[3]而 2012 年《人民检察院刑事诉讼规则（试行）》、2012年《公安机关办理刑事案件程序规定》则对可以进入刑事诉讼的种类作了扩大规定，如 2012 年《人民检察院刑事诉讼规则（试行）》第 64 条将"鉴定意见、勘验、检查笔录"以及特定情形下相关人员的陈述、证言等行政执法证据纳入了可以直接进入刑事诉讼的范围。2012 年《公安机关办理刑事案件程序规定》第 60 条将"检验报告、鉴定意见、勘验笔录、检查笔录"纳入其中。在参考指导案例和指导性案例方面，最高人民法院和最高人民检察院也都出台了相关案例。最高人民法院在刑事审判参考指导案例［972 号］"王某余、秦某英容留卖淫案"一案中指出，行政执法中收集的言词证据，只有经过侦查机关依法重新取证的才具有刑事证据资格，并且应当按照刑事诉讼法的规定来重新

---

[1]　参见陈卫东：《知识产权犯罪案件查处中的证据运用与审查判断》，载《人民检察》2011 年第 11 期。

[2]　参见全国人大常委会法制工作委员会刑法室编著：《〈关于修改《中华人民共和国刑事诉讼法》的决定〉：条文说明、立法理由及相关规定》，北京大学出版社 2012 年版，第 50 页。

[3]　有学者指出，在《最高人民法院关于执行〈中华人民共和国刑事诉讼法〉若干问题的解释（征求意见稿）》中的证据种类还包括了鉴定意见，而在其随后公布的正式司法解释中将鉴定意见删除，这是一种非常明智的做法。参见练育强：《行政执法与刑事司法衔接中证据转化研究》，载《探索与争鸣》2017 年第 4 期。

取证。[1]最高人民检察院在第十批指导性案例"朱某明操纵证券市场案"[2]中指出:"非法证券活动涉嫌犯罪的案件,来源往往是证券监管部门向公安机关移送。审查案件过程中,人民检察院可以与证券监管部门加强联系和沟通。证券监管部门在行政执法和查办案件中收集的物证、书证、视听资料、电子数据等证据材料,在刑事诉讼中可以作为证据使用。"

在其他司法解释和法律文件中,《最高人民法院、最高人民检察院关于办理环境污染刑事案件适用法律若干问题的解释》,最高人民法院、最高人民检察院等《关于办理刑事案件收集提取和审查判断电子数据若干问题的规定》,环境保护部、公安部、最高人民检察院关于印发《环境保护行政执法与刑事司法衔接工作办法》,最高人民法院、最高人民检察院等《食品药品行政执法与刑事司法衔接工作办法》,公安部、最高人民检察院等《关于加强工商行政执法与刑事司法衔接配合工作若干问题的意见》也作了规定。除此之外,对于行政执法证据与刑事诉讼证据的衔接问题,地方立法也有所规定,如《北京法院贯彻新刑诉法座谈会纪要(二)》、河南省西平县《行政执法与刑事司法证据转换使用暂行实施办法》、浙江省温岭市《刑事诉讼中的行政证据使用办法》等,[3]上述文件在具体内容上主要进一步明确立法规定、细化程序规定,个别地方性立法文件的规定也存在争议。总体而言,行政执法证据进入刑事诉讼的规范冲突主要包括如下几个方面,见表6-1。

表6-1　行政执法证据进入刑事诉讼的规范冲突的主要方面

	《刑事诉讼法》	2012年最高人民法院司法解释	2012年最高人民检察院司法解释	2012年公安部规章
取证主体	行政机关	扩大到"根据法律、行政法规规定行使国家行政管理职权的组织"	扩大到"根据法律、法规赋予的职责查处行政违法、违纪案件的组织"	行政机关

---

[1]　参见"王某余、秦某英容留卖淫案",载最高人民法院刑事审判第一至五庭主办:《刑事审判参考(总第97集)》,法律出版社2014年版,第97—101页。

[2]　"朱某明操纵证券市场案",最高人民检察院指导性案例第39号(2018年)。

[3]　《北京法院贯彻新刑诉法座谈会纪要》(二)中规定,行政机关在行政执法和查办案件过程中收集的相关人员的供述、陈述、证言等言词证据材料,不得在刑事诉讼中直接作为证据使用;收集的鉴定意见、勘验、检查笔录,经法定查证属实,且收集程序符合有关法律、行政法规规定的,可以作为证据使用。

续表

	《刑事诉讼法》	2012 年最高人民法院司法解释	2012 年最高人民检察院司法解释	2012 年公安部规章
取证方式	收集	收集	收集	接受或调取
行政执法证据进入的刑事诉讼的范围	物证、书证、视听资料、电子数据	物证、书证、视听资料、电子数据	扩大到"鉴定意见、勘验、检查笔录、相关人员的陈述、证言"	扩大到"检验报告、鉴定意见、勘验笔录、检查笔录等"
审查规则	未规定	"查证属实，且收集程序符合有关法律、行政法规规定"	符合法定要求	未规定

从上述表格可知，《刑事诉讼法》及相关司法解释、公安部规章等在取证主体、取证方式、行政执法证据进入刑事诉讼的范围、审查规则等方面都存在一定的规范冲突。例如，在取证主体方面，2012 年最高人民法院、最高人民检察院的司法解释都对行政机关作了扩大解释，这在学理上具有一定的正当性，但却超出了刑事诉讼法用语的文义解释范围。对于取证方式，《刑事诉讼法》及相关司法解释中都要求"收集"，但在 2012 年公安部的规章中则改为"接受或调取"，很明显这一规定改变了立法原意，"接受或调取"的范围明显大于"收集"证据的范围。上述立法上的差异不仅带来了行政执法证据进入刑事诉讼理论正当性的争议，还造成了法律适用上的规范冲突。[1]从理论上说，2012 年最高人民检察院的司法解释、公安部的规章对于人民法院并无约束力，人民法院应严格适用《刑事诉讼法》及最高人民法院的司法解释，即使其他司法解释、法律文件中存在不同规定，也不会产生真正的法律冲突。沿循上述思路，有学者指出，2012 年《人民检察院刑事诉讼规则（试行）》第 64 条对于相关人员的陈述、证言的纳入，"属于明显的越权解释，应当归于无效，且在司法适用过程中，新公布的高法解释并没有相应的对应条款，即使人民检察院内部认为这些言词性的行政证据可以用作证据，但高法解释没有肯定这一做法，审判环节中也很难获得认可"。[2]应当说，上述见解在以审判为中心的诉讼制度改

---

〔1〕　参见练育强：《行政执法与刑事司法衔接中证据转化研究》，载《探索与争鸣》2017 年第 4 期。

〔2〕　陈卫东：《立法原意应当如何探寻：对〈人民检察院刑事诉讼规则（试行）〉的整体评价》，载《当代法学》2013 年第 3 期。

革的背景下具有合理性。以审判为中心的诉讼制度改革就要建立以庭审为中心的事实认定机制，尊重人民法院对裁判事项的最终话语权。但是"文本上的法律"和"实践中的法律"可能存在着差异。在当前以审判为中心的诉讼制度改革尚未完成的情形下，我国公安机关、人民检察院、人民法院在刑事司法中仍然延续着"分工负责、各管一段"的办案方式，公安机关、人民检察院更重视本部门出台的规定和司法解释，而对人民法院的规定并不重视，这一点在两种证据衔接上也有所体现。

2018年《刑事诉讼法》修正后，最高人民法院、最高人民检察院的司法解释和公安部规章中对于行政执法证据在刑事诉讼中的运用又作了规定。2020年《最高人民法院关于适用〈中华人民共和国刑事诉讼法〉的解释》第75条与2012年司法解释中的相关规定未作改变。2019年《人民检察院刑事诉讼规则》第64条规定："行政机关在行政执法和查办案件过程中收集的物证、书证、视听资料、电子数据等证据材料，经人民检察院审查符合法定要求的，可以作为证据使用。行政机关在行政执法和查办案件过程中收集的鉴定意见、勘验、检查笔录，经人民检察院审查符合法定要求的，可以作为证据使用。"根据这一修改，行政机关在行政执法和查办案件过程中收集的"证人证言"等不得在刑事诉讼中作为证据使用。《公安机关办理刑事案件程序规定》（2020年修订）第63条规定中删掉了刑事诉讼中可以运用行政执法中的"检验报告"的规定。上述两个条文内容的调整具有重要意义。

在本章中，我们更关心的、也是需要进一步追问的是，在行政执法证据与刑事诉讼证据衔接的法律规范存在冲突的情形下，人民法院的裁判是否存在同一立场，是坚持了《刑事诉讼法》、最高人民法院司法解释的相关规定，还是采取了其他路径，在其采取的裁判立场背后遵循了什么样的裁判逻辑，下一节将对此进行讨论。

第二节　行政执法证据与刑事诉讼证据衔接的裁判实践

为了梳理、分析2012年《刑事诉讼法》修正后人民法院在行政执法证据与刑事诉讼证据衔接方面的裁判立场及其背后的裁判逻辑，本书以北大法宝、元典智库中收集的98份刑事裁判文书为基础，对相关问题做了分析。通过分析发现，各级法院在行政执法证据与刑事诉讼证据衔接这一事项上并未严格恪守《刑事诉讼法》和最高人民法院司法解释的规定，裁判立场多元、裁判逻辑不一，并未对检察机关、侦查机关的相关工作产生有效的参考、指引作用。具体言之，在"行政机关""等证据材料""可以作为证据使用"这三个事项上，我国法院的相关裁判实践状况是：

一、在取证主体上，扩大了取证主体的范围

对于如何理解"行政机关"，从论理解释出发，"两高"的司法解释作出一定的扩大解释是正当的，但是在具体裁判中，一些法院还将其他取证主体纳入其中，这在理论上存在一定争议。从对相关判决的统计来看，主要包括以下几类主体：

一是行政机关牵头组成的事故调查组、专家组等。对于行政机关主持组成的调查组能否被视为"行政机关"这一问题，从司法实践来看，答案是肯定的。例如，在一起重大责任事故案件中，有法院指出，"'2.23'煤气泄漏中毒事故发生后，南京市政府于当日成立事故调查组，并聘请六名专家组成专家组，对事故原因进行技术分析和鉴定。鉴定过程符合法律规定，数据来源真实有效，测算方法合理。案发后，事故现场经抢修已复位，在基础数据不变的情况下，重新鉴定并无必要。故事故调查报告及专家组技术鉴定意见可以作为本案定案的根据"。[1]在另一起案件中，法院指出，"专家意见书系丽水市食品安全委员会确定的具有食品安全方面专业知识的人员经过论证并得出的结论，本院应予以确认"。[2]通过相关分析可知，在责任事故类刑事案件中，人民法院对行政机关主持组成的事故调查组出具的报告基本都予以采纳和认可。对于事故调查报告在刑事诉讼中的运用将在其他部分作专门讨论。

二是行政委托后接受再委托的主体。按照行政法原理，在一定情形下行政机关可以委托其他行政主体进行调查取证等活动。但是对于委托程序、被委托的机关有严格限制。在具体实践中，对于行政机关委托其他行政机关后，该行政机关又委托其他单位（而非行政机关）获得的证据如何处理，牵涉对"行政机关"的理解。在一起案件中，辩方对于行政委托后再委托单位出具的测量报告不服，法院认为，"该测量报告由公安机关委托乃东区国土局，因该局没有相应的设备及人员，遂委托西藏和鑫房地产评估咨询有限公司测量，所作的测量

---

〔1〕　田某某等重大责任事故案，江苏省南京市雨花台区人民法院（2013）雨刑初字第38号刑事判决书。

〔2〕　胡某某等生产、销售不符合安全标准的食品案，浙江省云和县人民法院（2016）浙1125刑初204号刑事判决书。

报告属行政机关在行政执法中收集的书证，可作为定案证据使用"。[1]按照学者的理解，行政委托中获得的证据属于行政执法证据，[2]但是将接受行政委托后再次委托获得的证据认定为行政执法证据则缺乏合理性。

三是党的纪律检查委员会。在 2018 年国家监察体制改革前，对于党的纪律检查委员会是否属于本条文中的"行政机关"，学者也有不同见解。[3]在实践中，党的纪检部门与行政监察部门合署办公，行政监察部门属于行政机关，因此在一般案件中，可以以监察部门的名义移送证据。例如，有的法院认为："根据法律、法规赋予的职责查处行政违法、违纪案件的组织属于行政机关。依据前述规定，纪检监察部门在查处违纪案件过程中收集的证据可以作为刑事证据使用。"[4]当然，在国家监察体制改革前，以纪检部门名义移送的案件如何处理，从相关规定来看，不宜将党的纪律检查委员会理解为 2012 年《刑事诉讼法》第 52 条第 2 款中的"行政机关"。

二、在证据种类上，扩大了进入刑事诉讼中的执法证据种类

在对"等证据材料"的理解上，最大的一个争议点在于，行政机关在执法过程中收集的相关人员的陈述、证言是否需要在立案后重新讯问、询问。从最高人民法院刑事审判参考指导案例［972 号］"王某余、秦某英容留卖淫案"的立场来看，行政执法言词证据不得直接进入刑事诉讼，但在例外情形下可以作为弹劾证据、有利于被告人的量刑证据等。[5]在司法实践中，一些法院也严格恪守这一立场，认为行政执法中收集的物证、书证、视听资料、电子数据等证据可以直接进入刑事诉讼中使用，不包括言词证据（部分判决中也表述为言辞证据）。例如，一些法院在判决中指出，按照《刑事诉讼法》和最高人民法院司法解释的规定，行政执法中收集的陈述、证人证言不得在刑事诉讼中使用。"张某、何某、冯某的证言系公安机关在行政执法和查办案件过程中收集，根据《中华人民共和国刑事诉讼法（2012 年）》第 52 条第 2 款规定，上述三名证人的证言并不能当然转化为刑事诉讼中的证据，因此对上述三名证人的证言本院

---

〔1〕 阿某职务侵占案，西藏自治区山南市中级人民法院（2017）藏 05 刑终 5 号刑事裁定书。

〔2〕 参见王敏远等：《刑事诉讼法修改后的司法解释研究》，中国法制出版社 2016 年版，第 325 页。

〔3〕 参见周长军、纵博：《论纪检监察机关办案方式的调整——以刑事诉讼法的最新修正为背景》，载《政法论丛》2013 年第 1 期。

〔4〕 石某某受贿案，吉林省珲春市人民法院（2015）珲刑初字第 249 号刑事判决书。

〔5〕 参见冯俊伟：《行政执法证据进入刑事诉讼的范围限定——以书面言词证据为中心》，载《理论学刊》2015 年第 11 期。

不予确认。"〔1〕但从对裁判文书的统计和分析来看，部分判决书基于以下不同的裁判逻辑，认为"等证据材料"也包括行政执法过程中收集的言词证据：

（1）直接认为"等"字属于"等外等"。这一观点的依据是，根据 2012 年《刑事诉讼法》第 48 条的规定，所有行政执法证据都可以直接进入刑事诉讼中使用；或认为"行政执法证据最终能否适用于刑事诉讼，关键在于是否满足刑事诉讼的三个实质性要件：客观性、关联性、合法性"。〔2〕具体证据具有"三性"就可以作为刑事诉讼证据使用。例如，有的法院在裁判中指出："公安机关在行政执法和查办案件过程中收集的物证、书证、视听资料、电子数据等证据材料，在刑事诉讼中可以作为证据使用。上述证据包括对证人、当事人的询问笔录等。"〔3〕

（2）认为 2012 年《刑事诉讼法》第 52 条第 2 款，未排除行政执法言词证据的使用。例如，在"余某容留卖淫案"一案中，法院指出，《刑事诉讼法》第 52 条第 2 款"虽未明确罗列'证人证言'，但亦未明确排除，故可以认定侦查机关查办行政案件过程收集的证人证言也可以作为刑事证据使用"。〔4〕再如，在"王某甲非法占用农用地罪"一案中，法院指出，"该规定中的'等'也涵盖了其他种类的证据，最起码没有明确排除其他种类的证据"。〔5〕从上述两个判决书的说理中，我们看到了部分法官在法律解释时，并未严格按照文义解释、历史解释、论理解释等进行，而是体现出了一定的随意性。

（3）以当事人同意作为行政执法言词证据可以使用的理由。例如，有法院在裁判中指出："对烟草局在 2017 年 5 月 16 日下午的两次检查笔录及在烟草局的谈话笔录，孟某某对其真实性在诉讼中一直是认可的。"〔6〕在证据法上，当事人的同意能否使得原本存在瑕疵或者无证据能力的证据具有可采性，是一个略有争议的问题。本书认为，在庭审中，当事人的同意不可以使得行政执法言

〔1〕 何某某走私、贩卖、运输、制造毒品案，贵州省黔南布依族苗族自治州中级人民法院（2017）黔 27 刑终 183 号刑事裁定书。

〔2〕 李宁：《公安机关在行政执法中收集的证人证言刑事证据资格——以冯某介绍、容留卖淫案为视角》，载《中国检察官》2017 年第 20 期。

〔3〕 杨某某寻衅滋事案，河南省虞城县人民法院（2018）豫 1425 刑初 106 号刑事判决书。类似立场，参见李某某滥用职权、受贿案，唐山市古冶区人民法院（2015）古刑初字第 171 号刑事判决书。

〔4〕 余某容留卖淫案，甘肃省天水市中级人民法院（2017）甘 05 刑终 129 号刑事裁定书。

〔5〕 王某甲非法占用农用地案，甘肃省张掖市中级人民法院（2015）张中刑终字第 32 号刑事裁定书。

〔6〕 孟某某销售假冒注册商标的商品、周现根非法经营案，江苏省淮安市中级人民法院（2018）苏 08 刑初 3 号刑事判决书。

词证据具有可采性。

（4）以与其他证据相互印证为理由采用行政执法言词证据。例如，有法院认为："在卷的张某 2、陈某 2 等共同上访人员、北京执勤武警、处警民警的言词证据，有行政机关出具的行政处罚决定书、到案经过、勘验检查笔录、证据保全清单、收缴追缴物品清单、出警录像、视听资料等证据予以证实，且能够相互印证，故可以作为刑事证据使用。"[1]从证据法理上讲，证据可采性是指某一个证据是否可采，评价的对象是单一的，而相互印证的做法，将单个证据是否可采与其他证据"捆绑"在一起进行整体评价，是存在问题的，也不符合证据法的基本原理。

（5）以公安机关收集的言词证据具有特殊性为由采用。"公安机关在同一案件的行政程序中收集的言词证据不同于其他行政机关在行政执法和查办案件过程中收集的言词证据，经法庭查证属实，收集程序符合有关法律、行政法规规定，与其他证据能够相互印证的，可以作为刑事诉讼证据使用。"[2]在上一章中，我们已经对公安机关收集的言词证据具有特殊性这一问题做了专门反驳，并且最高人民法院刑事审判参考案例也明确反对这一主张，此处不再赘述。

（6）以程序合法、查证属实为由作为证据使用。四川省高级人民法院在一起二审案件中认为："税务机关作为税收行政管理部门，其在查办案件过程中依法作出的调查、询问笔录、证明等证据经法庭查证属实，且收集程序合法，可以作为本案定案证据。"[3]这一做法与前面的第四种做法面临相似问题，深受"实质真实"的观念影响。查证属实只是判断特定证据是否具有可采性的一个方面或一个要素，不能仅因相关行政执法言词证据在内容上可以查证属实，就认为其在刑事诉讼中使用有合理性。

（7）以"相关言词证据已经转化"为理由使用。有法院在判决中指出，"原审判决中 4 名卖淫嫖娼人员证言均来自 2012 年 7 月 24 日公安机关查处鸿源酒店内抓获的卖淫嫖娼人员，其证言收集程序符合有关法律规定，经法庭质证属实，并加盖'惠州市惠阳区人民法院调查材料专用章'，证据收集程序合法，并按照法律规定进行了转化，可作为定案根据，故对辩护人意见不予采纳"[4]。这一观点又回到了传统的"证据转化"思路上，2012 年《刑事诉讼法》第 52

〔1〕 张某寻衅滋事案，江苏省南通市中级人民法院（2017）苏 06 刑终 143 号刑事裁定书。
〔2〕 田某某故意伤害案，河北省沙河市人民法院（2016）冀 0582 刑初 198 号刑事判决书。
〔3〕 胡某某等人虚开增值税专用发票案，四川省高级人民法院（2015）川刑终字第 381 号刑事判决书。
〔4〕 肖某某等容留卖淫案，广东省惠州市中级人民法院（2013）惠中法刑一终字第 73 号刑事裁定书。

条第 2 款的规定就是为了畅通行政执法与刑事司法的有效衔接，并明确哪些行政执法证据不可以直接进入刑事诉讼中使用。

在我国司法实践中，对于书证有着扩大理解的倾向，即对以书面方式呈现的又不能为其他证据所包容的与案件有关联的材料，多被归入了书证范畴。[1] 例如，一些调查主体出具的调查报告等，并不属于鉴定意见，也不符合书证的范围。这些报告在英美证据法的背景下多属于传闻证据，按照证据法理应当予以排除，不得作为证据使用。但是在司法实践中，一些调查报告被以书证的方式纳入了法庭中。在一起案件中，辩护方对于政府部门出具的调查报告、调查意见等提出异议，认为不应当作为证据使用；法院指出，相关证据系行政机关在行政执法中依法出具、收集，可以用于佐证被告人聚众扰乱社会秩序的刑事犯罪相关事实。[2] 类似的案例在实践中具有一定普遍性。在一些案件中还出现了特别书证的使用问题，在"宋某某等人妨害公务案"中，[3] 公诉机关在起诉时提交的是行政处罚卷宗，辩护人提出行政处罚卷宗不能作为刑事证据使用的意见，法院在判决中引用 2012 年《刑事诉讼法》第 52 条第 2 款的规定，驳回了这一辩护意见，判决宋某某有罪。由于我国刑事裁判文书说理较为欠缺，其实在大量的司法文书中，裁判者虽然将行政执法过程中收集的调查笔录、书面报告等纳入了证据部分或者作为了定案依据，但在裁判书中未阐述任何理由，相较而言，上述阐述了采纳行政执法言词证据、书面证据理由的裁判文书，在这一方面也为研究者的研究提供了重要素材。

需要反思的是，行政执法中收集的书证可以直接作为刑事诉讼证据使用，在具体个案情形下，将行政处罚卷宗整体移送的做法是不符合证据法理的。在以审判为中心的诉讼制度改革的背景下，证人应当出庭作证是一个关键的改革事项，行政处罚卷宗中包含了大量传闻证据，还可能涉及多重传闻，即证人关于听到别人说过某些事情的表述，直接将其作为证据使用是值得商榷的，正确的做法是按照《刑事诉讼法》、最高人民法院《关于全面推进以审判为中心的刑事诉讼制度改革的实施意见》《人民法院办理刑事案件第一审普通程序法庭调查规程（试行）》的规定，要求相关人员出庭。最高人民法院《关于全面推

---

〔1〕　例如，实践中一些办案经过、到案经过、价格认定意见等被纳入了书证中，这一做法并不具有合理性。

〔2〕　参见谢某某众扰乱社会秩序案，广西壮族自治区河池市中级人民法院（2014）河市刑一终字第 66 号刑事裁定书。

〔3〕　参见宋某某等人妨害公务案，河南省滑县人民法院（2016）豫 0526 刑初 676 号刑事判决书。

进以审判为中心的刑事诉讼制度改革的实施意见》第 29 条也明确要求，证人应当出庭提供证言。[1]

三、从证据审查上，缺乏统一的审查判断标准

按照立法目的，可以作为刑事证据是指行政执法中收集的物证、书证、视听资料、电子数据无须刑事侦查机关再次履行取证手续，具有作为刑事证据的资格。[2]是否可以作为刑事证据使用、是否可以作为定案的依据还需要进一步审查。需要关注的是，在司法实践中人民法院审查的重点是什么、是如何进行审查的。在实践中主要存在以下三种做法。

一是认为相关证据应当符合刑事证据规则的要求，如在"黄某危险驾驶案"中，法院指出，"行政机关在行政执法和查办案件过程中收集的证据材料，是否能作为定案根据，取决于其是否符合刑事证据规则的要求"。[3]这种做法采取了单一审查的方式，审查的规范依据是刑事证据规则。这一做法面临的问题是，行政机关在办理行政案件中难以预见该案件可能涉嫌犯罪，依照一般的执法逻辑，在行政执法中应当严格按照行政法、行政法规的规定来执法，否则也属于违法行政。所以，要求符合刑事证据规则的做法必须作进一步分析，必须对"刑事证据规则"的内涵、外延等作进一步讨论，在这方面，认为此处的"刑事证据规则"是指不得属于证据排除规则这一基本论断是合理的。

二是依照行政程序进行审查。如在一起醉驾型危险驾驶案中，辩护人对血液样本提出异议，法院指出："按照行政程序依法收集的物证、书证、视听资料等证据，经查证属实，且收集程序符合有关法律、行政法规规定的，可以作为本案定案的根据。"该法院进一步解释道，"行政机关在行政执法和查办案件的过程中，尚不知道所涉及的案件是否达到犯罪的程度，是否会进入刑事诉讼程序，无法也不应当适用刑事诉讼程序的规定收集相关证据材料，只能依照法律、行政法规关于行政执法和查办案件的相关规定，而非刑事诉讼的标准"。[4]在

---

[1] 第 29 条规定，证人没有出庭作证，其庭前证言真实性无法确认的，不得作为定案的根据。证人当庭作出的证言与其庭前证言矛盾，证人能够作出合理解释，并与相关证据印证的，可以采信其当庭证言；不能作出合理解释，而其庭前证言与相关证据印证的，可以采信其庭前证言。经人民法院通知，鉴定人拒不出庭作证的，鉴定意见不得作为定案的根据。

[2] 参见全国人大常委会法制工作委员会刑法室：《〈关于修改《中华人民共和国刑事诉讼法》的决定〉：条文说明、立法理由及相关规定》，北京大学出版社 2012 年版，第 50 页。

[3] 黄某危险驾驶案，浙江省金华市中级人民法院 (2017) 浙 07 刑终 344 号刑事裁定书。

[4] 张某危险驾驶再审案，山东省淄博市中级人民法院 (2018) 鲁 03 刑再 3 号刑事裁定书。

另一起案件中，法院认为："稽查人员尚不知道涉及的案件是否能达到犯罪的标准，是否会进入诉讼程序，无法也不应当适用刑事诉讼程序的规定收集相关证据材料，只需依据行政法规的规定……即可。"[1]这种审查做法也采取了单一审查的做法，即将行政法律、法规的规定作为审查的依据，但存在问题是：当前我国行政程序法的规定较为粗疏，如何有效保障行政相对人（刑事案件中的犯罪嫌疑人、被告人）的程序权利，在行政法律、法规与《刑事诉讼法》及其司法解释规定不一致时，如何进行审查判断。更为复杂的一个问题是，当行政执法机关在收集证据过程中违反了行政法律、法规的规定时，相关证据在刑事诉讼中是否可采？从证据法理上看，在取证过程中，任何违反法定程序收集的证据并非都属于证据排除规则的适用范围。从域外的相关研究来看，美国非法证据排除规则是在宪法权利保障的基础上逐渐发展和形成的。德国的证据禁止理论也是围绕基本权利保障产生的，证据禁止又可以分为"自主性证据使用禁止"和"非自主性证据使用禁止"，前者是法院从宪法保障公民基本权利而发展出来的证据禁止，而后者是指严重违反法律禁止性规定的方式取证时的证据禁止。[2]其他国家的非法证据排除规则也都是以宪法权利保障为重要目的或者与宪法权利保障有密切关联。因此，必须是违反了基本权利或者是严重违反程序权利获得的证据才需要排除，不存在违反行政法律、法规的规定获得证据必须排除的要求。

三是与其他证据相互印证，可以作为证据使用。要求不同证据之间相互印证是我国法院审查判断证据、综合认定案件事实的基本要求。在司法实践中，有的法院在审查行政执法证据时，并未严格按照行政法律、法规和刑事诉讼法的规定进行审查，而是采取了相关行政执法证据是否与其他证据相互印证的标准，这体现一种强烈的实用主义立场，并不具有法理合理性。例如，有的法院在判决中指出，相关行政执法证据，"收集程序合法，且有其他证据予以印证，可以作为本案定罪量刑的证据使用"。[3]

上述几种做法是司法实践中法院采取的几种做法，从裁判文书的统计来看，大多数行政执法证据都被法院采纳，不采纳的部分主要是行政执法机关收集的言词证据部分。对于如何有效审查行政执法证据，有学者提出，部分行政执法取证的要求要高于刑事取证的要求，应当建立"就高不就低"的审查规则，是

---

[1] 熊某甲、熊某乙、简某某非法经营案，南昌铁路运输法院（2014）南铁刑初字第34号刑事判决书。
[2] 参见陈瑞华：《比较刑事诉讼法》，中国人民大学出版社2010年版，第182页。
[3] 刘某某贩卖毒品案，四川省德阳市中级人民法院（2017）川06刑终143号刑事裁定书。

指就行政法律、法规与刑事诉讼法的规定进行比较，以要求较严格者作为最后的审查标准。[1]本书认为，"分段式"审查模式值得考虑，即"取证程序依照行政法律、规则的规定，而证据可采性方面依据《刑事诉讼法》及相关司法解释、规范性文件的规定"，这一做法能够有效兼顾行政法律、法规和刑事诉讼法的不同要求。由于行政执法机关移送的证据中可能存在专门性问题，对于如何有效审查涉及专门性问题的行政执法证据，《最高人民检察院关于指派、聘请有专门知识的人参与办案若干问题的规定（试行）》第 12 条规定："人民检察院在对公益诉讼案件决定立案和调查收集证据时，就涉及专门性问题的证据材料或者专业问题，可以指派、聘请有专门知识的人协助开展下列工作：……（五）对行政执法卷宗材料中涉及专门性问题的证据材料进行审查……"。最高人民检察院指导性案例第八批中的"江苏省常州市人民检察院诉许建惠、许玉仙民事公益诉讼案"中也强调，专家辅助人对于鉴定意见内容发表的意见等，经质证后可以作为案件事实认定的依据。[2]相关做法具有重要的参考意义，人民法院在审查涉及专门性问题的行政执法证据时也可以借鉴。

第三节　行政执法证据与刑事诉讼证据衔接实践的反思

2012 年《刑事诉讼法》第 52 条第 2 款关于行政执法证据与刑事诉讼证据衔接的规定，在众多司法解释、部门规章和规范性文件出台后，"规范内涵"变得愈加不清晰，人民法院的司法实践在取证主体、进入范围和审查规则等几个重要争议领域都展现出立场多元、逻辑混乱的特点。因此，有必要分析司法实践现象背后的深层次原因，并对之进行有效反思。

一、实践混乱背后的深层次原因

根据 98 份裁判文书，对行政执法证据进入刑事诉讼中使用进行观察可以发现：人民法院在类似案件中相同问题的处理上裁判立场不一，裁判逻辑混乱，展现出了强大的实用主义逻辑，一些做法缺乏法理合理性。这种实用主义逻辑是指，在裁判过程中不顾《刑事诉讼法》条文的规范内涵，不考虑相关证据的使用是否符合证据法基本法理，在确定某一行政执法证据应当使用后，寻找各

---

[1]　参见王进喜主编：《刑事证据法的新发展》，法律出版社 2013 年版，第 119 页。

[2]　参见江苏省常州市人民检察院诉许某惠、许某仙民事公益诉讼案，最高人民检察院指导性案例第 28 号（2017 年）。

种可支撑行政执法证据可以使用的理由。例如，对于行政机关收集的行政执法言词证据能否直接作为刑事证据使用这一问题上，无论是根据参与立法者对于2012年《刑事诉讼法》第52条第2款的解读，[1]还是在最高人民法院研究室出版的针对2012年《最高人民法院关于适用〈中华人民共和国刑事诉讼法〉的解释》第65条的解释中，都已经明确，进入刑事诉讼的证据种类"不包括证人证言等言词证据"。最高人民法院研究室的相关人员还解释了原因，"言词证据具有较强的主观性，容易发生变化，且行政机关收集言词证据的程序明显不如公安司法机关收集言词证据严格。因此，如果直接允许行政机关收集的言词证据可以在刑事诉讼中使用，难以保障言词证据的真实性，不利于对当事人诉讼权利的保障"。[2]同时，最高人民法院还公布了刑事审判参考指导案例972号，明确行政执法言词证据应当重新取证。但在司法实践中，一些裁判者并未采纳这一立场，而是以2012年《刑事诉讼法》第52条包括了言词证据、未排除言词证据、当事人同意、公安机关收集的言词证据有特殊性、已经相互印证、已经查证属实等理由采纳。上述理由在理论上很难成立，例如，如何得出2012年《刑事诉讼法》第52条第2款包括了言词证据，其依据是什么？而未排除的解释方法更是不具有合理性。按照公法的一般原理，法律授权后国家机构才能够行使权力，未排除的说法过于牵强。而相互印证、查证属实等做法，则过分看重证据的真实性，不考虑证据可采的其他条件（如取证程序、取证中的权利保障等），实质上放弃了对证据可采性的分析判断。

在实践中，行政执法证据与刑事证据的衔接问题，还有一些需要特别注意的方面，如在醉驾型危险驾驶罪中，交通警察在执法中查获某人涉嫌醉酒驾驶后，依法提取了血样，同时也会做行政执法调查笔录，这些证据在很多案件中被直接作为刑事证据使用。在现场，很多醉酒驾驶者也承认自己确实酒后驾驶，主动交代了醉酒驾驶的行为。在案件的后续处理中，很多办案机关又不认可驾驶人"如实供述自己的罪行"，理由是当时还未进入刑事案件阶段。本书在第三章行政执法言词证据进入刑事诉讼中的有限使用中分析到，对于不利于犯罪嫌疑人、被告人的行政执法言词证据不应当直接进入刑事诉讼中使用，但对于有利于被告人的行政执法言词证据应当允许辩方使用。在上述醉驾型危险驾驶

---

〔1〕　参见郎胜主编：《〈中华人民共和国刑事诉讼法〉修改与适用》，新华出版社2012年版，第120页。

〔2〕　江必新主编：《〈最高人民法院关于适用〈中华人民共和国刑事诉讼法〉的解释〉理解与适用》，中国法制出版社2013年版，第48—49页。

罪中，驾驶员在调查笔录中明确承认了自己醉酒驾驶的行为，即使其后来又作出其他供述或辩解，这一调查笔录也应当允许作为辩方证据（主要是作为自首的证据）使用。

在中国特色社会主义法律体系基本建成后，如何更好地推进社会主义法治建设是一项重要的课题，其中最关键的问题是，已经制定的法律必须得到良好实施。上述关于 2012 年《刑事诉讼法》第 52 条第 2 款在部分案件中适用的不统一需要关注，其带来的危害是多方面的：第一，损害了国家法律的统一实施。2012 年《刑事诉讼法》第 52 条第 2 款是法律规定，并未得到良好适用。对于相同性质的行政执法证据，在不同省市的不同法院有不同的处理方式，这不仅损害了法律条文的统一实施，也破坏了人们对于法律的合理预期。第二，损害了刑事司法公正。在个案中，一个或多个行政执法证据是否采纳对于案件走向有着重要影响，涉及罪与非罪、罪轻罪重的最终判断。在笔者调研中获悉的一起刑事案件中，被告人涉嫌虚开增值税专用发票罪，在全案证据中，被告人在税务调查中曾经承认过两次参与虚开活动，但在刑事立案后一直不承认参与过，而本案中的两个关键证据（涉案公司会计账簿、提供虚开公司的工作人员）都不存在。在该案中，一审法院将行政执法言词证据纳入了证据体系中，判处被告人 12 年有期徒刑，二审法院排除了相关行政执法言词证据后发回重审，原一审法院依法判处被告人无罪。第三，损害了人民法院及其裁判的权威性。在以审判为中心的诉讼制度改革中，重要的是推进庭审实质化改革，树立人民法院裁判的权威性。"两高三部"颁发的《关于推进以审判为中心的刑事诉讼制度改革的意见》第 2 条要求，侦查机关、人民检察院应当按照裁判的要求和标准收集、固定、审查、运用证据，人民法院应当按照法定程序认定证据，依法作出裁判。但从上述人民法院对行政执法证据与刑事诉讼证据衔接的裁判现状来看，人民法院在特定证据问题上并未形成统一、合理的立场。从这一角度出发，在当前的司法实践状况下，人民法院的裁判并不能为检察机关、侦查机关提供统一、科学的收集、固定、审查、运用证据的要求和标准。在具体问题上的裁判立场多元、裁判逻辑混乱将有损人民法院裁判的权威性。

二、行政执法证据与刑事证据衔接的新阐释

对《刑事诉讼法》关于行政执法证据进入刑事诉讼使用规定的解读，必须考虑行政执法证据与刑事诉讼证据衔接的正当性问题。在这一问题上，学者都注意到了两种证据之间的差异，如取证主体不同、取证程序不同、证据种类不同、证据排除规则不同、取证的严格性程度不同等。[1]"行政法律规范对于行政执法程序的限制明显没有刑事法律规范对刑事诉讼程序的限制那么严格。"[2]在讨论其正当性时，主张所有能够证明案件事实的都是证据、符合"三性"的都可以作为证据使用的观点现在已经逐渐式微。有论者提出了要件说，如认为，在实质要件上，应当是不可再次取得、不可替代等；在程序要件上，取证应当合法并符合比例原则要求。[3]

　　本书将延续前文的基本立场，认为程序环境对证据的形成具有塑造作用，证据是一种法律程序产品，行政执法程序与刑事诉讼程序在程序环境上具有较大差异，尤其是言词证据的形成受到程序环境的影响更大，如取证主体的素质、取证环境、取证中的程序权利等。有学者指出："行政执法人员数量庞大，包括大量受委托执法的人员（含受委托执法机构中的工作人员和行政机关中不具有行政执法资格的受委托执法人员），思想和业务素质参差不齐。"[4]而取证人员的素质直接影响到证据的质量。以笔者掌握的数据为例，在某县政府工作部门行政执法人员中，具有法律背景和法律知识的执法人员占比不足十分之一，并且均未通过国家司法考试。在这一背景下，法律知识的欠缺尤其是刑事法律知识的欠缺，严重影响到了行政执法证据收集的质量。也有学者从人员素质的角度论证，特别执法主体可以被视为包括在 2012 年《刑事诉讼法》第 52 条第 2 款中的"行政机关"内，如"鉴于纪委作为党的纪律检查机关，在我国查办职务犯罪案件中发挥着特殊的作用。而且纪委办案人员素质普遍都较高，办案程序也比较规范，他们与监察部门合署办案过程中收集的证据材料，应当适用刑事诉讼法第 52 条第 2 款规定，从而加强国家预防和打击职务犯罪的力度，提高诉讼效率"。[5]因此，行政执法言词证据原则上不应当直接在刑事诉讼中使用，应当由侦查机关在立案后重新取证，其例外情形应当被严格限制。物证、书证、视听资料和电子数据受到取证主体等的影响较小、不能重复收集，可以在刑事诉讼中直接使用。[6]

　　除了行政执法言词证据，行政执法证据与刑事诉讼证据衔接还遇到了新类

---

〔1〕　参见陈卫东：《知识产权犯罪案件查处中的证据运用与审查判断》，载《人民检察》2011 年第11 期。

〔2〕　王超：《排除非法证据的乌托邦》，法律出版社 2014 年版，第 146 页。

〔3〕　参见程龙：《行政证据在刑事诉讼中使用问题研究》，法律出版社 2018 年版，第 154 页。

〔4〕　龙宗智：《进步及其局限——由证据制度调整的观察》，载《政法论坛》2012 年第 5 期。

〔5〕　兰跃军：《2012 年刑事诉讼法"总则"部分修改若干争议问题述评》，载《上大法律评论》2013 年第 1 期。

〔6〕　参见张军、姜伟、田文昌：《刑事诉讼：控·辩·审三人谈》，法律出版社 2001 年版，第 126 页。

型证据问题,《环境保护行政执法与刑事司法衔接工作办法》第 20 条中还规定了监测报告、检验报告、认定意见的使用。[1]该办法第 22 条规定了"组织专家研判等得出认定意见"。2023 年《最高人民法院、最高人民检察院关于办理环境污染刑事案件适用法律若干问题的解释》第 14 条规定:"环境保护主管部门及其所属监测机构在行政执法过程中收集的监测数据,在刑事诉讼中可以作为证据使用。公安机关单独或者会同环境保护主管部门,提取污染物样品进行检测获取的数据,在刑事诉讼中可以作为证据使用。"从刑事诉讼证据角度出发,监测报告、检验报告、专业认定意见等因主体不具备司法鉴定资格,明显不属于司法鉴定意见,更不宜直接将其归入书证的范围。行政执法证据与刑事诉讼证据种类上的差异也是两法证据衔接面临的一个重要问题。检验报告与监测报告的形成机理不同,因此其审查规则也不同。就监测报告而言,监测主体、监测地点、监测仪器等都会影响到监测数据的准确性,在这一方面,针对监测仪器出台国家标准并由特定厂家指定生产具有重要意义。而检验报告属于行政鉴定中的一种,涉及检验检测机构及其资质、项目等。[2]在各种法律文件中,"检验结论""检验意见""检验报告"等都在同一意义上使用。以下将其归入专业意见之中进行讨论。

关于专业意见,在刑事诉讼的框架下,司法鉴定专家实行准入制,在依法接受公安司法机关委托后,鉴定专家依照一定要求出具鉴定意见,该意见是法定的证据种类。在行政执法过程也存在不同类型的专业意见,这些专业意见在生成机制、发挥证明作用的方式等方面都有所不同,在刑事诉讼中的使用应当有所区别。具体言之:

(1)行政鉴定意见,即行政机关委托具有一定资质机构中的有专门知识的人对专门性事项发表的意见。例如,不具备司法鉴定资格的资产评估机构、房地产评估机构出具的资产评估报告、土地面积的评估报告等。有学者还进一步将行政鉴定意见分为了两种:[3]一是行政机关委托其内设机构或国家设立的检

---

[1] 第 20 条规定,"环保部门在行政执法和查办案件过程中依法收集制作的物证、书证、视听资料、电子数据、监测报告、检验报告、认定意见、鉴定意见、勘验笔录、检查笔录等证据材料,在刑事诉讼中可以作为证据使用"。

[2] 例如,"两高"等出台的《食品药品行政执法与刑事司法衔接工作办法》第 19 条规定,"公安机关、人民检察院、人民法院办理危害食品药品安全犯罪案件,商请食品药品监管部门提供检验结论、认定意见协助的,食品药品监管部门应当按照公安机关、人民检察院、人民法院刑事案件办理的法定时限要求积极协助,及时提供检验结论、认定意见,并承担相关费用"。

[3] 参见邵俊武:《论行政鉴定及其司法审查》,载《证据学论坛》2010 年第 0 期。

验、检测中心出具的鉴定意见，如交通肇事案件中的检验报告、海关缉私部门鉴定出具的检验报告、毒品检验中心出具的检验报告、质量监督部门出具的检验报告等；二是行政机关委托社会上的公司、其他机构出具的鉴定意见。从学理上讲，这些公司或者机构不一定具有司法鉴定的资格，但却接受了行政机关委托对专门性问题进行分析并作出了专业意见，这些公司、机构与国家机关内设的检验部门或者国家设立的专门的检测机构等是不同的：一是前者的鉴定能力建设（如实验室、人员、鉴定经验等）等方面都与后者有较大不同；二是前者的中立性等方面也与后者有所不同。因此，前者作出的检验报告、鉴定意见也应当与后者作出的检验报告、鉴定意见有所区分。一些案件中就存在着在行政执法阶段委托社会机构进行检验或鉴定的情形。由于司法鉴定范围较为有限，在很多案件中，人民法院也必须对行政执法阶段委托社会机构形成的检验意见或鉴定意见进行审查，以决定是否作为定案依据。

2012 年《人民检察院刑事诉讼规则（试行）》第 64 条、2012 年《公安机关办理刑事案件程序规定》第 60 条，都将鉴定意见纳入直接进入刑事诉讼中的证据种类范围。行政领域鉴定较多，且在鉴定主体、鉴定方法、鉴定过程、质量控制等方面都不如司法鉴定严格，因此，需要解决的问题包括两个：第一，行政鉴定与司法鉴定如何协调，在行政执法阶段作出的鉴定意见能否直接进入刑事诉讼中使用。本书认为应当根据司法解释的规定区别对待，进一步分析见下一章的讨论。第二，人民法院如何对行政鉴定进行审查判断，在具体规则上，可以借鉴 2012 年《最高人民法院关于适用〈中华人民共和国刑事诉讼法〉的解释》第 84 条的规定，主要审查的内容包括：鉴定机构和鉴定人是否具有法定资质、鉴定人应否回避、检材来源是否清晰、保管是否完整、鉴定要求是否完备、鉴定结果是否明确、鉴定方法是否科学、鉴定程序是否合法、鉴定意见是否告知当事人等。一些法律文件中，对于检验标准、文书格式等也作了细致规定，可以作为参照。相关立法例可参见"两高"等《食品药品行政执法与刑事司法衔接工作办法》第 24 条的规定。[1]

（2）行政认定意见，按照学者的分析，"所谓行政认定，是指行政机关在

---

[1]　第 24 条规定："根据食品药品监管部门或者公安机关、人民检察院的委托，对尚未建立食品安全标准检验方法的，相关检验检测机构可以采用非食品安全标准等规定的检验项目和检验方法对涉案食品进行检验，检验结果可以作为定罪量刑的参考。通过上述办法仍不能得出明确结论的，根据公安机关、人民检察院的委托，地市级以上的食品药品监管部门可以组织专家对涉案食品进行评估认定，该评估认定意见可作为定罪量刑的参考。对药品的检验检测按照《中华人民共和国药品管理法》及其实施条例等有关规定执行。对医疗器械的检测按照《医疗器械监督管理条例》有关规定执行。"

行政执法过程中，对案件事实、性质、程度、法律关系等进行的确认"。[1]行政鉴定意见与行政认定意见的区别在于，前者是一定鉴定或检测机构作出的，而后者是行政机关及其工作人员（不具备鉴定或检验检测资质的人员）作出的。例如，《最高人民法院、最高人民检察院、公安部、中国证券监督管理委员会关于整治非法证券活动有关问题的通知》第 2 条第 4 项规定，非法证券活动是否涉嫌犯罪，由公安机关、司法机关认定。公安机关、司法机关认为需要有关行政主管机关进行性质认定的，行政主管机关应当出具认定意见。[2]

因此，行政认定意见与行政鉴定有所不同，前者是行政机关依据专业知识对相关专业性问题作出的一个判断，在一般情形下，公安司法机关应当尊重行政机关的判断，但也应当积极进行审查。在具体司法实践中要克服两种不利倾向：一是将行政认定作为办案前置程序，没有行政认定不予立案；二是过分迷信行政认定，对行政认定不加审查。[3]在这一方面，2011 年《最高人民法院关于非法集资刑事案件性质认定问题的通知》规定，"行政部门对于非法集资的性质认定，不是非法集资案件进入刑事程序的必经程序。行政部门未对非法集资作出性质认定的，不影响非法集资刑事案件的审判"。2014 年《最高人民法院、最高人民检察院、公安部关于办理非法集资刑事案件适用法律若干问题的意见》中也作了类似规定。[4]因此，人民法院在审判中既要重视行政认定的重要作用，又要依法对其进行审查，才是正确立场。

（3）专家证人的意见，即行政机关委托或者组织具有一定专业知识的人对专门性问题作出的意见。在证券类行政诉讼案件中，最高人民法院在《关于审理证券行政处罚案件证据若干问题的座谈会纪要》中规定："……对被诉行政处罚决定涉及的专门性问题，当事人可以向人民法院提供其聘请的专业机构、特

---

〔1〕 王春丽：《行政执法与刑事司法衔接研究——以医疗两法衔接为视角》，上海社会科学院出版社 2013 年版，第 93 页。

〔2〕《国家工商行政管理总局、公安部、最高人民检察院关于加强工商行政执法与刑事司法衔接配合工作若干问题的意见》第 8 条中规定："公安机关在办理案件过程中……对于重大、复杂、疑难的专业问题，需要向国家工商总局有关部门咨询的，各地公安机关应当通过公安部主管业务局向国家工商总局有关部门进行咨询，国家工商总局有关部门应当积极协助、及时反馈。"

〔3〕 参见罗翔：《论行政权对司法权的侵蚀——以刑事司法中行政鉴定的乱象为切入》，载《行政法学研究》2018 年第 1 期。

〔4〕 "行政部门对于非法集资的性质认定，不是非法集资刑事案件进入刑事诉讼程序的必经程序。行政部门未对非法集资作出性质认定的，不影响非法集资刑事案件的侦查、起诉和审判。公安机关、人民检察院、人民法院应当依法认定案件事实的性质，对于案情复杂、性质认定疑难的案件，可参考有关部门的认定意见，根据案件事实和法律规定作出性质认定。"

定行业专家出具的统计分析意见和规则解释意见；人民法院认为有必要的，也可以聘请相关专业机构、专家出具意见。"因此，在行政执法中也存在专家证人的意见。例如，在办理危害食品安全犯罪案件中，对于"有毒、有害非食品原料"等，如果司法机关在个案中难以确定，"司法机关可以根据检验报告并结合专家意见等相关材料进行认定。必要时，法院可以依法通知有关专家出庭作出说明"。[1]在司法实践中，专家意见既可能涉及事实问题，也可能涉及法律问题。如前文论及的在重大责任事故案件，行政机关都会组织不同领域的专家对事故的基本情况、事故发生经过和应急处置情况、责任划分等作出认定，出具关于某某事故的调查报告。[2]一些法院秉承的做法是，直接认可调查报告中的责任认定和划分，而不考虑调查报告的作出主体、作出过程、使用的方法等，辩护方即使提出辩护意见，也很难被法院采纳。

对于专业意见的运用，2021年《最高人民法院关于适用〈中华人民共和国刑事诉讼法〉的解释》作了回应，其中第100条第1款规定："因无鉴定机构，或者根据法律、司法解释的规定，指派、聘请有专门知识的人就案件的专门性问题出具的报告，可以作为证据使用。"第101条规定："有关部门对事故进行调查形成的报告，在刑事诉讼中可以作为证据使用；报告中涉及专门性问题的意见，经法庭查证属实，且调查程序符合法律、有关规定的，可以作为定案的根据。"上述规定对于促进鉴定意见之外的专业意见的运用具有重要意义。

本书认为，将专业意见界定为书证是存在问题的，其性质应当属于专家证人的证言，其发挥证明作用的机制是专业人士通过参与或者观察对相关事实或法律事项提供的一种意见，不应当将其作为书证对待，更不能认为调查报告的可靠性等不得争议。因此，不宜将这种专家意见作为书证对待，其在学理上应当属于英美法上的专家证人证言或意见。相关意见在公安司法机关办案过程中发生争议的，专家应当出庭作证提供证言。

综上，本章认为，刑事诉讼法及其司法解释、公安部部门规章和一些法律文件对于刑事诉讼中行政执法证据运用问题规定得不明确，是司法实践中人民法院裁判立场不一的重要原因。通过对相关判决的分析，我们发现，不同地区、不同层级法院在行政执法证据取证主体、行政执法证据进入刑事诉讼的范围、

---

[1]　韩耀元：《办理食品安全案件司法解释起草的背景及原则》，载《检察日报》2013年7月3日，第3版。

[2]　使用重大事故调查报告的一个法律依据是《最高人民法院关于进一步加强危害生产安全刑事案件审判工作的意见》。

刑事诉讼中行政执法证据的审查依据等方面存在不同认识，部分裁判者在相关裁判事项上有一定的随意性，这造成了法律适用上的不统一，损害了刑事司法公正，也损害了人民法院裁判的权威性。因此，有必要从学理上对 2018 年修正后的《刑事诉讼法》第 54 条第 2 款的规定进行法解释学分析，同时，裁判者在裁判中也应当严格按照这一款的规定作出判决，不得对相关用语进行随意解释。

第七章

刑事诉讼法中行政执法证据运用的改进思路[1]
——《刑事诉讼法》第 54 条第 2 款的解释论

本章概要 在前几章的内容里，我们讨论了刑事诉讼中行政执法证据运用的基本理论、比较法经验、书面言词证据和实物证据的运用、执法主体双重职权下的行政执法证据运用等问题，并对这一问题进行了实证分析。在上述讨论的基础上，这一章提出了刑事诉讼中行政执法证据运用的改进思路，即回到对《刑事诉讼法》第 54 条第 2 款的解释论，以期促进刑事诉讼法学研究从"立法研究"到"司法适用"学术转型，促进刑事司法从"机械司法"到"公正司法"的制度发展。

这一章指出，行政执法证据可以直接进入刑事诉讼中使用，这将打破刑事诉讼中控辩双方既有的平衡，使犯罪嫌疑人、被告人在刑事程序中处于不利地位，因此，对这一条款应当从严解释。应当在"尊重和保障人权"的修法精神与畅通行刑衔接的规范目的下，通过学理分析阐明这一条款中包含的不确定法律概念的内涵。根据《刑事诉讼法》第 54 条第 2 款的规定，立法者从三个方面对于可能进入刑事诉讼中的行政执法证据进行了限定，即行为的主体必须是"行政机关"、行为的场域必须是在"行政执法和查办案件过程中"、行为的方式必须是"收集"。行政执法实物证据进入刑事诉讼中适用需要以辨认和鉴真为前提，行政执法言词证据的适用应当确立有限使用规则。在以审判为中心的背景下，人民法院对行政执法证据的审查具有最终性，应当通过"分段式审查"模式进行，包括依据行政法和刑事诉讼法的双重审查。

我国刑事诉讼中行政执法证据运用的改进思路，应当回到对 2018 年《刑事诉讼法》第 54 条第 2 款的解释论。2012 年《刑事诉讼法》第 52 条第 2 款规定："行政机关在行政执法和查办案件过程中收集的物证、书证、视听资料、电

---

[1] 本章主要内容作为项目中期成果，发表在《法学论坛》2019 年第 2 期。

子数据等证据材料，在刑事诉讼中可以作为证据使用。"这一条款在 2018 年《刑事诉讼法》修正时序号调整为第 54 条第 2 款，其中包括了诸多不确定的法律概念，如"行政机关""行政执法和查办案件中""等证据材料""可以作为证据使用"等。对于上述不确定法律概念，实务部门在司法解释、部门规章中进行了解释，如针对"等证据材料"，2019 年最高人民检察院《人民检察院刑事诉讼规则》第 64 条规定，作为言词证据之一的"鉴定意见"可以直接进入刑事诉讼中使用。《公安机关办理刑事案件程序规定》（2020 年修正）第 63 条也规定，"鉴定意见"可以直接进入刑事诉讼中使用。学术界对于上述不确定法律概念以及这一条款的内容也作了不同解读。其主要争议包括三个方面：一是对行政执法证据是否有所限定？二是哪些种类的行政执法证据可以直接进入刑事诉讼？三是如何对进入刑事诉讼中的行政执法证据进行有效审查？本书将结合 2012 年《刑事诉讼法》的修法精神，在关照本条文规范目的的基础上，对上述不确定法律概念进行解释，以促进这一条款的有效适用，促进我国刑事诉讼中行政执法证据运用的制度完善。

第一节　"尊重和保障人权"下的严格解释

我国 2012 年《刑事诉讼法》修正的重要背景是，随着我国社会经济的发展，1996 年《刑事诉讼法》的部分内容已经不适应司法实践的要求，据此应作出相应调整。在这次修法中，将我国《宪法》第 33 条第 3 款中"国家尊重和保障人权"的宪法原则写入《刑事诉讼法》第 2 条立法任务中，体现了刑事诉讼法从单纯强调惩罚犯罪到惩罚犯罪与保障人权并重的目的转向。"尊重和保障人权"成为本次修法的最重要的立法精神，"刑事诉讼法在程序设置和具体规定中都贯彻了这一宪法原则，在这次修改中也充分贯彻了这一原则"。[1]在惩罚犯罪与保障人权的关系上，传统观点多认为，通过刑事司法程序惩罚犯罪之后就保障了一般公民的合法利益，[2]这种观点是对刑事诉讼人权保障目的的简单化、片面化理解。从国际刑事司法准则角度观察，"尊重和保障人权"在刑

---

〔1〕 王尚新：《〈中华人民共和国刑事诉讼法〉修改要点导读》，载全国人大常委会法制工作委员会刑法室编：《刑事诉讼法修改前后条文对照表》，人民法院出版社 2012 年版，第 1 页。

〔2〕 对传统观点的归纳与批评，参见熊秋红：《修改刑诉法要以保障人权为核心》，载《法制日报》2005 年 12 月 21 日。

事诉讼中有三重含义：[1]首先也是最重要的是，确保无辜者不被错误定罪的权利；其次是确保被追诉人受到公正审判的权利，即要保障其各项诉讼权利的充分行使；最后才是通过公正地惩罚犯罪、罚当其罪，回应刑事被害人及其近亲属的救济补偿等精神诉求和经济诉求，使被犯罪破坏的社会关系重新回归平和。[2]因此，对我国《刑事诉讼法》相关条文的解释必须在这一精神下进行，尤其是对于不利于被追诉人的法律解释必须从严进行。

　　从一个完善的立法过程来看，其是一个"目的—原则—制度—规则"逐渐细化的过程。具体言之，在我国 2012 年《刑事诉讼法》修正中，"尊重和保障人权"是重要的立法精神、立法目的，为了体现这一精神，立法上设置了若干刑事诉讼基本原则；为了落实这些基本原则，在《刑事诉讼法》上规定了若干制度；而这些制度则是由一个个具体的法律规则构成的。因此，对于一个法律条款的解释，应当在关照立法精神的基础上确定其规范目的，然后阐释法律条文中不确定法律概念的应有内涵。从历史的角度观察，在我国长期的司法实践中，行政执法与刑事司法衔接不畅导致了"三多、三少"[3]的局面，"涉嫌犯罪不移送""以罚代刑"的现象多有发生。"两法衔接"不畅除了衔接主体、衔接程序方面存在问题，最大的问题在于证据衔接不畅。因此，2018 年《刑事诉讼法》第 54 条第 2 款的最重要目的是，促进行政执法证据与刑事诉讼证据的衔接，通过明确"行政机关在行政执法和查办案件过程中收集的物证、书证、视听资料、电子数据等证据材料，在刑事诉讼中可以作为证据使用"来强化两法衔接。但这一规范目的的实现必须在"尊重和保障人权"的立法精神下进行。综上，这一条文的规范目的是，在贯彻"尊重和保障人权"之立法精神的基础上，实现行政执法证据与刑事诉讼证据的有效衔接。由于两法衔接的特殊背景，可能进入刑事诉讼中的行政执法证据绝大多数属于不利于被告人的证据，如果对于这一条文的内容作从宽解释，无疑将加重"无辜者被错误定罪"的风险，也会影响到被追诉方诉讼权利的行使。

---

　　[1]　类似主张参见陈光中主编：《刑事诉讼法》，北京大学出版社、高等教育出版社 2013 年版，第 12 页。

　　[2]　参见［德］托马斯·魏根特：《刑事诉讼关涉真实吗？一个德国的视角》，冯俊伟译，载《中国刑事法杂志》2011 年第 7 期。

　　[3]　具体是指，行政执法机关较多，移送涉嫌犯罪案件的机关较少；行政执法机关查处的行政违法案件较多，移送涉嫌犯罪的案件较少；移送的涉嫌犯罪的案件（相对）较多，最终追究刑事责任的案件较少。

第二节　行政执法证据的"三重限定"

拉伦茨教授指出，"文字的解释都始于字义。字义是指一种表达方式的意义，以普通语言用法构成之语词组合的意义，或者，依特殊语言用法组成之语句的意义"。[1]从 2018 年《刑事诉讼法》第 54 条第 2 款的语法结构来看，立法者从三个方面对可能进入刑事诉讼中的行政执法证据进行了限定，即行为的主体必须是"行政机关"、行为的场域必须是在"行政执法和查办案件过程中"、行为的方式必须是"收集"。上述法律概念内涵的确定是解决"对行政执法证据是否有所限定"这一问题的重要前提，遗憾的是，立法者、学者并未对这些法律概念作出适当的厘定，司法解释中的规定也值得商榷。

一、"行政机关"的外延

2018 年《刑事诉讼法》第 54 条第 2 款前半段对行为主体的限定是"行政机关"。在最高人民法院、最高人民检察院的司法解释中，都将"行政机关"视为一个内涵清晰的法律概念，同时将法律、法规授权的组织纳入了"行政机关"的范围。本书认为，对于何谓"行政机关"的理解不应当脱离我国行政法学对这一概念的基本诠释。其重要理由在于，不同部门法上对概念的使用应当保持基本一致。[2]在行政法上，"行政机关"从狭义而言，仅指国家行政机关，包括中央行政机关和地方各级行政机关；从广义而言，还包括法律、法规、规章授权行使行政职权的行政机关内设机构、派出机构和其他组织。[3]这一观点的重要依据是，2000 年《最高人民法院关于执行〈中华人民共和国行政诉讼法〉若干问题的解释》第 20 条第 3 款的规定。[4]由于行政法上已经承认了这些机构、组织的被告资格，因此，这些机关、机构也应当属于广义的行政机关。[5]

对于本条中的行政机关，2021 年《最高人民法院关于适用〈中华人民共和国刑事诉讼法〉的解释》第 75 条中规定："根据法律、行政法规规定行使国家

---

〔1〕 ［德］卡尔·拉伦茨：《法学方法论》，陈爱娥译，商务印书馆 2003 年版，第 200 页。

〔2〕 参见柳砚涛、刘海霞：《论依法行政之"法"的跨部门性》，载《山东大学学报（哲学社会科学版）》2015 年第 5 期。

〔3〕 参见王金勇：《执法办案的行政机关如何界定》，载《检察日报》2013 年 2 月 20 日，第 3 版。

〔4〕 "法律、法规或者规章授权行使行政职权的行政机关内设机构、派出机构或者其他组织，超出法定授权范围实施行政行为，当事人不服提起诉讼的，应当以实施该行为的机构或者组织为被告。"

〔5〕 参见王金勇：《执法办案的行政机关如何界定》，载《检察日报》2013 年 2 月 20 日，第 3 版。

行政管理职权的组织，在行政执法和查办案件过程中收集的证据材料，视为行政机关收集的证据材料。"最高人民检察院在 2012 年《人民检察院刑事诉讼规则（试行）》中则直接规定："根据法律、法规赋予的职责查处行政违法、违纪案件的组织属于本条规定的行政机关。"本书认为，我国行政法上已经明确区分了行政机关和法律、法规授权的组织，刑事诉讼立法应当尊重这一基本概念，据此，最高人民检察院司法解释中的规定并不符合法理，而最高人民法院的司法解释在立法技术上更为可取。

除了从静态角度对"行政机关"进行解读，由于行政法上存在行政授权、行政委托、行政协助等事项，我们还需要从动态角度讨论以下情形：

（1）行政授权。行政授权是指通过法律或法规将一定的行政权授予下级行政机关或其他组织行使，如事业单位、社会组织和企业等。例如，根据法律、法规和国务院的授权，中国证监会统一监督管理全国证券期货市场，维护证券期货市场秩序。证监会在上述事项范围内属于行使行政管理职能，也应当属于这一条文中的"行政机关"。

（2）行政委托。行政委托是指行政主体在其职权范围内，将某项或某一方面管理权委托其他机关、组织或个人行使的活动。通过行政委托获得的证据可在刑事诉讼中使用，有域外立法例可以参照，《希腊刑事诉讼法》第 261 条规定，公务员和被委托履行行政职责的主体，有义务向司法机关提交他们因公务在职责范围内获得而保存的文书，包括文书的原件。[1]因此，行政委托符合法律规定，接受委托的机关也属于本条中的"行政机关"。[2]但需要注意的是，2021 年《最高人民法院关于适用〈中华人民共和国刑事诉讼法〉的解释》颁发后，制定相关司法解释的参与者指出："实践中行政主体还包括受行政机关委托代表行政机关行使职权的组织，这些组织不属于《刑事诉讼法》第五十四条规定的'行政机关'，其在行政执法和查办案件过程中收集的有关证据材料，不能视为行政机关收集的证据材料。"[3]从这一立场出发，可以明确的是，接受行政机关委托的组织不属于本条中的行政机关。

（3）行政协助。行政协助是指行政机关为了完成一定的行政执法行为，请

---

〔1〕　See M. Delmas-Marty, J. A. E. Vervaele（eds.）, The Implementation of the Corpus Juris in the Member States, Penal Provisions for the Protection of European Finances, Volume 4, Intersentia, 2001, p. 320.

〔2〕　参见谢登科：《论行政执法证据在刑事诉讼中的使用——基于典型案例的实证分析》，载《华东政法大学学报》2016 年第 4 期。

〔3〕　喻海松：《刑事诉讼法修改与司法适用疑难解析》，北京大学出版社 2021 年版，第 136 页。

求其他行政机关进行协助的活动，《湖南省行政程序规定》第 17 条规定了行政协助的具体情形。有学者将其总结为行政执法技术、职能衔接、地域管辖和突发事件四种情形。[1]在行政法理论和实践中，依法提供行政协助的行政机关所获得的证据可以作为行政执法证据，其也应当属于这一条文中的"行政机关"。

（4）联合执法。从我国相关立法上看，并不存在对联合执法的统一概念，其属于常见的执法方式之一。主要包括两个类型：一是不同行政机关组成的联合执法；二是行政机关和刑事侦查机关组成的联合执法。虽然这些联合执法存在着权力边界模糊、权力借用等问题，但在符合法律规定的情形下，联合执法中的行政机关也应当属于这一条文中的"行政机关"。[2]这在生产销售假药、污染环境、生产销售有毒有害食品、非法行医案件中已经为法院所认可。[3]

综上，这一条文中的"行政机关"不仅包括广义的行政机关，还包括法律法规授权的组织、依法接受行政委托的机关、接受行政协助任务的机关或组织、联合执法中的行政机关等；但是，党的纪律检查部门并不属于本条文中所说的"行政机关"[4]。从规范目的来看，这一条文是为了促进行政执法和刑事司法的证据衔接。笔者认为，为了实现上述规范目的，这里的行政机关应当从广义上进行理解。

二、"在行政执法和查办案件中"的理解

行为的场域是"在行政执法和查办案件过程中"，这里就牵涉对"行政执法"与"查办案件"之间关系的认识。从立法过程来看，2011 年刑事诉讼法修正案草案稿中，仅规定"在行政执法中"，二稿中则修改为"在行政执法和查办案件过程中"。从行政法角度一般理解来看，广义的行政执法也包括了行政机关查办案件，如查处行政违法案件、查处行政违纪案件等。对于这一变化，参与 2011 年刑事诉讼法修正案草案讨论的学者解释到，当时一稿出台后，有论者

---

〔1〕 参见关保英：《论行政执法中的行政协助》，载《江淮论坛》2014 年第 2 期。

〔2〕 进一步分析可参见冯俊伟：《行政执法证据进入刑事诉讼的类型分析——基于比较法的视角》，载《比较法研究》2014 年第 2 期。

〔3〕 参见"付某非法行医案"，宁波市江北区人民法院（2015）甬北刑初字第 180 号刑事判决书；"邱某某等销售假冒注册商标的商品案"，广东省广州市中级人民法院（2010）穗中法刑二知终字第 4 号刑事裁定书。

〔4〕 有的判决认为纪委也属于本条文中的"行政机关"，参见"苏某某受贿案"，浙江省瑞安市人民法院（2014）温瑞刑初字第 2252 号刑事判决书。

提出，立法上应当将监察机关在查办相关案件中的证据容纳其中，以解决相关证据衔接不畅的问题。在这一要求提出后，二审稿中新增了"和查办案件过程中"，从这一背景来看，这一新增表述主要是为了满足监察机关的办案证据与刑事诉讼证据衔接的需要。[1]但是，上述解释并不符合行政法学上对"行政执法"的一般理解，在行政法领域，行政执法本身就包含了查办案件、查处违法等活动。本书认为，这一句中的"行政执法"与"查办案件"属于包含关系，"查办案件"属于"行政执法"的一个方面。这涉及如何理解"行政执法"这一范畴。

在行政法理论中，行政执法应当依据一定的行政程序进行，对行政程序的解读有助于促进对行政执法概念的厘清。"惟行政程序有广狭两义，广义的行政程序包括处分程序、执行程序、争讼程序"，"狭义的行政程序，仅指处分程序"。[2]姜明安教授则从三个意义上描述了行政执法："其一，为说明现代行政的性质和功能而使用'行政执法'"；"其二，为区别行政的不同内容而使用'行政执法'"；"其三，作为行政行为的一种特定方式而使用'行政执法'"。[3]从上述表述可以总结到，广义的行政程序分为立法、司法、处分程序，包括行政立法程序、行政司法程序（如行政复议程序）和行政处分程序；狭义的行政程序仅指处分程序，即行政机关作出对公民的权益产生影响之行为的程序。

根据上述论述，本书认为，对"行政执法"的理解，应当从以下几个方面进行：一是从狭义行政程序来理解，行政立法程序和行政司法程序中的行为不属于"行政执法"，如果在上述过程中获得证据，可以依据 2018 年《刑事诉讼法》第 54 条第 1 款来进行"调取"，但不属于本条款的适用范围。行政执法只能存在于行政机关的外部处分（如对行政相对人的处罚）和内部处分程序中。二是从可能移送的案件类型上来限定。在比较法上，行政机关移送给刑事司法机关的案件分为三种：[4]第一种是根据行政法上的协助义务，行政相对人未提供相关信息而应受刑罚；第二种是在授益性行政行为中，行政相对人提供虚假信息可能触犯刑法；第三种是行政机关在行政调查中发现与行政事项相关的案

---

〔1〕　参见谢文英：《行政执法与刑事司法"证据"实现对接》，载《检察日报》2012 年 5 月 14 日，第 6 版。

〔2〕　洪文玲：《行政证据法则之研究》，载《二十一世纪公法的新课题——城仲模教授古稀祝寿论文集Ⅱ 行政法总论篇》，法治暨政策研究基金会 2008 年版，第 340 页。

〔3〕　姜明安：《论行政执法》，载《行政法学研究》2003 年第 4 期。

〔4〕　See Oswald Jansen, Philip M. Langbroek ed., Defence Rights During Administrative Investigations, Intersentia, 2007, p. 379.

件涉嫌犯罪，而将之移送给刑事司法机关。因为我国行政立法中不存在因行政相对人违反协助义务、未提供相关信息而追究刑事责任的情形，所以这里所说的"行政执法案件"应当仅指后两种情形。三是从行政机关的执法权限来看，行政执法需要以行政执法权的享有为前提，本书认为，在行政机关执法权的确定上，我国政府正在推行的行政机关权力清单制度无疑提供了一个较好的解决方式。四是从行政执法者的主体资格来理解，我国实践中对于行政执法主体都要求通过全省统一的行政执法资格考试，获得执法资格证后才可以进行行政执法。[1]未获得行政执法资格证的人员则不得进行行政执法。五是行政执法应当依据行政法上规定的程序进行。因此，只有同时满足上述五个方面的要求，才属于本条款中规定的"行政执法"。需要说明的是，违反上述四、五的要求属于"违法行政（执法）"，但并不直接带来证据排除的法律后果，"违反法定程序"所获的证据是否排除，需要参酌其他因素。

三、"收集"而非"制作"

在立法上，不同语词的使用在法律条文中的含义有所不同，这一问题也具有重要意义。根据学者的分析，"所谓证据'收集'，指的是取证，即如何取得证据"[2]，进一步言之，是指取得业已存在的证据。而"制作"（或"形成"）证据，则是指相关主体在已掌握的证据材料的基础上"制作"而成的证据。[3]比较两者可知，两者最大的不同在于"收集"的证据是已经存在的证据，而"制作"的证据并非事先存在，而是相关主体经分析、归纳、综合之后形成的证据，如行政执法机关在执法后形成的执法报告或者出具的行政认定，如税务稽查报告、交通责任事故认定书等。2012 年修正后的《刑事诉讼法》中共有 28 处使用了"收集"一词，有的条文在狭义上使用"收集"一词，如 2012 年《刑事诉讼法》第 40 条规定，辩护人收集的有关犯罪嫌疑人不在犯罪现场、未达到刑事责任年龄、属于依法不负刑事责任的精神病人的证据，应当及时告知公安机关、人民检察院。有的条文则在广义上将"收集"与"制作"等同起来，如 2012 年《刑事诉讼法》第 54 条规定，采用刑讯逼供等非法方法收集的

犯罪嫌疑人、被告人供述和采用暴力、威胁等非法方法收集的证人证言、被害人陈述，应当予以排除。

"收集"和"制作"（或"形成"）的界分，对于行政执法过程中书证的移送尤其有意义。在我国证据法立法和理论上，对书证采取了一个宽泛的概念，"书证是指以文字、符号、图画等记载的内容和表达的思想来证明案件事实的书面文件和其他物品"。[1]在司法实践中，对于以书面方式呈现、又无法为其他证据种类所容纳的材料，最终都被归于书证之中，个别案件的案卷中存在着大量书证，这既不符合证据法的一般原理，也不符合公安司法机关的办案经验。所以在我国司法实践中，存在着书证泛化的情形。根据证据法的基本原理，书证一般形成在犯罪行为或违法行为发生前或发生中，主要包括各种书面的信件、文件、合同、记录等；除了个别情形（如犯罪嫌疑人自己写了日记），书证不可能在行为之后形成。书证还应当与书面报告（written reports）、书面陈述（written statement）相区分，为行政程序、刑事初审或审判所准备的各种报告、陈述都不属于书证的范畴。[2]在我国的司法现实下，需要防止两种情形的发生：一是防止行政执法机关将大量书面材料以书证的方式移送给公安司法机关，在一些案例中已经出现了行政执法机关提交"情况说明"的情形；[3]二是防止行政执法机关以提交相关书面材料的方式规避行政执法人员出庭作证，行政执法人员在执法中如果亲身感知了案件事实，或者以其他方式知道了案件事实，根据我国《刑事诉讼法》的规定，这时行政执法人员已经具备了证人的身份，应当以提供证言的方式来作证，[4]不得以某某案调查报告、情况说明等形式提交包含案件事实情况的书面材料。

另一个需要讨论的问题是，行政执法机关依法"制作"（或"形成"）的书面证据是否属于公文书证？根据证据法基本原理，相关书证属于公文书证必须满足三个条件：一是该文件必须由公务人员在其职务内（in course of their duty）制作；二是该文件具有公开的性质，[5]即该文件能够受到公开检阅，能

---

[1]　卞建林、谭世贵主编：《证据法学》，中国政法大学出版社 2010 年版，第 166 页。

[2]　See M. Delmas-Marty, J. A. E. Vervaele（eds.）, The Implementation of the Corpus Juris in the Member States, Penal Provisions for the Protection of European Finances, Volume 4, Intersentia, 2001, p. 289.

[3]　参见孟某某、周某某假冒注册商标、销售非法制造的注册商标标识案，洛阳高新技术产业开发区人民法院（2012）洛开刑初字第 18 号刑事判决书。

[4]　参见陈瑞华、杨茂宏：《论两种特殊证据的刑事证据资格》，载《人民检察》2014 年第 13 期。

[5]　但存在例外，如果相关内容涉及国家秘密、个人隐私、商业秘密的，不具有公开性也不影响这一文件作为证据使用。

够确定和改正其中的错误，以保障该文件内容的准确性；三是该文件必须由对文件中的事实具有个人知识（have personal knowledge of the facts）的公务人员签字。[1]如果行政执法机关制作形成的证据满足上述三个条件则当然可以进入刑事诉讼中使用，如行政认定书、行政处罚决定书等。对 2018 年《刑事诉讼法》第 54 条第 2 款中的"收集"作狭义解释是否阻碍这类证据使用？笔者认为，2018 年《刑事诉讼法》第 54 条第 1 款规定，人民法院、人民检察院和公安机关有权向有关单位和个人收集、调取证据，有关单位和个人应当如实提供证据。如果行政执法机关依法"制作"（或"形成"）的书面证据属于公文书证，可以通过这一规定进入刑事诉讼。

综上，《刑事诉讼法》第 54 条第 2 款中的"收集"一词应当作狭义理解，仅指行政执法机关在执法中收集的业已存在的证据，而不包括其形成或制作的证据。

第三节　行政执法证据进入刑事诉讼的范围

2012 年《刑事诉讼法》第 52 条第 2 款将可以进入刑事诉讼的行政执法证据表述为"物证、书证、视听资料、电子数据等证据材料"，而 2012 年《人民检察院刑事诉讼规则（试行）》、2020 年公安部《公安机关办理刑事案件程序规定》中又作出扩大解释。对于从理论上如何理解这一规定，如前文所述，学术界也存在不同观点：第一种观点认为，应当以物证、书证、视听资料、电子数据为限，这里的"等"字做煞尾使用；第二种观点认为，不仅包括物证、书证、视听资料、电子数据四类明确列举的证据种类，还包括其他实物证据；第三种观点认为，这个"等"字属于未完全列举，所有行政执法证据都可以直接进入刑事诉讼中使用。

从立法角度观察，这里的"等"字应当作煞尾使用，即原则上仅以物证、书证、视听资料、电子数据为限。其理由在于，2011 年刑事诉讼法修正案草案一稿中只规定了"物证、书证"，在草案二稿中扩大为"物证、书证、视听资料、电子数据"，如果"等"字是不完全列举，则在草案二稿中无须增加"视听资料、电子数据"两个证据种类。参与 2012 年刑事诉讼法修正的立法起草者也主张，可以直接进入刑事诉讼中的证据种类以物证、书证、视听资料、电子数

---

[1] See France Houle, Pitfalls in Relying on Common Law Rules of Evidence for Administrative Tribunals, in Robin Creyke, ed., Tribunals in the Common Law World, Federation Press, 2008, p. 116.

据为限。〔1〕2012 年最高人民法院的司法解释中也坚持了这一立场，〔2〕同时，最高人民法院还公布了 1 个涉及行政执法言词证据能否直接进入刑事诉讼的案例，该案例先刊登在 2013 年 8 月 15 日《人民法院报》〔3〕、后收录在《刑事审判参考》第 97 辑上〔4〕。在该案例中，法院讨论了"行政执法过程中收集的言词证据，是否可以直接作为刑事证据使用"这一问题，并阐明了基本立场：行政执法机关在执法中收集的言词证据不可以直接进入刑事诉讼中使用，必须在案件进入刑事诉讼程序后按照《刑事诉讼法》的规定重新收集、制作，在收集过程中应当重视对犯罪嫌疑人的诉讼权利保障。〔5〕本书认为，上述案例体现了最高人民法院对于行政执法言词证据（包括证人证言、相关人员的陈述笔录等）的审慎态度。在司法实践中，一些地方法院也坚持行政执法中收集的证人证言、违法嫌疑人陈述、被害人陈述等不可以作为刑事诉讼证据使用。〔6〕但是，从这一条款的规范目的出发，不应当不区分诉讼阶段、不区分使用目的、不考虑例外情形的禁止行政执法言词证据的使用。对这一条文的理解，应当区分实物证据、言词证据、现场笔录和鉴定意见。具体言之，应重视以下三个方面：

一、行政执法实物证据直接进入的前提

根据《刑事诉讼法》第 54 条第 2 款的规定，行政执法中收集的物证、书证、视听资料、电子数据可以进入刑事诉讼中使用。根据证据法的一般原理，在具体个案中，物证、书证、视听资料、电子数据需要先建立起与案件事实的关联性和可靠性，法官才会考虑其可采性或证据能力问题。〔7〕实物证据关联性

〔1〕 参见郎胜主编：《中华人民共和国刑事诉讼法修改与适用》，新华出版社 2012 年版，第 120 页。
〔2〕 参见《最高人民法院关于适用〈中华人民共和国刑事诉讼法〉的解释》第 65 条。
〔3〕 杜开林、陈伟：《行政执法中收集的言词证据不可直接作为刑事诉讼证据——江苏南通中院裁定维持王志余等容留卖淫罪抗诉案》，载《人民法院报》2013 年 8 月 15 日，第 6 版。
〔4〕 杜开林：《王志余、秦群英容留卖淫案［第 972 号］——行政执法过程中收集的言词证据，是否可以直接作为刑事证据使用以及重新收集的言词证据是否在程序上具有特殊要求》，载中华人民共和国最高人民法院刑事审判一至五庭主办：《刑事审判参考（总第 97 辑）》，法律出版社 2014 年版，第 97 页。
〔5〕 地方法院的判决也持同样立场，"上述人员的笔录属于言词证据，不属于法条中规定的可以直接作为证据使用的证据范畴，因此不能作为本案的证据使用"，参见"颜某某虚开增值税专用发票案"，吉林省白城市洮北区人民法院（2014）白洮刑初字第 59 号刑事判决书。
〔6〕 关于行政执法中收集的证人证言、违法嫌疑人陈述，参见"颜某某虚开增值税专用发票案"，吉林省白城市洮北区人民法院（2014）白洮刑初字第 59 号刑事判决书。关于行政执法中收集的被害人陈述，参见"崔某某盗窃案"，山东省安丘市人民法院（2014）安刑初字第 344 号刑事判决书。
〔7〕 参见吴巡龙：《境外取证之证据能力》，载《台湾法学杂志》2015 年总第 282 期。

和可靠性的判断除了需要借助逻辑和经验法则，主要通过辨认和鉴真制度进行。辨认是相关主体对人或物品的同一性进行确认的过程，我国《刑事诉讼法》和司法解释已经对辨认程序作了规定。对于鉴真而言，有论者指出："鉴真其实有两个相对独立的含义：一是证明法庭上出示、宣读、播放的某一实物证据，与举证方'所声称的那份实物证据'是一致的；二是证明法庭上所出示、宣读、播放的实物证据的内容，如实记录了实物证据的本来面目，反映了实物证据的真实情况。"[1]但也有论者指出，实物证据的鉴真是指载体的真实，是一种"形式上的关联性"，而非实物证据内容的真实，后者的判断要经过庭审由事实认定者作出认定。[2]从学理上看，实物证据的鉴真方法有两种：一是通过可辨识的特征来鉴真；二是通过证据保管链条完整来鉴真。[3]根据2010年"两高三部"《关于办理死刑案件审查判断证据若干问题的规定》第6条、第9条的规定，对于物证、书证的鉴真，应当审查物证、书证是否属于原物、原件，是否来源清晰，在收集、保管及鉴定中是否受到破坏或者改变等三个方面。2012年《最高人民法院关于适用〈中华人民共和国刑事诉讼法〉的司法解释》第69条、第73条也有类似规定。本书认为，虽然根据法律规定，行政执法实物证据可以进入刑事诉讼中使用，但是，在辩护方对相关实物证据的同一性、真实性提出异议时，行政执法机关收集的实物证据必须经过辨认和鉴真才可以作为刑事证据使用。在具体实践中，最为重要的方面是对行政执法中的物证、书证、视听资料和电子数据的原物、原件的要求，以及对上述证据的保管链条完整性的要求。2016年"两高三部"颁发的《关于推进以审判为中心的刑事诉讼制度改革的意见》中规定"所有证据应当妥善保管，随案移送"，这一规定对于我国证据保管制度的建立与完善具有重要意义。

二、行政执法言词证据的运用规则

这里所谓的行政执法言词证据是指相关人员的陈述与辩解、证人证言，虽然鉴定意见在性质上也属于言词证据，鉴于鉴定意见使用的特殊性，将在下一部分进行论述。行政执法言词证据能否直接进入刑事诉讼的问题，实质上是行

---

〔1〕 陈瑞华：《实物证据的鉴真问题》，载《法学研究》2011年第5期。

〔2〕 参见张保生主编：《证据法学》，中国政法大学出版社2009年版，第201-204页。参见［美］罗纳德·J.艾伦等：《证据法：文本、问题和案例》，张保生等译，满运龙校，高等教育出版社2006年版，第214-218页。

〔3〕 参见张保生主编：《证据法学》，中国政法大学出版社2009年版，第204页。

政执法主体收集的书面言词证据（证人证言笔录、被询问人陈述笔录等）能否直接进入刑事诉讼的问题。[1]如果相关陈述主体在刑事诉讼中愿意再次作出内容一致的陈述，就不存在行政执法言词证据进入刑事诉讼的问题了。

赞成者的理由在于，取证主体、取证程序的不同会影响言词证据的可靠性，但不应当据此将行政执法言词证据排除在刑事诉讼之外。[2]加之，司法实践中还存在证人失踪、出国或无法联系等情形。因此，应当允许行政执法机关收集的言词证据直接进入刑事诉讼。根据第三章的论述，行政机关收集的书面言词证据在刑事诉讼中使用，面临三个方面的挑战：一是刑事程序外能否形成刑事诉讼证据，按照大陆法的一般理论，在行政执法过程中，由于尚未启动刑事诉讼程序，并不存在刑事诉讼中的犯罪嫌疑人、被告人、证人和鉴定人，在主体地位无法形成的前提下，无从形成刑事诉讼法上认可的证据。[3]二是证据形成中难以提供必要的权利保障，在刑事诉讼法上，犯罪嫌疑人、被告人享有的诉讼权利较多，而行政执法中的权利保障程度较低。"由于刑事诉讼涉及法益重大，对于言词证据提供者的权利保障的力度也较行政执法和行政机关办案时大。"[4]三是书面言词证据的运用不符合直接言词原则、传闻证据排除规则的要求。正是在上述理论的背景下，最高人民法院在司法解释中规定，"物证、书证、视听资料、电子数据"可以直接进入刑事诉讼，将言词证据排除在外。最高人民法院还公布了一个刑事审判参考案例，重申公安机关等行政执法机关在执法中收集的言词证据不可以直接进入刑事诉讼使用，必须在案件经立案进入刑事诉讼程序后，由侦查机关按照刑事诉讼法的规定重新收集。[5]

本书认为，从畅通行刑衔接的规范目的出发，应当确立行政执法中收集的书面言词证据"有限使用"的原则。行政执法中收集的书面言词证据原则上不可以作为不利于被告人的实质证据使用，但是在例外情形下可以使用：（1）作为立案、采取强制措施的证据使用；（2）作为有利于被告的量刑证据使用；

〔1〕　参见冯俊伟：《行政执法证据进入刑事诉讼的范围限定——以书面言词证据为中心》，载《理论学刊》2015年第11期。

〔2〕　参见王进喜主编：《刑事证据法的新发展》，法律出版社2013年版，第113-114页。

〔3〕　参见林永翰：《前侦查行为——行政调查与刑事侦查之中间地带》，台湾政治大学法律学系2006年硕士学位论文，第117-119页。

〔4〕　郑曦：《行政机关收集的证据在刑事诉讼中的运用》，载《行政法学研究》2014年第3期。

〔5〕　杜开林：《王志余、秦群英容留卖淫案〔第972号〕——行政执法过程中收集的言词证据，是否可以直接作为刑事证据使用以及重新收集的言词证据是否在程序上具有特殊要求》，载中华人民共和国最高人民法院刑事审判一至五庭主办：《刑事审判参考（总第97集）》，法律出版社2014年版，第99-101页。

（3）作为弹劾证据使用；（4）为刷新证人、鉴定人记忆使用；（5）在证人、鉴定人死亡、丧失行为能力等情形下使用；（6）对方当事人恶意造成证人、鉴定人不能出庭的情形下使用；（7）对方同意的使用。[1]

三、现场笔录、鉴定意见的运用规则

在证据种类上，由于现场笔录是行政诉讼、行政执法中特有的证据种类，《刑事诉讼法》第 54 条及其司法解释中未对现场笔录如何在刑事诉讼中使用作出规定。学者指出，现场笔录是指"行政执法机关为行政目的，按照行政程序的要求，在现场对案件发生过程中的事实予以记载的证据种类"，其主要内容是"行政执法人员对自己耳闻目睹、检验、检查等案件事实的记载，包括听到的、看到的、摸到的、闻到的，或者用仪器检测到的等事实"。[2]从具体实践来看，现场笔录的内容里不仅可能包含被害人陈述、证人证言等内容，还可能包括其他内容。具体可以区分为四种类型：一是行政执法人员目睹了违法事实，如对于轻微违法行为进行当场处罚后形成的现场笔录；二是行政执法人员对于违法现场或物品进行勘验检查后形成的笔录，如现场勘验笔录、现场检查笔录；三是行政执法机关经过分析、辨别、实验等对于特殊事项的认定，如现场检验笔录、现场实验笔录等；四是通过录音录像形式对违法事实和物品等的记载。由于上述四种类型的现场笔录在发挥证明作用的方式上各不相同，因此，不宜简单地说行政执法中的现场笔录应否直接进入刑事诉讼中使用，而应当区别对待。针对第一种类型，如果是执法人员目睹了案件事实，当案件性质转为刑事案件时，行政执法人员已经成为刑事诉讼中的证人，这时应当以证人出庭的方式来证明其所感知的案件事实，而非仅仅提交当时的现场笔录。在比较法上的一个实例是，欧盟行政机构执法人员制作形成的执法报告（report）由于违反直接原则（大陆法系传统国家）或属于传闻证据（在英格兰、威尔士）不具有可采性，欧盟相关执法人员应当以出庭的方式就其感知的执法情况作证。[3]针对第二种类型，现场勘验、检查笔录的实质是为了证明案件中物证、书证的来源，如果为此目的，这些现场勘验、检查笔录可以直接进入刑事诉讼中使用。[4]针对

---

〔1〕 具体参见第三章的论述。

〔2〕 高家伟、张玉录：《论现场笔录》，载《证据学论坛》2003 年第 0 期。

〔3〕 See M. Delmas-Marty, J. A. E. Vervaele（eds.）, The Implementation of the Corpus Juris in the Member States, Penal Provisions for the Protection of European Finances, Volume 4, Intersentia, 2001, p. 308.

〔4〕 参见董坤、纵博：《论行政笔录在刑事诉讼中的使用》，载《苏州大学学报（哲学社会科学版）》2015 年第 4 期。

第三种类型，行政执法机关经过分析、辨别、实验等对于特殊事项认定后形成的现场检验笔录、现场实验笔录，包含了行政执法机关对专门性问题的判断，如通过现场实验笔录揭示了火灾发生的原因，这些笔录在证据法上一般被称为行政认定，在刑事诉讼中可以直接作为书证使用，由于行政机关在具体领域具有专门知识，司法机关一般情形下还应当尊重行政机关的判断。针对第四种情形，行政执法人员使用录音录像的方式对案件现场、案件事实等的录制，符合刑事诉讼法上视听资料、电子数据证据种类的内涵，应当直接作为视听资料、电子数据来使用。

在鉴定意见上，由于我国存在行政鉴定和司法鉴定两个不同的体系，因此行政执法中形成的鉴定意见能否直接进入刑事诉讼中使用，也应当区别对待：一是对某专门性问题仅存在行政鉴定方式或法律上认可的行政机构鉴定的，这时相关的行政鉴定意见可以直接进入刑事诉讼中使用。前者如对医疗事故的技术鉴定、交通事故责任认定、价格认定等；后者如《最高人民法院、最高人民检察院关于办理环境污染刑事案件适用法律若干问题的解释》中规定，对案件所涉的环境污染专门性问题难以确定的，由司法鉴定机构出具鉴定意见，或者由国务院环境保护部门指定的机构出具检验报告。《最高人民法院、最高人民检察院关于办理非法生产、销售烟草专卖品等刑事案件具体应用法律若干问题的解释》第7条也有类似规定。[1]二是对于某专门性问题既可以进行行政鉴定也可以进行司法鉴定的，或者仅认可司法鉴定的，原则上案件进入刑事诉讼中应当启动司法鉴定程序，但是如果检材不充分或者不能重新进行司法鉴定的，可以综合其他证据对行政鉴定意见作出评价和使用。[2]如根据《最高人民法院、最高人民检察院关于办理盗窃、盗掘、非法经营和走私文物的案件具体应用法律的若干问题的解释》第7条第1项的规定，对于涉案文物的鉴定或价格的评定，必须有3名以上经文物主管部门指派、经司法机关聘请的文物鉴定人参加。因此，在行政执法阶段仅由执法部门指派的鉴定人作出的鉴定意见，不得在刑事诉讼中作为鉴定意见使用。

---

〔1〕 "办理非法生产、销售烟草专卖品等刑事案件，需要对伪劣烟草专卖品鉴定的，应当委托国务院产品质量监督管理部门和省、自治区、直辖市人民政府产品质量监督管理部门指定的烟草质量检测机构进行。"相关案例，参见"莫某某等生产、销售伪劣产品案"，河南省安阳市中级人民法院（2013）安中刑一终字第93号刑事判决书。

〔2〕 参见江必新主编：《〈最高人民法院关于适用《中华人民共和国刑事诉讼法》的解释〉理解与适用》，中国法制出版社2013年版，第49页。

第四节　行政执法证据进入刑事诉讼的审查

2011 年刑事诉讼法修正案草案一稿中规定："行政机关在行政执法过程中收集的物证、书证等证据材料，经过司法机关核实，可以作为证据使用。"但在最终通过的《刑事诉讼法》中，增加了"视听资料、电子数据"两个证据种类，同时删掉了"经过司法机关核实"的表述。[1]对于如何理解"可以作为证据使用"，学术界和实务部门分别基于不同的立场，形成了不同看法。

一、应否进行审查

对"可以作为证据使用"如何理解？第一种观点认为，该条文赋予了行政执法证据的证据资格或证据能力。从修正案草案和立法机关最终通过的条文对比来看，正式条文中删掉了"经过司法机关核实"的表述，这意味着立法赋予了行政执法证据的证据能力。在比较法上，日本学者也认为，"'可以作为证据'这一表述，仅仅是指，可以进行证据调查，法院如何考虑其证据的证明力则是另外一个问题"。[2]第二种观点认为，该条文赋予了行政执法证据作为定案依据的资格。这种观点认为，2012 年修正后的《刑事诉讼法》第 48 条明确规定，"可以用于证明案件事实的材料，都是证据"，正式区分了"证据材料"和"证据"，而本条文中"可以作为证据使用"，应当与第 48 条保持一致。但这一观点存在严重问题，任何证据未经质证都不得直接作为定案依据。第三种观点认为，这一条文并非证据能力或定案依据条款，仅属于提示性条款。有论者指出，"'核实'为'审核属实'之意，即对于行政机关在行政执法和查办案件中收集的实物证据材料经依法审核属实后可作为刑事证据材料使用"。[3]

本书认为，从文义解释上看，"可以"与"应当"相对称，前者表述授权性规范，行为主体可为也可以不为，并且不为也并不会带来相应的法律后果。[4]对于"可以作为证据使用"的理解，应当回到《刑事诉讼法》的立法背景和我

〔1〕　参见龙宗智：《进步及其局限——由证据制度调整的观察》，载《政法论坛》2012 年第 5 期。

〔2〕　[日] 松尾浩也：《日本刑事诉讼法（下卷）》，张凌译，中国人民大学出版社 2005 年版，第 47 页。

〔3〕　黄世斌：《行政执法与刑事司法衔接中的证据转化问题初探——基于修正后的〈刑事诉讼法〉第 52 条第 2 款的思考》，载《中国刑事法杂志》2012 年第 5 期。

〔4〕　参见黄世斌：《行政执法与刑事司法衔接中的证据转化问题初探——基于修正后的〈刑事诉讼法〉第 52 条第 2 款的思考》，载《中国刑事法杂志》2012 年第 5 期。

国的司法现实。这一条文并非证据能力或定案依据条款，仅指行政执法证据不再需要转化，[1]与普通证据资料具有同等地位。因为从历史的角度考察，在2012年《刑事诉讼法》修正前，由于受到取证主体的限制，行政执法机关收集的证据能否以一般刑事证据材料对待存在争议。"这里的'可以'首先是针对以往那种认为行政执法证据'不可以'作为刑事诉讼证据或者需要经过'转化'才可以作为刑事诉讼证据的观点而言的。"[2]综上，公安司法机关应当对行政执法证据进行审查。

二、审查的主体

在审查主体问题上，立法机关工作机构认为，侦查、检察、审判机关对于进入刑事诉讼中的行政执法证据都具有审查判断的义务。[3]这种解释的立场与我国刑事诉讼中公安司法机关"各管一段"的纵向构造相符合。传统观点认为，侦查机关、检察机关和审判机关都有审查证据的义务。立法上的另一个重要例证是《刑事诉讼法》上规定的非法证据排除规则，侦查、检察、审判机关在不同诉讼阶段都负有排除非法证据的义务。对于行政执法证据进入刑事诉讼的审查主体问题，有学者也指出，虽然2012年《刑事诉讼法》修正中规定行政执法证据可以在刑事诉讼中使用，侦查机关、检察机关、审判机关仍负有审查核实行政执法证据的义务。[4]但是，侦查机关、检察机关对行政执法证据的审查与审判机关的审查在法律意义上并不相同。从审判中心主义的角度出发，法院最终决定该证据是否具备证据能力、能否作为案件事实认定的依据，法院才是行政执法证据审查的最终责任者。[5]

遗憾的是，一些地方规范性文件将行政执法证据的审查主体置于侦查机关，如浙江省温岭市法院、检察院等部门出台的《刑事诉讼中的行政证据使用办法》第5条规定："行政机关收集的行政证据须经侦查机关通过核实、重新收集

---

〔1〕　参见郎胜主编：《中华人民共和国刑事诉讼法修改与适用》，新华出版社2012年版，第120页。

〔2〕　顾永忠：《行政执法证据"在刑事诉讼中可以作为证据使用"解析》，载《法律适用》2014年第3期。

〔3〕　参见全国人民代表大会常务委员会法制工作委员会刑法室编著：《中华人民共和国刑事诉讼法解读》，中国法制出版社2012年版，第115页。

〔4〕　参见高通：《行政执法与刑事司法衔接中的证据转化——对〈刑事诉讼法〉（2012年）第52条第2款的分析》，载《证据科学》2012年第6期。

〔5〕　参见龙宗智等：《司法改革与中国刑事证据制度的完善》，中国民主法制出版社2016年版，第423页。

等方式转化后，才可作为刑事诉讼证据使用"。江苏泰州公检法等部门也达成一致意见，"只要具备取证主体合法、证据形式合法、取证方法和程序合法这三个条件，行政机关收集的证据就可以作为刑事证据使用"。[1]应当说，实践中这些做法，实质上将应当由法院对行政执法证据能否作为刑事诉讼证据使用的审查任务转交给了作为侦查机关的公安机关，这一做法违背了审判中心主义的基本要求，也有违法官依法行使审判权的法定职责。正确的做法是，侦查机关和检察机关都有义务对行政执法证据能否作为刑事证据进行审查，同时应当由法院对行政执法证据应否进入刑事诉讼使用作最终判断。

三、审查的内容

关于审查的内容，2021年《最高人民法院关于适用〈中华人民共和国刑事诉讼法〉的解释》第75条规定："……经法庭查证属实，且收集程序符合有关法律、行政法规规定的，可以作为定案的根据。"最高人民检察院《人民检察院刑事诉讼规则》第64条规定："经人民检察院审查符合法定要求的，可以作为证据使用。"对于何谓"符合有关法律、行政法规规定""符合法定要求"，相关司法解释中未作出进一步说明。

从比较法角度观察，对于行政执法证据进入刑事诉讼的审查可以分为两种模式：（1）单一审查模式，即通过单一的规则来审查行政执法证据能否进入刑事诉讼中使用。这又包括三种立法例：一是在刑事证据规则较少的国家，主要通过行政程序法的规定来判断，如在瑞典，刑事证据规则较少，行政执法证据在刑事诉讼中使用并无特别制度障碍，但需遵循直接言词原则等要求。[2]二是依据刑事诉讼证据规则来判断，如《英国1984年警察与刑事证据法》中规定，警察通过盘查获得的证据必须符合相关规定，否则不得作为证据使用；这里并不区分作为刑事证据还是行政证据使用。[3]三是依据人权保障标准，主要以欧洲人权法院的实践为代表，即欧洲人权法院在审判中并不评价具体证据的可采性问题，而是从总体上审查行政执法证据在刑事诉讼中的使用是否违背了《欧

---

〔1〕 卢志坚、葛东升、薛洁：《江苏泰州：行政机关收集的证据拿来就能用》，载《检察日报》2012年5月14日，第1版。

〔2〕 See M. Delmas-Marty, J. A. E. Vervaele（eds.）, The Implementation of the Corpus Juris in the Member States, Penal Provisions for the Protection of European Finances, Volume 4, Intersentia, 2001, pp. 373-374.

〔3〕 参见陈刚、蒋勇：《公安机关"两法衔接"中的证据转化隐忧——以警察行政强制权为视角》，载《中国人民公安大学学报（社会科学版）》2014年第3期。有学者也持这一观点，参见孙远：《行政执法证据准入问题新论——从卷宗录式审判到审判中心主义》，载《中国刑事法杂志》2018年第1期。

洲人权公约》第 6 条规定的公正审判权。[1]（2）分段审查模式，是指在取证主体、取证程序上适用行政法的规定，而在证据排除规则上适用刑事诉讼法的规定。主要代表国家是德国、美国。其重要原因在于，行政执法中尚不清楚相关行为是否构成犯罪，要求行政执法机关遵循刑事诉讼法的取证程序规定，不具有现实性、合理性，也将导致诸多行政执法证据无法进入刑事诉讼中使用。[2]

在我国，主张单一审查模式的学者居多。有论者认为主张综合行政法和刑事诉讼法的要求进行审查，应当从三个原则来审查行政执法证据能否作为刑事诉讼证据使用，即基本权利保障原则、真实保障原则、比例原则，通过这三个原则检验的实物证据才能作为刑事诉讼证据使用。[3]主流观点认为应当对行政执法证据的"三性"（客观性、关联性、合法性）进行审查。如有论者认为，对于行政机关移送来的行政执法证据，审查的内容包括，"一是该证据材料具有客观性。……二是该证据材料具有关联性，对待证事实具有证明作用。三是该证据根据《刑事诉讼法》规定的非法实物证据排除规则，不应当被排除"。[4]"要实现行政证据与刑事证据的衔接，还要满足刑事证据的三个实质要件：客观性、关联性和合法性。"[5]也有观点认为，不应当苛求行政执法机关适用刑事诉讼法的规定，符合行政法规定就可以作为刑事诉讼证据使用。[6]分析可知，对行政执法证据客观性、关联性的审查在理论和实践上都不存在问题，但应当如何理解"合法性"呢？是符合刑事诉讼法的规定还是行政法的规定，还是需要同时满足二者？"三性"审查说在这一问题的答案上仍然模糊，未能给出明确回应。

在 2021 年《最高人民法院关于适用〈中华人民共和国刑事诉讼法〉的解释》出台后，参与司法解释起草者解释道："行政机关在行政执法和查办案件的过程中，尚不知道所涉及的案件是否达到犯罪的程度，是否会进入刑事诉讼程

[1] See Oswald Jansen, Philip M. Langbroek ed., Defence Rights During Administrative Investigations, Intersentia, 2007, p. 47.

[2] 参见高通：《行政执法与刑事司法衔接中的证据转化——对〈刑事诉讼法〉（2012 年）第 52 条第 2 款的分析》，载《证据科学》2012 年第 6 期。

[3] 参见孙末非：《行政执法证据在刑事诉讼中的使用》，载《山东社会科学》2014 年第 3 期。

[4] 陈光中主编：《〈中华人民共和国刑事诉讼法〉修改条文释义与点评》，人民法院出版社 2012 年版，第 62 页。

[5] 李庆磊：《准确把握行政证据与刑事证据的衔接》，载《检察日报》2014 年 9 月 12 日，第 3 版。

[6] 参见江必新主编：《〈最高人民法院关于适用〈中华人民共和国刑事诉讼法〉的解释〉理解与适用》，中国法制出版社 2013 年版，第 49-50 页。

序，无法也不应当适用刑事诉讼程序的规定收集相关证据材料，只能依照法律、行政法规关于行政执法和查办案件的相关规定。"[1]但这一立场也存在难以回应的问题：一是行政执法或查办案件中的权利保障明显低于刑事诉讼程序，在一些情形下可能会出现以行政调查代替刑事侦查的问题。二是从以审判为中心的诉讼制度改革的基本立场出发，任何证据材料进入刑事诉讼作为刑事证据使用，最终的判断标准都应是刑事诉讼法，包括刑事证据规则和部分不可减损的基本诉讼权利，如无罪推定、不得被强迫自证其罪[2]等。有论者也指出，主张满足行政法要求获得的证据就可以作为刑事证据的观点面临的难题是，"如果仅仅以'合行政法'作为标准，显然于人权保障不力"[3]。

本书认为，分段审查模式在法理上更具有合理性，这一审查模式既尊重了行政执法程序的运行逻辑，保障了行政执法效率的实现，也不会架空刑事诉讼法的规定，保障了刑事司法的公正价值追求。"分段式审查"模式包括行政法的审查和刑事诉讼法的审查两个方面：

（1）行政法的审查。行政执法中涉及行政权的行使、行政执法目的的实现等。据此，行政法的审查应当包括五个方面：①是否符合法律保留原则，即行政权的行使是否有法律授权，是否严格遵守了法律规定的条件，有无超越法律职权的情形，如果违反法律保留原则，则行政执法机关收集的证据不得作为刑事证据使用。②是否为了一定行政执法目的的实现，行政权的行使是以实现一定行政目的为价值目标，如果存在"假借行政调查之名，行刑事侦查之实"时，行政执法机关获得的证据不得作为刑事诉讼证据使用。③是否符合比例原则，即行政执法机关获得行政执法证据是否与其所实现的行政目的相适当、是否必要等，严重有违比例原则获得的行政执法证据不得作为刑事诉讼证据使用。④是否严重违反行政程序，即是否存在下列几种情形：一是行政执法证据系以违反正当程序获得，如对于违反回避规定、违反保密义务[4]、偏见调查所获

---

〔1〕 喻海松：《刑事诉讼法修改与司法适用疑难解析》，北京大学出版社2021年版，第139页。

〔2〕 从比较法角度来看，非刑事诉讼程序中不被强迫自证其罪原则以一种更为宽松的方式被适用，这一点也需要关注。

〔3〕 陈刚、蒋勇：《公安机关"两法衔接"中的证据转化隐忧——以警察行政强制权为视角》，载《中国人民公安大学学报（社会科学版）》2014年第3期。

〔4〕 所谓保密义务是指，部分行政执法证据仅可以用于特定行政目的，如《全国人口普查条例》第33条，人口普查中获得的能够识别或者推断单个普查对象身份的资料，任何单位和个人不得对外提供、泄露，不得作为对人口普查对象作出具体行政行为的依据，不得用于人口普查以外的目的。何海波教授主持的"理想的行政诉讼法"也规定了证据用途的限制，"法律、行政法规规定了特定事实和信息的特定用途的，不得用于法定用途以外的事项"。

证据应予排除；二是对于行政和解和调解过程中提出或认可的证据，在行政和解和调解失败后不得作为行政执法证据或刑事诉讼证据使用；三是违反特定取证程序获得证据，如违反个别询问原则获得的证言、违反最佳证据规则的要求获得的物证、书证、电子数据、视听资料等，不得进入刑事诉讼作为证据使用。⑤相关证据的真实性是否可以确认，这主要是对实物证据的辨认和鉴真，如相关证据来源不明、证据保管链条断裂，其真实性无法得到确认的不得进入刑事诉讼中作为证据使用。[1]

（2）刑事诉讼法的审查。刑事诉讼法的审查主要包括两个方面：一是法定证据种类的限制，在传统大陆法系国家对于法定证明方法种类有所限定，如果不属于法定证据种类则不得作为证据使用。[2]在我国，相关行政执法证据必须属于《刑事诉讼法》中规定的证据种类，不属于法定证据种类且司法解释中未做特别规定的不得进入刑事诉讼中作为证据使用。二是证据排除规则的限制，主要包括《刑事诉讼法》及其司法解释中规定的非法证据排除规则、违背证据客观性保障原则的排除规则，[3]如相关物证、书证应当是原物、原件，再如根据2021年《最高人民法院关于适用〈中华人民共和国刑事诉讼法〉的解释》第87条规定，询问证人没有个别进行的，书面证言没有经证人核对确认，询问聋、哑人应当提供通晓聋、哑手势的人员而未提供的，询问不通晓当地通用语言、文字的证人应当提供翻译人员而未提供的，所获证据都应当排除。[4]

综上，刑事诉讼中行政执法证据运用问题的改进思路，在于对我国《刑事诉讼法》第54条第2款进行教义解释，并在司法实践中严格依照适用。在立法上，由于这一条款中蕴含了诸多不确定的法律概念，学术界和司法实务部门对

---

〔1〕　有论者提出，行政执法取证行为除应符合法律保留原则、比例原则外，还应符合行政强制调查的启动条件、最大限度条件及对行政相对人的知情权、抗辩权、申诉权保障的条件。后三个方面的违反能否带来排除证据的后果还需讨论。参见孙末非：《行政执法证据在刑事诉讼中的使用》，载《山东社会科学》2014年第3期。

〔2〕　See Mireille Delmas-Marty & John R. Spencer, European Criminal Procedures, Cambridge University Press, 2002, p. 325.

〔3〕　参见纵博：《"不得作为定案根据"条款的学理解析》，载《法律科学（西北政法大学学报）》2014年第4期。作者指出，违背证据客观性保障原则的排除的司法解释条文包括，2012年《最高人民法院关于适用〈中华人民共和国刑事诉讼法〉的解释》第70条第2款，第71条第2款，第73条，第75条，第76条，第77条第1项、第2项、第4项，第81条，第82条第1项、第2项，第85条，第89条，第90条第2款，第91条第2款，第94条第2项，第110条，第405条。

〔4〕　需要关注的是，有学者提出了刑事诉讼中证据评价的独立性原则，是指即使行政执法中存在一定的违法行为，法院也需要对该证据的可采性作出独立判断，不受行政法律规定的限制。See Daniel Gilhofer, Use of Administrative Evidence in Criminal Proceedings in Austria, 4 Eucrim 2022, p. 267.

之形成了不同看法。甚至有观点认为，这一条款赋予了所有行政执法证据进入刑事诉讼的证据能力。然而，从比较法角度考察，刑事侦查权的主体只能由特定机关（检察机关或警察机关）行使，没有任何一个国家的立法上允许所有行政执法证据"无例外地"都可以作为刑事证据使用。产生上述不同认识的一个重要原因是我国刑事诉讼法学界长期以来坚持立法论的研究，学者将关注点更多地置于立法本身的完善，对现有法律条文的具体内涵缺乏法解释学分析，司法实践中则呈现出了"机械适用"或者"随意解读"法律条文的做法。法律的生命在于实践。我们应当重视从学理角度对法律条文的规范内涵进行合理阐释，这不仅有助于促进刑事诉讼法学从"立法研究"到"司法适用"的学术转型，也有助于促进刑事司法从"机械司法"到"公正司法"的制度发展。

结　论

刑事诉讼中行政执法证据运用是证据法领域的一个"交叉"问题，涉及行政权与司法权的关系、行政程序与刑事诉讼程序的区分与衔接、证据法原理在行政程序与刑事诉讼程序中的不同贯彻等宏观问题，也涉及如何理解证据、如何界定行政执法证据和刑事诉讼证据、如何论证刑事诉讼中行政执法证据运用的正当性等具体问题。本书对上述问题作了研究。

从证据与程序的关系来看，证据是在法律程序中形成的，是一系列法律行为后产生的某种法律结果，行政程序和刑事程序不同的程序环境塑造了不同证据，这也是为何会产生两种证据衔接问题的原因。除了行政违法与刑事犯罪的关联性、刑法功能实现的现实需要，在行政执法证据收集中提供必要的权利保障是另一重要方面。作为行政调查机构的 OLAF 的相关实践表明：刑事调查权只能由特定机关行使；进入刑事诉讼的行政执法证据应符合法定证据种类；应当提高行政调查中的权利保障。

在刑事诉讼中行政执法证据的具体运用上，应当区分行政执法言词证据、实物证据的使用。从证据法理的角度论证了刑事诉讼中行政执法言词的有限使用规则，即原则上不得作为不利于被追诉人的实质证据，但在作为弹劾证据、证人无出庭必要且证言具有一定可靠性等情形下可以使用。在行政执法实物证据方面，应区分行政执法主体依法执法中取得的实物证据、"以行政执法之名行刑事侦查之实"取得的实物证据、与侦查机关联合调查取得的实物证据，并分别建构审查规则。在执法主体具有双重职权的证据运用特殊性问题上，我国公安机关具有行政执法和刑事侦查的复合性调查权，其运行应遵循程序分离原则，应当区分行政调查和刑事侦查。在公安机关办案中，不得出现行政调查和刑事侦查混淆、"以行政执法之名行刑事侦查之实"等情形，在上述几种情形下获得的行政执法证据不得进入刑事诉讼。

对北大法宝、元典智库中收集的 98 份刑事裁判文书的分析显示，在司法实践中，人民法院在行政执法证据进入刑事诉讼中使用问题的裁判上显示出强烈的实用主义倾向，存在着不当放大行政执法证据的取证主体、裁判立场缺乏统一性、裁判逻辑混乱和未履行有效审查义务等问题，应加以规制。我国刑事诉讼中行政执法证据运用的改进思路在于，回到 2018 年《刑事诉讼法》第 54 条第 2 款的解释论。即通过学理分析，阐明 2018 年《刑事诉讼法》第 54 条第 2 款中包含的不确定法律概念的内涵，明确刑事诉讼中行政执法证据运用中的审查主体、审查内容，确立相关规则并在实践中严格适用。

附　录

论事故调查报告证据能力问题
——以 2021 年新《刑诉法解释》*第 101 条为中心〔1〕

> **内容提要：** 事故调查报告是对安全事故等发生的原因、经过、责任认定、处理建议等的综合性意见，在刑事诉讼中判断其证据能力时，面临事故调查主体缺乏刑事调查权、事故调查程序规范化不足和事故调查报告难以归入法定证据种类等争议。2021 年新《刑诉法解释》第 101 条是事故调查报告的证据能力规范，对事故调查报告的规范运用具有重要意义。应当对事故调查报告与其所附证据材料的证据能力问题作出区分。对事故调查报告证据能力应当严格审查，从事故调查主体中立性、调查人员专业性、调查程序正当性、调查结论可靠性等方面进行。

法律规定与司法实践有时会呈现出不同面向。根据我国《刑事诉讼法》的规定，事故调查报告难以被归入一定的法定证据种类，并且由于事故调查报告中的较多内容都系对相关证据材料、信息等的"加工"，在性质上属于传闻证据，一般也不宜作为刑事证据使用。但在司法实践中，公安司法机关在办理安全事故类刑事案件时大量使用事故调查报告，并将之作为认定案件事实的重要依据。同时，公安司法机关对于事故调查报告的使用还存在一定程度的"依赖"和"盲从"，如有研究者指出，"在基层大量的生产安全刑事案件为一般事故（是指造成 3 人以下死亡，或者 10 人以下重伤，或者 1000 万元以下直接经济损失的事故），多数需要在事故调查报告明确需要追究刑事责任的，才进入刑

---

* 为方便表述，本篇附录中涉及的 2021 年《最高人民法院关于适用〈中华人民共和国刑事诉讼法〉的解释》统一简称为 2021 年新《刑诉法解释》，后文中不再一一说明。

〔1〕 本文系笔者与笔者指导的研究生王玉荣同学共同完成，原文载《上海政法学院学报（法治论丛）》2022 年第 1 期。

事立案程序"〔1〕。根据笔者在北大法宝的检索，有近 2 万件刑事裁判文书中出现了事故调查报告这一表述，但很少有裁判文书否定或不予采纳事故调查报告。在上述背景下，事故调查报告能否作为刑事证据使用、如何作为刑事证据使用是理论研究和司法实践中的重要问题。

2021 年新《刑诉法解释》第 101 条规定："有关部门对事故进行调查形成的报告，在刑事诉讼中可以作为证据使用；报告中涉及专门性问题的意见，经法庭查证属实，且调查程序符合法律、有关规定的，可以作为定案的根据。"这一条文明确了事故调查报告可以作为刑事证据使用，是关于事故调查报告的证据能力规范。需要进一步讨论的是，在我国的立法框架下，事故调查报告的证据能力面临哪些争议问题，如何理解 2021 年新《刑诉法解释》第 101 条的规定，如何对事故调查报告的证据能力进行合理审查，本文将围绕上述问题进行分析，以期引起更深入的讨论。

一、事故调查报告证据能力的理论难题

事故调查报告是在行政机关主导下相关部门对事故进行调查之后形成的报告，其内容具有法定性、综合性等特点，既包括对事故发生原因、经过、结果等事实的描述，也包括对事故责任认定、相关人员的处理建议等方面的法律意见。〔2〕由有关部门作出的事故调查报告与刑事侦查机关收集的证据相比，有三个显著的特点：一是事故调查报告形成于非刑事诉讼程序中，事故调查主体不具有刑事调查权；二是事故调查报告并非"收集"而来，而是由有关部门对事故调查中的相关证据、信息等进行分析、归纳基础上制作而成；〔3〕三是事故调查报告是一种制作而成的报告（report），与证人证言、书证、犯罪嫌疑人供述与辩解等"原始"证据不同，也与书证有所区别。根据证据法原理和我国《刑事诉讼法》的相关规定，事故调查报告进入刑事诉讼中作为证据使用遭遇以下几个难题。

第一，事故调查主体缺乏刑事调查权。事故调查报告是行政机关或其委托

---

〔1〕 元明、薛慧：《事故调查报告在刑事案件办理中的运用》，载《人民检察》2021 年第 12 期。

〔2〕 参见龙宗智：《立法原意何处寻：评 2021 年最高人民法院适用刑事诉讼法司法解释》，载《中国法学》2021 年第 4 期；蔡智玉：《调查报告在审理中的定位及运用》，载《人民法院报》2011 年 8 月 24 日，第 6 版。

〔3〕 "收集"证据与"形成"证据的区分，参见冯俊伟：《行政执法证据进入刑事诉讼的规范分析》，载《法学论坛》2019 年第 2 期。

的相关组织对事故进行调查形成的报告，事故调查报告作为刑事证据使用需要解决的一个问题是，事故调查主体是否有权收集或形成刑事证据，这涉及刑事诉讼中"刑事调查取证权专属性"的问题。[1]从比较法角度观察，各国刑事诉讼法中都对刑事侦查的主体作了限定，如《芬兰初步调查法》规定，初查的机关只能是警察机关、海关、边防等部门，其他机关无权进行刑事侦查；[2]根据《荷兰刑事诉讼法》第141条的规定，刑事侦查权也只能由特定机关行使，一般案件主要由检察机关和警察机关负责侦查，特别刑事犯罪则由税务或海关部门进行侦查；在意大利，根据《意大利刑事诉讼法》第327条的规定，刑事侦查权的主体是检察机关，具体由刑事警察来执行，其他机关包括欧盟行政执法机构都无权收集刑事证据。在这一背景下，作为欧盟行政执法机构的欧盟反欺诈调查局（OLAF）收集的相关证据及其形成的调查报告，在上述成员方刑事诉讼中的运用遭遇严重障碍。[3]例如，意大利最高法院曾在判决中指出，在刑事诉讼中，OLAF提供的报告和书面材料仅能作为犯罪嫌疑的证据使用，但不能直接作为刑事证据使用。[4]

在我国立法上，2018年《刑事诉讼法》第52条规定，"审判人员、检察人员、侦查人员必须依照法定程序，收集能够证实犯罪嫌疑人、被告人有罪或者无罪、犯罪情节轻重的各种证据"。《刑事诉讼法》第43条规定，"辩护律师经证人或者其他有关单位和个人同意，可以向他们收集与本案有关的材料"，"辩护律师经人民检察院或者人民法院许可，并且经被害人或者其近亲属、被害人提供的证人同意，可以向他们收集与本案有关的材料"。根据我国《刑事诉讼法》的相关规定，公安司法机关、辩护人与诉讼代理人、刑事自诉案件中的自诉人和被告人等特定主体才有权调查取证。[5]因此，我国的刑事调查取证权也具有专属性，非经法律明确授权的主体不得从事刑事调查取证活动。

在有关部门进行事故调查过程中，必须面对"刑事调查取证权专属性"的

---

〔1〕 参见龙宗智：《取证主体合法性若干问题》，载《法学研究》2007年第3期。

〔2〕 See M. Delmas-Marty, J. A. E. Vervaele（eds.）, The Implementation of the Corpus Juris in the Member States, Penal Provisions for the Protection of European Finances, Volume 4, Intersentia, 2001, p. 283.

〔3〕 需要说明的是，行政机关在正常执法过程中收集的物证、书证等实物证据，只要满足《刑事诉讼法》的要求，就可以在刑事诉讼中作为证据使用。强调刑事调查取证权专属性的意义在于，严禁行政机关直接以调查刑事案件之目的，进行相关调查取证活动。参见冯俊伟：《行政执法证据进入刑事诉讼的类型分析——基于比较法的视角》，载《比较法研究》2014年第2期。

〔4〕 See Bernardo Cartoni, "Admissibility and value of OLAF Produced Evidence: The Italian Experience", in Celina Nowak（ed.）, Evidence in EU Fraud Cases, Wolters Kluwer Polska, 2013, p. 94.

〔5〕 参见万毅：《证据"转化"规则批判》，载《政治与法律》2011年第1期。

问题。这一问题可以通过两种情形进行分析。第一种情形是，在一些事故发生后，尚不清楚是否存在犯罪行为，有关部门及时介入并进行事故调查，收集了相关证据等并形成了事故调查报告，随后发现相关人员涉嫌犯罪，依法移送给公安司法机关。第二种情形是，相关事故属于较大事故、重大事故或特别重大事故，事故发生后，根据相关情形可以判断有人员涉嫌刑事犯罪，有关部门成立调查组进行事故调查，并形成了相关事故调查报告。根据国务院《行政执法机关移送涉嫌犯罪案件的规定》第 3 条、第 18 条等的规定，行政执法机关在依法查处违法行为过程中发现相关人员有违法行为，涉嫌构成犯罪，依法需要追究刑事责任的，须依照规定向公安机关、监察机关和人民检察院移送。根据上述规定，在第二种情形下，相关行政主管部门应当及时将案件或案件线索移交公安机关、监察机关和人民检察院。理想的情形是，事故调查与刑事调查分别进行，并存在一定的工作配合，而非成立一定的调查组对事故中的包括涉嫌犯罪在内的全部问题进行调查。综上，刑事调查取证权具有专属性，在上述第二种情形下，有关部门进行的事故调查与《刑事诉讼法》、"两法衔接"的法律规定存在一定的紧张关系。

第二，事故调查程序规范化不足。事故调查在性质上属于行政调查的范畴，从我国行政法立法来看，我国尚不存在一部专门的行政调查法，与事故调查相关的规定也较为有限。不仅如此，在学术研究方面，学者对行政调查的目的、原则、程序、权利保障以及行政调查与刑事侦查的关系等方面也缺乏深入、系统的讨论，知识储备不足。整体而言，行政调查及其学术研究还处于起步阶段。在事故调查程序方面，也不存在一部统一的事故调查程序规范，[1]较为重要的是国务院于 2007 年颁发的《生产安全事故报告和调查处理条例》。但该条例是为了规范生产安全事故的报告和调查处理，并不涉及其他领域的事故调查。条例对生产安全事故的调查主体、调查组组成、调查组职责和事故调查报告的报送等作了规定，但对于事故调查程序缺乏细致规定。[2]例如，事故调查组的权力与义务、事故调查组成员的回避、事故调查的方法、事故调查的范围、事故调查中被调查人的权利和义务、事故调查中的听证、事故调查报告的形成等。

与事故调查程序相比，我国《刑事诉讼法》及相关司法解释、部门规章、规范性文件中对于刑事调查取证程序作了细致规定。《刑事诉讼法》第 2 章对

---

〔1〕 参见王心禾：《事故调查为何频遭质疑》，载《检察日报》2013 年 1 月 23 日，第 5 版。

〔2〕 参见 2007 年国务院《生产安全事故报告和调查处理条例》第三章事故调查一章的规定，本章共 13 个条文。

各类侦查行为及其程序作了细致规定，以讯问犯罪嫌疑人为例，《刑事诉讼法》中规定了讯问犯罪嫌疑人的主体、时间和地点、讯问中的权利告知、讯问中不得使用的方法、讯问录音录像、讯问笔录的制作（包括签名和盖章）、讯问聋哑人等的特殊要求等，其中包括较多对犯罪嫌疑人权利保障的要求。公安部《公安机关办理刑事案件程序规定》、最高人民检察院《人民检察院刑事诉讼规则》中也对刑事调查取证程序作了严格、细致的规定。

综上，与事故调查程序相比，我国的刑事调查取证程序较为完善，促进了刑事调查取证权力的规范行使，也有助于保障犯罪嫌疑人、被告人的权利。"证据的形成和收集也受到法律程序的影响和约束。不同法律程序对证据有不同要求，不同程序环境也形成和塑造了不同性质的证据。"[1]因此，在当前事故调查规范粗疏、权利保障不足的背景下，事故调查报告进入程序要求在更为严格的刑事诉讼中作为证据使用，面临着理论上的挑战。

第三，事故调查报告难以归入法定证据种类。有关部门对事故进行调查后，收集、形成的证据材料包括两类：一类是与事故相关的物证、书证、证人证言、视听资料、电子数据等证据材料；另一类是事故调查组按照相关要求形成的事故调查报告。上述两类证据材料并不相同，第一类是"一手证据材料"，并未经过事故调查主体的加工或者判断，例如交通事故中，事故调查人员收集到的汽车撞击痕迹、刹车痕迹是认定事故发生、划分事故责任的重要物证，是直接来自事故调查现场未经事故调查人员加工的证据材料。第二类证据并非"一手证据材料"，而是事故调查组在向有关单位和个人了解了事故相关情况，综合相关证据、信息后，作出的对事故原因、经过、造成的损失、责任认定、处理建议等的综合判断意见，是事故调查主体结合事故情况在综合相关证据材料等的基础上形成的"二手证据材料"。从传闻证据规则角度观察，事故调查报告也存在着多重传闻的问题，对其在刑事诉讼中的使用应当进行严格限制。美国学者指出，"之所以禁止使用事实性认定来反对刑事被告人，是担忧这种报告中多重的、具有潜在不可采性的传闻来源，会与宪法第六修正案保护刑事被告人同证人进行对质和对证人进行反询问的权利的对质条款相冲突"。[2]

根据我国《刑事诉讼法》第50条的规定，"可以用于证明案件事实的材料，都是证据。证据包括：（一）物证；（二）书证；（三）证人证言；（四）被害

---

〔1〕　冯俊伟：《〈监察法〉实施中的证据衔接问题》，载《行政法学研究》2019年第6期。

〔2〕　［美］罗纳德·J. 艾伦等：《证据法：文本、问题和案例》，张保生等译，满运龙校，高等教育出版社2006年版，第603页。

人陈述；（五）犯罪嫌疑人、被告人供述和辩解；（六）鉴定意见；（七）勘验、检查、辨认、侦查实验等笔录；（八）视听资料、电子数据。证据必须经过查证属实，才能作为定案的根据"。这一条文对刑事诉讼中的法定证据种类作了封闭列举式规定，根据相关理论阐释和实践做法，不属于上述法定证据种类的证据材料不能作为证据使用。[1]其中的一个重要考虑是，防止一些低质量的证据材料进入刑事诉讼作为定案依据，以促进案件的实体公正。[2]在比较法上，也有部分国家存在类似规定。例如，《荷兰刑事诉讼法》第 339 条规定了法定证据范围，具体包括法院在听审中的观察、被追诉人在庭上或庭外对相关案件事实所作的陈述、证人的庭上陈述和庭外陈述、专家的庭上陈述和书面材料。

在《刑事诉讼法》规定的法定证据种类方面，学者作了诸多批评，如认为这一规定具有严重的形式化倾向，不当限制了可以使用的证据的范围。[3]这一点也可以从法律修正中得到印证，例如，我国在 1996 年和 2012 年的《刑事诉讼法》修正中，都增加了新的证据种类，这在一定程度上反映了原有立法的不适应性。还有学者指出，法定证据种类的规定束缚了我国证据法的发展，应当予以抛弃。[4]但在当前立法未作调整的现实下，事故调查报告在刑事诉讼中作为证据使用，难以为《刑事诉讼法》第 50 条所规定的法定证据种类所容纳[5]，这也是事故调查报告作为刑事证据所面临的理论争议之一。

二、事故调查报告证据能力的规范解析

在比较法上，英美法国家对事故调查报告在刑事诉讼中的使用作了严格限制。[6]在我国，从实践角度观察，事故调查报告很早就在司法实践中作为刑事证据使用，但在立法层面一直缺乏明确规定。直到 2019 年，应急管理部、公安部、最高人民法院和最高人民检察院印发的《安全生产行政执法与刑事司法衔接工作办法》（以下简称《办法》）对事故调查报告在刑事诉讼中作为证据使用作了初步回应。2021 年新《刑诉法解释》第 101 条明确规定事故调查报告可以

---

〔1〕 参见陈瑞华：《证据的概念与法定种类》，载《法律适用》2012 年第 1 期。

〔2〕 参见陈卫东：《刑诉法修改有关证据制度中的几个问题》，载《人民法院报》2011 年 10 月 12 日，第 6 版。

〔3〕 参见龙宗智：《证据分类制度及其改革》，载《法学研究》2005 年第 5 期。

〔4〕 参见孙远：《论法定证据种类概念之无价值》，载《当代法学》2014 年第 2 期。

〔5〕 基于民事证据种类的相关分析，参见肖建华、袁圆：《论航空事故调查报告诉讼证明问题》，载《北京航空航天大学学报（社会科学版）》2014 年第 6 期。

〔6〕 参见《美国联邦证据规则》第 803 条（8）的规定。

作为刑事证据使用，是事故调查报告的证据能力规范。以下将根据相关法律规定，分析 2021 年新《刑诉法解释》第 101 条之下的事故调查报告的证据能力问题。

（一）2021 年新《刑诉法解释》第 101 条的基本立场

我国 2012 年修正后的《刑事诉讼法》第 52 条第 2 款规定："行政机关在行政执法和查办案件过程中收集的物证、书证、视听资料、电子数据等证据材料，在刑事诉讼中可以作为证据使用。"但这一规定并未涉及事故调查报告的使用问题。为了解决安全生产领域刑事案件中事故调查报告的使用难题，《办法》第 25 条规定："在查处违法行为或者事故调查的过程中依法收集制作的物证、书证、视听资料、电子数据、检验报告、鉴定意见、勘验笔录、检查笔录等证据材料以及经依法批复的事故调查报告，在刑事诉讼中可以作为证据使用。"从这一规定可知：第一，这一规定突破了 2012 年《刑事诉讼法》第 52 条第 2 款的规定；第二，《办法》起草者意识到"物证、书证、视听资料等"与"事故调查报告"不同，对两者作了适当区分，这一基本立场是正确的；第三，《办法》中对可以作为刑事证据使用的事故调查报告作了限缩，仅限于"经依法批复"的事故调查报告。这一规定显示出《办法》制定主体对"事故调查报告难以归入法定证据种类"的回应。但必须注意的是，《办法》第 25 条的规定仅适用于安全生产犯罪案件，不能成为事故调查报告证据能力的一般规范。

为了有效地解决事故调查报告在刑事诉讼中能否作为证据使用的问题，2021 年新《刑诉法解释》第 101 条作了新规定："有关部门对事故进行调查形成的报告，在刑事诉讼中可以作为证据使用；报告中涉及专门性问题的意见，经法庭查证属实，且调查程序符合法律、有关规定的，可以作为定案的根据。"从这一条文内容来看，起草者也意识到了事故调查报告作为刑事证据使用面临的理论争议，并在一定程度上作了回应。在事故调查主体缺乏刑事调查取证权方面，本条内容并未直接作出回应，而是在条文中使用了一个较为模糊的"有关部门"的表述，有关部门是指政府或者政府部门，还是事故调查组，还是包括其他部门，该用语指代不明。从立法技术上看，这一用语需要进一步规范。在事故调查程序规范化不足方面，由于牵涉行政权与司法权的关系，事故调查程序规范化不足应当通过行政法来解决，本条内容也未做回应，而是限缩了事故调查报告作为定案依据的使用范围，即仅限于报告中"涉及专门性问题的意见"。关于事故调查报告难以归入法定证据种类的问题，在既往的理论研究和司法实践中，有不同的观点。有论者认为，事故调查报告属于一种书证，例如，在北大法宝中的 100 多份刑事判决中，法院将火灾事故调查报告、生产安全事故调查报告、道路交通事故调查报告等都归入了"书证"的范围。也有论者认为，事故调查报告是一种特殊的鉴定意见[1]或认为是一种新的证据种类。[2]需要说明的是，书证应当与书面报告、书面陈述相区分，为行政程序、刑事起诉或审判准备的各种报告、陈述不属于书证的范畴。[3]事故调查报告是针对特定问题所形成的一种书面报告。在我国对司法鉴定有严格规范的现状下，事故调查报告也不属于鉴定意见，如法律上对鉴定机关、鉴定人都有严格要求。还有观点认为，事故调查报告是综合性证据，应根据采纳情况将其归属于不同证据种类，"如果是证明财产损失等客观性的事实，可以将其列为书证；如果采纳的是对事故发生原因的专业认定，可以作为鉴定意见；如果既有对客观事实认定的采纳也有对技术性鉴定意见的采纳，建议将其作为证明案件事实的书证进行归类"[4]。这一观点也缺乏理论正当性。在这一背景下，2021年新《刑诉法解释》间接地回应了这一问题，即在"第五节鉴定意见的审查与认定"一节中增加第101条的规定，为事故调查报告进入刑事诉讼作为证据使用提供了规范依据。

综上，2021年新《刑诉法解释》第101条的规定部分回应了事故调查报告作为刑事证据的理论困境，是事故调查报告的证据能力规范。但仍然存在一定不足：一是实质上并未有效地回应事故调查报告的证据种类归属问题，这一规定并未回答事故调查报告属于《刑事诉讼法》第50条哪一种证据种类的问题。当然，学者也可能从另一个角度理解，即这一规定正是通过司法解释的方式逐渐突破《刑事诉讼法》第50条关于法定证据种类的规定，预示着我国刑事诉讼法将抛弃法定证据种类制度，而是采取了一种新的开放性的证据种类。法定证据种类在理论和实践上确实存在着诸多不足，但需要在我国刑事证据制度的整体框架下考量，具体原因包括：（1）法定证据种类应当主要是限制公安司法机关的，辩方在提出辩护的过程中既可以提出证据，也可以是证据材料或者证据线索，甚至是经验法则、常情常理。刑事法制定的重要的考虑在于限制和防范国家刑罚权的恣意与滥用，刑法上的罪刑法定原则从实体上限制了国家刑罚权的边界，而刑事诉讼法上的无罪推定、证据裁判原则从追诉方式、手段上对

---

[1] 参见王勇杰：《事故调查报告的刑事证据效力及完善》，载《黑龙江省政法管理干部学院学报》2018年第6期。

[2] 参见侯春平：《安全生产行政执法与刑事司法衔接机制研究》，载《法律适用》2020年第7期。

[3] See M. Delmas-Marty, J. A. E. Vervaele（eds.）, The Implementation of the Corpus Juris in the Member States, Penal Provisions for the Protection of European Finances, Volume 4, Intersentia, 2001, pp. 289-290.

[4] 参见元明、薛慧：《事故调查报告在刑事案件办理中的运用》，载《人民检察》2021年第12期。

国家刑罚权的行使作了限制。（2）我国法律上关于法定证据种类的规定，是与我国证据立法粗疏、体系性欠缺的背景密切相关的。同时，对证据形式的严格要求在一定程度上也起到了防止质量较低的证据信息进入刑事审判、作为裁判依据的功能，因此在防范刑罚权滥用方面有一定的积极作用。法定证据种类问题涉及刑事证据立法的诸多方面，我国司法实践中很多突出的证据问题都需要在整个证据立法的框架下进行考量。基于此，应当认为，2021 年新《刑诉法解释》第 101 条的规定仅是在法定证据种类的框架下，个别化地解决了事故调查报告的证据能力问题，不宜理解为是对法定证据种类存否的整体性回应。二是2021 年新《刑诉法解释》第 101 条中出现了"可以作为证据使用"和"定案根据"两种表述，给条文的解释和适用带来难题。由于在《刑事诉讼法》及其司法解释中，"可以作为证据使用""定案根据"这两种表述不仅多次出现，并且在不同的条文中的内涵也不一致，〔1〕这必将影响到司法者对 2021 年新《刑诉法解释》第 101 条内容的理解。龙宗智教授还指出："不限制条件地使用事故调查报告，对案件质量可能带来消极影响，可能忽略司法鉴定的必要性。"〔2〕在适用这一条文时，这一问题也需要被高度重视。

（二）　事故调查报告及其所附证据材料作为刑事证据的区分

根据《生产安全事故报告和调查处理条例》第 30 条的规定，事故调查报告不仅包括事故发生原因、经过、造成的损失、责任认定及对事故责任者的处理建议等内容，还应当附具有关证据材料。在一些案件中，还会附有技术分析报告、专家意见等。根据《刑事诉讼法》和 2021 年新《刑诉法解释》的相关规定，事故调查报告及其所附证据材料作为刑事证据使用应当依据不同的法律规定，两者的证据能力问题也应当作出一定区分。

1. 事故调查报告作为刑事证据使用

根据《生产安全事故报告和调查处理条例》第 30 条等的规定，事故调查报告必须附有相关证据材料。这一要求的目的在于：首先是为政府在批复事故调查报告时进行实质审查、判断证据是否提供了充分依据；〔3〕更重要的是，在

---

〔1〕　参见纵博：《"不得作为定案根据"条款的学理解析》，载《法律科学（西北政法大学学报）》2014 年第 4 期。

〔2〕　龙宗智：《立法原意何处寻：评 2021 年最高人民法院适用刑事诉讼法司法解释》，载《中国法学》2021 年第 4 期。

〔3〕　参见济南市历城区人民政府与齐鲁制药有限公司等行政批复纠纷上诉案，济南铁路运输中级法院（2020）鲁 71 行终 36 号行政判决书。

事故调查中发现相关行为涉嫌犯罪时，事故调查主体有义务向公安司法机关提供与案件相关的证据材料。由于事故调查报告是对相关事实、证据、信息等的"加工"，事故调查主体也有义务提供其作出事故调查报告所依据的"原始证据材料"。因此，未附具相关证据材料的事故调查报告不具有证据能力，不应当作为刑事证据使用。

由于事故调查报告内容具有综合性，事故调查报告如何作为证据使用也是需要解决的问题。从理论上看，由于事故调查报告内容复杂，很多方面涉及责任划分和法律适用，龙宗智教授指出，事故调查报告中"相当一部分不具有证据性质。将其一般性地确认为证据，并不妥当"。[1]在这一背景下，2021年新《刑诉法解释》第101条从内容方面对事故调查报告的使用作了限定，即"报告中涉及专门性问题的意见，经法庭查证属实，且调查程序符合法律、有关规定的，可以作为定案的根据"。[2]参与司法解释起草者解释道，"事故调查报告中常常会涉及其他事项，有关事项与事实认定无关或者不属于专门性问题的，不具有证据性质，不能作为定案的根据"。[3]学者也指出，"对于事故调查报告中与案件事实无关的内容，特别是涉及相关行为法律性质的判断，不能作为证据使用，也不能作为司法机关认定案件性质的依据"。[4]

从语义分析来看，2021年新《刑诉法解释》第101条排斥了事故调查报告中关于事故责任认定、处理建议等内容作为证据的使用，这对于扭转实践中司法机关过分依赖事故调查报告的现状有重要作用。最高人民检察院颁发的检例第95号案件中也明确指出，"调查报告对事故原因、事故性质、责任认定、责任者处理等提出的具体意见和建议，是检察机关办案中是否追究相关人员刑事责任的重要参考，但不应直接作为定案的依据，检察机关应结合全案证据进行审查，准确认定案件事实和涉案人员责任"。[5]按照本文的理解，事故调查报告中仅"涉及专门性问题的意见"才能作为刑事证据使用，"经法庭查证属实，且

---

〔1〕 龙宗智：《立法原意何处寻：评2021年最高人民法院适用刑事诉讼法司法解释》，载《中国法学》2021年第4期。

〔2〕 这里涉及专门性问题的概念，深入阐释参见刘振红：《司法鉴定：诉讼专门性问题的展开》，中国政法大学出版社2015年版，第1—6页。

〔3〕 喻海松：《刑事诉讼法修改与司法适用疑难解析》，北京大学出版社2021年版，第163页。

〔4〕 刘静坤编著：《最新刑事诉讼法司法解释：条文对照与适用要点》，法律出版社2021年版，第83页。

〔5〕 《最高人民检察院发布第二十五批指导性案例（上）》，载《中国应急管理报》2021年1月28日，第3版。

调查程序符合法律、有关规定"，相关意见可以作为认定案件事实的基础。

2. 事故调查报告所附证据材料作为刑事证据使用

事故调查报告的移交应当附具相关证明材料。对于所附具的物证、书证、视听资料、电子数据等证据材料而言，这些证据材料不仅可以作为事故调查报告的支撑材料，在符合《刑事诉讼法》的相关规定时，还具有独立的证明价值。在事故调查报告的证据能力被否定后，相关物证、书证也可以作为证据材料使用。《刑事诉讼法》第 54 条第 2 款规定，"行政机关在行政执法和查办案件过程中收集的物证、书证、视听资料、电子数据等证据材料，在刑事诉讼中可以作为证据使用"。2021 年新《刑诉法解释》第 75 条第 1 款对这一条款作了进一步解释。根据上述规定，事故调查组与事故调查报告一起移送的物证、书证、视听资料、电子数据等实物类证据在符合法律规定条件的情形下，可以直接作为刑事证据使用。需要进一步分析的是，事故调查中收集的言词证据、技术分析报告、专家意见是否可以作为刑事证据使用。《刑事诉讼法》第 54 条第 2 款将直接进入刑事诉讼中使用的行政执法证据限定为"物证、书证、视听资料、电子数据等"，2021 年新《刑诉法解释》第 75 条第 1 款中的"物证、书证、视听资料、电子数据等证据材料"中的"等"字也属于"等内等"，原则上不包括鉴定意见、勘验笔录、检查笔录和言词证据。[1] 这一基本立场在刑事审查参考案例中也有体现，对于公安机关收集的言词证据在刑事诉讼中使用的问题，法院指出，"在刑事立案后，对行政执法中收集的言词证据，认为确有必要作为刑事证据使用的，应当由侦查人员依据刑事诉讼法的规定在告知权利与义务、相关法律后果后，向证人、当事人重新取证"[2]。因此，事故调查中的证人证言、被调查人陈述等言词证据不得在刑事诉讼中作为证据使用。对于技术分析报告和专家意见，在个案中可以根据 2021 年新《刑诉法解释》第 100 条的规定进行审查判断。[3] 按照《刑事诉讼法》司法解释起草小组的解释，行政执法中的鉴定意见、勘验笔录、检查笔录在例外的情形下，可以根据案件具体情况进行处理。[4]

---

〔1〕　喻海松：《刑事诉讼法修改与司法适用疑难解析》，北京大学出版社 2021 年版，第 138 页。

〔2〕　参见中华人民共和国最高人民法院刑事审判一至五庭主办：《刑事审判参考（总第 97 集）》，法律出版社 2014 年版，第 101 页。

〔3〕　该条第 1 款规定，"因无鉴定机构，或者根据法律、司法解释的规定，指派、聘请有专门知识的人就案件的专门性问题出具的报告，可以作为证据使用"。

〔4〕　参见姜启波、周加海、喻海松等：《〈关于适用刑事诉讼法的解释〉的理解与适用》，载《人民司法》2021 年第 7 期。

三、事故调查报告证据能力的审查认定

根据 2021 年新《刑诉法解释》第 101 条的规定，"有关部门对事故进行调查形成的报告，在刑事诉讼中可以作为证据使用"仅表示一种可能，在具体案件中，公安司法机关还应当对事故调查报告的证据能力进行审查。在比较法上，《美国联邦证据规则》第 803 条（8）规定，公共机构根据法律授权调查所做的记录、结论在具有可靠性的情形下，可以在诉讼中作为传闻证据例外而使用。[1] 这里的可靠性涉及相关调查的及时性、调查主体的中立性和专业性、对关键证据信息源的关注等方面。[2] 笔者认为，在 2021 年新《刑诉法解释》第 101 条的适用过程中，公安司法机关对事故调查报告（不包括其附具的证据材料）的证据能力的审查包括如下方面：

（一）事故调查主体的中立性

有关部门对事故进行调查需要形成一定的调查主体，在实践中，由于事故有不同分类，不同事故的调查主体要求并不相同。例如，《生产安全事故报告和调查处理条例》第 3 条区分了一般事故、较大事故、重大事故、特别重大事故。根据《生产安全事故报告和调查处理条例》第 19 条、第 20 条的规定，重大事故、较大事故、一般事故分别由事故发生地省级人民政府、设区的市级人民政府、县级人民政府负责调查。"因事故伤亡人数变化导致事故等级发生变化，依照本条例规定应当由上级人民政府负责调查的，上级人民政府可以另行组织事故调查组进行调查。"同时，该条例对调查组成员也有规定，"由有关人民政府、安全生产监督管理部门、负有安全生产监督管理职责的有关部门、监察机关、公安机关以及工会派人组成，并应当邀请人民检察院派人参加"。有论者评价到，我国的事故调查主体主要由不同利益主体组成，缺乏中立性。[3] 这是当前事故调查主体方面存在的主要问题之一。

在当前的立法框架下，应当贯彻事故调查主体客观、中立的要求。这也是

---

〔1〕 在民事诉讼中，原、被告双方都可以使用这一例外，但在刑事案件中，仅被告一方可以援引该例外。参见王进喜：《美国〈联邦证据规则〉（2011 年重塑版）条解》，中国法制出版社 2012 年版，第 272 页。

〔2〕 ［美］罗纳德·J. 艾伦等：《证据法：文本、问题和案例》，张保生等译，满运龙校，高等教育出版社 2006 年版，第 611 页。

〔3〕 参见薛澜、沈华、王郅强：《"7·23 重大事故"的警示——中国安全事故调查机制的完善与改进》，载《国家行政学院学报》2012 年第 2 期。

行政调查在贯彻自然正义中"任何人不得做自己的法官"这一原则的基本要求，具体言之包括：一是调查主体不得与被调查的事故有直接利害关系；[1]二是调查主体不得与事故发生单位及可能的责任人等有利害关系。在一些事故调查中，调查主体或者来自事故发生单位直接主管部门或者事故发生单位的上级单位，并不符合事故调查组成员客观中立的要求，也会直接影响事故调查报告的可靠性和权威性。在这方面，如果个案中事故调查主体的客观性、中立性存在较大问题并影响到事故调查报告的可靠性，法院应当否定其证据能力。

（二）事故调查人员的专业性

事故调查的专业性是事故调查报告发挥证明作用的前提，也正是事故调查中专家依据专业知识对专门性问题进行的判断，才使得事故调查报告可以作为刑事证据使用。在行政实践中，一些行政机关工作人员在某些专业领域长期工作，具有或积累了一定的科学知识或专业知识。相较而言，司法人员在一般情形下并不具备相关领域的专业知识，并且在一些重大、特大事故中也缺乏相应的调查能力。因此，正是考虑到事故调查（人员）的专业性，以及司法权与行政权的区分，2021 年新《刑诉法解释》第 101 条才规定，相关调查主体对事故进行调查形成的报告，在刑事诉讼中可以作为证据使用。2016 年中共中央、国务院《关于推进安全生产领域改革发展的意见》中也规定，"建立事故调查分析技术支撑体系，所有事故调查报告要设立技术和管理问题专篇，详细分析原因并全文发布，做好解读，回应公众关切"。

综上，事故调查的专业性尤为重要，但事故调查是由相关人员进行的，因此，事故调查人员的专业性必须被高度重视。参照《生产安全事故报告和调查处理条例》的相关规定，应当重视的是：一是事故调查组成员应当具有事故调查所需要的知识和专长，在这方面，行政执法部门就有很多不同领域的专家；二是事故调查组可以聘请专家进行技术鉴定或专业分析；[2]三是事故调查组中的专家应当直接从事调查工作，对"专门性问题"作出专业判断，不应当再交由其他执法人员进行。在具体案件中，如调查组中缺乏相应领域的专家或者相

---

〔1〕　参见《生产安全事故报告和调查处理条例》第 23 条。

〔2〕　《铁路交通事故应急救援和调查处理条例》（2012 年修订）第 28 条规定，事故调查处理，需要委托有关机构进行技术鉴定或者对铁路设备、设施及其他财产损失状况以及中断铁路行车造成的直接经济损失进行评估的，事故调查组应当委托具有国家规定资质的机构进行技术鉴定或者评估。

关专家未从事事故调查工作，也未聘请专家进行技术鉴定、分析等，则事故调查报告也不应作为刑事证据使用。在司法实践中，也出现了一些辩护人对事故调查组成员专业性进行质疑的案件，法院也作了一定的回应。[1]

(三) 事故调查程序的正当性

科学、规范的事故调查程序是保障事故调查结果客观、公正的前提，我国当前缺乏统一、完整的事故调查程序。由于缺乏程序规定，事故调查中对于被调查人和其他利害关系人的权利保障也不足，这也带来了事故调查报告作为刑事证据使用的理论难题。

在事故调查领域，存在着一些法律规定，其中《生产安全事故报告和调查处理条例》是当前最重要的事故调查规定之一，但其适用范围有限，涉及事故调查的条文也仅有 13 个，具体到事故调查程序领域则更少。在其他事故调查领域，《火灾事故调查规定》《铁路交通事故应急救援和调查处理条例》《中国民用航空飞行事故调查条例》《海上船舶污染事故调查处理规定》《电力安全事故调查程序规定》等对一些特定领域的事故调查程序作了规定。最高人民检察院、中央纪委国家监委等部门也出台了一些与重大责任事故相关的法律文件。[2]但整体而言，在事故调查领域：一是缺乏一般的事故调查程序规定，现有的相关规定中对于事故调查的目的、范围、方式以及事故现场维护、证据收集与保管、相关人员的协查义务、重新调查等方面都缺乏规定；二是现有的生产安全等领域的事故调查程序尚不完善，与正当程序的要求还有差距，缺乏对被调查人程序参与、权利保障的规定；[3]三是公共安全等领域的事故调查程序缺失，例如，在《白银景泰"5·22"黄河石林百公里越野赛公共安全责任事件调查报告》中就写道：事故调查参照了国务院《生产安全事故报告和调查处理条例》等文件。

综上，在当前事故调查程序不完善的情形下，法院应当从正当程序理念出发，重视对事故调查程序及事故调查程序中权利保障的审查。对于严重违背正

---

〔1〕 参见"卢某某等玩忽职守、重大责任事故案"，新疆维吾尔自治区乌鲁木齐市中级人民法院 (2017) 新 01 刑终 175 号刑事判决书。

〔2〕 例如，最高人民检察院《人民检察院〈关于加强行政机关与检察机关在重大责任事故调查处理中的联系和配合的暂行规定〉的实施办法》、《中央纪委国家监委开展特别重大生产安全责任事故追责问责审查调查工作规定（试行）》、中央纪委国家监委等《关于在特别重大生产安全责任事故追责问责审查调查中加强协作配合的意见（试行）》。

〔3〕 参见方世荣、谢建义：《正当程序视域下我国生产安全事故调查程序的完善》，载《江汉论坛》2021 年第 3 期。

当程序要求作出的事故调查报告，不得作为刑事证据使用。

（四）事故调查结论的可靠性

事故调查结论的可靠性也涉及事故调查主体的中立性、事故调查人员的专业性和事故调查程序的正当性等，但从狭义而言，事故调查结论的可靠性审查可以从两个方面进行。

一是形式可靠性方面，事故调查报告应当附具相关证据材料，并应当符合签名的要求。例如，《生产安全事故报告和调查处理条例》第 30 条规定，事故调查报告应当附具有关证据材料。事故调查组成员应当在事故调查报告上签名。《电力安全事故应急处置和调查处理条例》第 24 条第 2 款规定，"事故调查报告应当附具有关证据材料和技术分析报告。事故调查组成员应当在事故调查报告上签字"。因此，对于未附具相关证据材料的事故调查报告，不得作为刑事证据使用。根据 2019 年，应急管理部、公安部、"两高"印发的《安全生产行政执法与刑事司法衔接工作办法》第 25 条第 2 款的规定，"事故调查组依照有关规定提交的事故调查报告应当由其成员签名。没有签名的，应当予以补正或者作出合理解释"。[1]因此，对于事故调查报告中未有适当签名，且未能补正或作出合理解释的应当依法排除。但在司法实践中，个别法院并未严格适用这一规定，对于缺乏签名的事故调查报告也予以采信作为证据使用。[2]

二是实质可靠性方面，司法机关应当依照证据裁判原则对事故调查报告的内容进行审查。具体言之，应当审查事故调查报告所附具的相关证据材料能否有效支撑事故调查报告针对特定事实问题作出的结论，即相关证据材料能否证明事故调查报告中的结论。如果通过对在案证据的分析，发现事故调查报告所附的相关证据材料存疑或者相关证据材料不能证明事故调查报告中的结论，则应否定事故调查报告的证据能力。例如，在一起重大责任事故案件中，法院指出，"综合本案后期其他证据，本案事故调查组所做事故调查报告、分析系基于陵县鲁某工贸相关人员虚假的言辞和书证得出，严重脱离实际，不符合案

---

〔1〕　对签名问题的解释，也可参见"张某不服被告济南市历城区人民政府于 2019 年 9 月 29 日作出的《关于"5.18"齐鲁药物研究院一般容器爆炸事故调查报告的批复》案"，济南铁路运输法院（2019）鲁 7101 行初 50 号行政判决书。

〔2〕　参见"郝某某玩忽职守案"，山西省晋城市中级人民法院（2015）晋市法刑终字第 367 号刑事裁定书。

件事实，相关事故调查报告不予认定"。[1]综上，司法机关必须重视对事故调查报告的实质审查，摆脱对事故调查报告的迷信和盲从，强化司法权的最终判断。

（五）事故调查报告审查的"双重性"

对事故调查报告的审查应当具有"双重性"[2]：一是要审查事故调查程序等是否符合行政法律规范的规定；二是要根据《刑事诉讼法》及其司法解释等的规定，审查事故调查报告是否符合刑事诉讼法律规范的要求[3]。按照2021年新《刑诉法解释》第101条的规定，法院在审查事故调查报告时，应当审查（事故）"调查程序是否符合法律、有关规定"，这里的"法律、有关规定"一般是指行政法律规范。但事故调查报告作为证据在刑事审判中使用，还不得属于刑事证据排除的范围，需要符合刑事庭审的相关规定。[4]在这一背景下，笔者认为，从专家向公安司法机关提出专业意见的角度出发，事故调查人员对专门性问题的判断与有专门知识的人针对专门性问题出具的报告并无本质差异，在规则上应当采用同样的规定，因此，应当借鉴2021年新《刑诉法解释》第100条的规定，要求事故调查组中针对专门性问题作出判断的人员在必要时出庭，经人民法院通知，相关人员拒不出庭作证的，事故调查报告中针对专门性问题的意见不得作为定案依据。

四、结语

事故调查报告是有关部门关于事故发生原因、经过、结果、责任认定、处理建议等的综合性报告，与物证、书证、视听资料、电子数据等证据明显有别，事故调查报告的证据能力问题存在理论争议。2021年新《刑诉法解释》第101条规定对这一问题作了回应，是事故调查报告的证据能力规范。在具体案件中，应当区分事故调查报告的证据能力与事故调查报告所附的证据材料的证据能力。

---

〔1〕 "白某、牛某重大责任事故案"，山东省德州市陵城区人民法院（2019）鲁1403刑初59号刑事判决书。

〔2〕 参见冯俊伟：《行政执法证据进入刑事诉讼的规范分析》，载《法学论坛》2019年第2期。

〔3〕 相同主张，参见元明、薛慧：《事故调查报告在刑事案件办理中的运用》，载《人民检察》2021年第12期。

〔4〕 比较法的一个例证是，瑞典虽然规定了证据自由原则，但任何材料或信息，还要符合集中原则、直接原则、口头原则的要求才可以作为证据使用。See M. Delmas-Marty, J. A. E. Vervaele（eds.）, The Implementation of the Corpus Juris in the Member States, Penal Provisions for the Protection of European Finances, Volume 4, Intersentia, 2001, pp. 373-374.

在当前的立法框架下，对事故调查报告证据能力的审查，应当从事故调查主体、调查人员、调查程序、调查结论等方面进行。从长远来看，由于我国当前的事故调查制度存在局限，[1] 应当探索较为独立的第三方事故调查制度，完善事故调查主体、调查程序、调查期限和调查报告内容等，促进事故调查报告在刑事诉讼中的规范使用。

---

[1]　参见李长城：《对事故调查组的质疑》，载《法律科学（西北政法学院学报）》2007 年第 5 期。

附录 2

刑事审判参考［第 972 号］案例

王某余、秦某英容留卖淫案[1]

一、基本案情

江苏省海安县人民检察院以被告人王某余犯介绍、容留卖淫罪，被告人秦某英犯容留卖淫罪，向海安县人民法院提起公诉。其中，起诉时指控王某余介绍、容留 2 名卖淫女在其经营的浴室内向 19 名嫖客卖淫 22 次，秦某英参与其中 15 次容留卖淫。

江苏省海安县人民法院一审审理查明：被告人王某余、秦某英夫妇共同经营海安县曲塘镇白塘浴室。王某余、秦某英明知周某宜、周某菊系卖淫人员，仍于 2012 年 1 月至 3 月容留二人在该浴室内向张某、于某、孙某等 9 名嫖娼人员卖淫 9 次。卖淫时，由卖淫女直接向嫖娼人员收取嫖资，然后按约定比例与二被告人分成，王某余共从中获利 160 元。其中，王某余参与全部作案，秦某英参与作案 2 起。同年 3 月 6 日，公安机关查明周某宜、周某菊有卖淫行为。经进一步调查，发现王某余、秦某英涉嫌介绍、容留卖淫，遂于同年 5 月将该案作为刑事案件立案侦查。公安机关共查获 19 名嫖娼人员，对相关人员按照治安处罚法规定的程序制作了询问笔录，后对其中 9 名嫖娼人员和 2 名卖淫女按照《刑事诉讼法》规定的程序重新收集证言。

海安县人民法院判决被告人王某余、秦某英犯容留卖淫罪，量刑若干。海安县人民检察院认为一审事实认定错误，量刑不当，提出抗诉。

二、案件争点

本案争点之一是，公安机关在治安行政处罚中收集的询问笔录，能否直接

---

[1] 以下所有内容，均来自杜开林：《王志余、秦群英容留卖淫案［第 972 号］——行政执法过程中收集的言词证据是否可以直接作为刑事证据使用以及重新收集的言词证据是否在程序上具有特殊要求》，载中华人民共和国最高人民法院刑事审判一至五庭主办：《刑事审判参考（总第 97 集）》，法律出版社 2014 年版，第 97-99 页。

作为刑事诉讼中的证人证言使用，进而言之，行政执法过程中收集的言词证据，是否可以直接作为刑事证据使用。

三、裁判要旨

二审法院认为，根据《刑事诉讼法》第52条第2款以及《最高人民法院关于适用〈中华人民共和国刑事诉讼法〉的解释》第63条、第65条第1款的规定，在刑事诉讼中除物证、书证、视听资料、电子数据等客观性较强的证据材料外，行政机关在行政执法和查办案件过程中收集的言词类证据材料应当由侦查机关重新收集、调取，不可直接作为证据使用，对重新收集、调取的言词证据材料，经法庭查证属实，且收集程序合法的，可以作为定案的根据。故抗诉机关的抗诉意见不能成立，不予采纳。裁定驳回抗诉，维持原判。

附录 3
刑事诉讼中行政执法证据运用的法律规定

1. 2018 年《刑事诉讼法》第 54 条第 2 款规定：

行政机关在行政执法和查办案件过程中收集的物证、书证、视听资料、电子数据等证据材料，在刑事诉讼中可以作为证据使用。

2. 2021 年《最高人民法院关于适用〈中华人民共和国刑事诉讼法〉的解释》第 75 条规定：

行政机关在行政执法和查办案件过程中收集的物证、书证、视听资料、电子数据等证据材料，经法庭查证属实，且收集程序符合有关法律、行政法规规定的，可以作为定案的根据。

根据法律、行政法规规定行使国家行政管理职权的组织，在行政执法和查办案件过程中收集的证据材料，视为行政机关收集的证据材料。

3. 2019 年《人民检察院刑事诉讼规则》第 64 条规定：

行政机关在行政执法和查办案件过程中收集的物证、书证、视听资料、电子数据等证据材料，经人民检察院审查符合法定要求的，可以作为证据使用。

行政机关在行政执法和查办案件过程中收集的鉴定意见、勘验、检查笔录，经人民检察院审查符合法定要求的，可以作为证据使用。

4. 2021 年《人民检察院办理网络犯罪案件规定》第 42 条规定：

行政机关在行政执法和查办案件过程中依法收集、提取的电子数据，人民检察院经审查符合法定要求的，可以作为刑事案件的证据使用。

5. 2020 年公安部《公安机关办理刑事案件程序规定》第 63 条规定：

公安机关接受或者依法调取的行政机关在行政执法和查办案件过程中收集的物证、书证、视听资料、电子数据、鉴定意见、勘验笔录、检查笔录等证据材料，经公安机关审查符合法定要求的，可以作为证据使用。

6. 2011 年《最高人民法院、最高人民检察院、公安部关于办理侵犯知识产权刑事案件适用法律若干问题的意见》中规定：

二、关于办理侵犯知识产权刑事案件中行政执法部门收集、调取证据的效力问题。行政执法部门依法收集、调取、制作的物证、书证、视听资料、检验报告、鉴定结论、勘验笔录、现场笔录，经公安机关、人民检察院审查，人民法院庭审质证确认，可以作为刑事证据使用。

行政执法部门制作的证人证言、当事人陈述等调查笔录，公安机关认为有必要作为刑事证据使用的，应当依法重新收集、制作。

7. 2023 年《最高人民法院、最高人民检察院关于办理环境污染刑事案件适用法律若干问题的解释》第 14 条规定：环境保护主管部门及其所属监测机构在行政执法过程中收集的监测数据，在刑事诉讼中可以作为证据使用。公安机关单独或者会同环境保护主管部门，提取污染物样品进行检测获取的数据，在刑事诉讼中可以作为证据使用。

8. 2019 年公安部《公安机关办理刑事案件电子数据取证规则》第 5 条规定：

公安机关接受或者依法调取的其他国家机关在行政执法和查办案件过程中依法收集、提取的电子数据可以作为刑事案件的证据使用。

9. 2021 年《最高人民法院、最高人民检察院、公安部等关于依法惩治涉枪支、弹药、爆炸物、易燃易爆危险物品犯罪的意见》第 20 条规定：

有关行政执法机关在行政执法和查办涉枪支、弹药、爆炸物、易燃易爆危险物品案件过程中收集的物证、书证、视听资料、电子数据以及对事故进行调查形成的报告，在刑事诉讼中可以作为证据使用。

10. 2020 年最高人民法院、最高人民检察院、公安部、司法部等《关于依法惩治非法野生动物交易犯罪的指导意见》第 8 条规定：

办理非法野生动物交易案件中，行政执法部门依法收集的物证、书证、视听资料、电子数据等证据材料，在刑事诉讼中可以作为证据使用。

11. 2019 年应急管理部、公安部、最高人民法院、最高人民检察院印发的《安全生产行政执法与刑事司法衔接工作办法》（应急〔2019〕54 号）第 25 条规定：

在查处违法行为或者事故调查的过程中依法收集制作的物证、书证、视听资料、电子数据、检验报告、鉴定意见、勘验笔录、检查笔录等证据材料以及经依法批复的事故调查报告，在刑事诉讼中可以作为证据使用。

事故调查组依照有关规定提交的事故调查报告应当由其成员签名。没有签名的，应当予以补正或者作出合理解释。

12. 2017 年环境保护部、公安部、最高人民检察院印发的《环境保护行政执法与刑事司法衔接工作办法》第 20 条规定：

环保部门在行政执法和查办案件过程中依法收集制作的物证、书证、视听资料、电子数据、监测报告、检验报告、认定意见、鉴定意见、勘验笔录、检查笔录等证据材料，在刑事诉讼中可以作为证据使用。

13. 2015 年国家食品药品监管总局、公安部、最高人民法院、最高人民检察院、国务院食品安全办联合发布的《食品药品行政执法与刑事司法衔接工作办法》第 18 条规定：

食品药品监管部门在行政执法和查办案件过程中依法收集的物证、书证、视听资料、电子数据、检验报告、鉴定意见、勘验笔录、检查笔录等证据材料，经公安机关、人民检察院审查，人民法院庭审质证确认，可以作为证据使用。

14. 2012 年《国家工商行政管理总局、公安部、最高人民检察院关于加强工商行政执法与刑事司法衔接配合工作若干问题的意见》第七项"关于在执法办案中相互协助调查"中规定，

工商机关在向同级公安机关移送涉嫌犯罪案件时，应当将行政执法和查办案件过程中收集的物证、书证、视听资料、电子数据等证据材料，连同案件其他有关材料一并移送，公安机关在刑事诉讼中可以作为证据使用。

15. 2020 年最高人民法院、最高人民检察院、公安部、农业农村部印发的《依法惩治长江流域非法捕捞等违法犯罪的意见》中第三项规定：

对于农业农村（渔政）部门等行政机关在行政执法和查办案件过程中收集的物证、书证、视听资料、电子数据等证据材料，在刑事诉讼或者公益诉讼中可以作为证据使用。

16. 最高人民法院、最高人民检察院、公安部等《关于办理环境污染刑事案件有关问题座谈会纪要》第 15 项"关于监测数据的证据资格问题"：

会议认为，地方生态环境部门及其所属监测机构委托第三方监测机构出具的监测报告，地方生态环境部门及其所属监测机构在行政执法过程中予以采用的，其实质属于《环境解释》第 12 条规定的"环境保护主管部门及其所属监测机构在行政执法过程中收集的监测数据"，在刑事诉讼中可以作为证据使用。

17. 2013 年北京市高级法院《北京法院贯彻新刑诉法座谈会纪要二》第 1 项"关于证据"的规定：

刑事诉讼法第 52 条第 2 款的理解。行政机关在行政执法和查办案件过程中收集的相关人员的供述、陈述、证言等言词证据材料，不得在刑事诉讼中直接作为证据使用；收集的鉴定意见、勘验、检查笔录，经法定查证属实，且收集程序符合有关法律、行政法规规定的，可以作为证据使用。

18. 2016 年最高人民法院、最高人民检察院、公安部《关于办理刑事案件收集提取和审查判断电子数据若干问题的规定》第 6 条规定：

初查过程中收集、提取的电子数据，以及通过网络在线提取的电子数据，可以作为证据使用。

19. 2018 年《最高人民法院、最高人民检察院、公安部、司法部关于办理恐怖活动和极端主义犯罪案件适用法律若干问题的意见》"二、正确适用程序"之（四）中规定：

恐怖活动和极端主义犯罪案件初查过程中收集提取的电子数据，以及通过网络在线提取的电子数据，可以作为证据使用。对于原始存储介质位于境外或者远程计算机信息系统上的恐怖活动和极端主义犯罪电子数据，可以通过网络在线提取。必要时，可以对远程计算机信息系统进行网络远程勘验。立案后，经设区的市一级以上公安机关负责人批准，可以采取技术侦查措施。

20. 2022 年《最高人民法院、最高人民检察院、公安部关于办理信息网络犯罪案件适用刑事诉讼程序若干问题的意见》第 13 条规定：

公安机关在调查核实过程中依法收集的电子数据等材料，可以根据有关规定作为证据使用。

调查核实过程中收集的材料作为证据使用的，应当随案移送，并附批准调查核实的相关材料。

调查核实过程中收集的证据材料经查证属实，且收集程序符合有关要求的，可以作为定案依据。

主要参考文献

一、英文文献

［1］ Celina Nowak（ed.），Evidence In EU Fraud Cases，Wolters Kluwer Polska，2013.

［2］ Donna Mussio，Drawing the Line Between Administrative and Criminal Searches：Defining the "Objective of the Search" in Environmental Inspections，18 B. C. Envtl. Aff. L. Rev. 1990.

［3］ Ian Dennis，The Law of Evidence，4 edition，Sweet & Maxwell，2009.

［4］ John leubsdorf，Evidence Law as a System of Incentives，95 Lowa Law Review 2012.

［5］ John D. Jackson and Sarah J. Summers，The Internationalization of Criminal Evidence：Beyond the Common Law and Civil Law Traditions，Cambridge University Press，2012.

［6］ Mireille Delmas－Marty，John R. Spencer（eds.），European Criminal Procedures，Cambridge University Press，2002.

［7］ Mireille Delmas－Marty，John R. Spencer，European Criminal Procedures，Cambridge University Press，2002.

［8］ Mireille Delmas－Marty，Towards an Integrated European Criminal Law，7 Cambridge Yearbook of European Legal Studies（2004－2005）.

［9］ Oswald Jansen，Philip M. Langbroek ed.，Defence Rights during Administrative Investigations，Intersentia，2007.

［10］ Taru Spronken，An EU－Wide Letter of Rights：Towards Best Practice，Intersentia，2010.

［11］ Paul Roberts and Adrian Zuckerman，Criminal Evidence，2nd Edition，Oxford University Press，2010.

［12］ Perry S. Reich，Administrative Searches For Evidence of Crime：The Impact of New York v. Burger，5 Touro L. Rev. 1988－1989.

［13］ William H. Kuehnle，Standards of Evidence in Administrative Proceedings，49 N. Y. L. Sch. L. Rev. 829，845（2004－2005）.

［14］ William Twining，Rethinking Evidence：Exploratory Essays 2d ed.，Cambridge University Press，2006.

［15］ William Twining，Freedom of Proof and the Reform of Criminal Evidence，31 Israel Law Review 1997.

［16］Daniel Gilhofer, Use of Administrative Evidence in Criminal Proceedings in Austria, 4 Eucrim 2022.

二、中文文献

（一）著作

［1］［法］贝尔纳·布洛克：《法国刑事诉讼法（原书第 21 版）》，罗结珍译，中国政法大学出版社 2009 年版。

［2］［法］戴尔玛斯·玛蒂、［荷］约翰·A. E. 佛菲勒主编：《欧盟刑事法：欧盟财政利益的刑事法保护》，贾宇、俞贵英、付玉明译，法律出版社 2009 年版。

［3］［日］松尾浩也：《日本刑事诉讼法（下卷）》，张凌译，中国人民大学出版社 2005 年版。

［4］［日］松井茂：《警察学纲要》，吴石译，中国政法大学出版社 2005 年版。

［5］［美］罗纳德·J. 艾伦等：《证据法：文本、问题和案例》（第三版），张保生等译，满运龙校，高等教育出版社 2006 年版。

［6］［德］托马斯·魏根特：《德国刑事诉讼程序》，岳礼玲、温小洁译，中国政法大学出版社 2004 年版。

［7］《德国刑事诉讼法典》，宗玉琨译注，知识产权出版社 2013 年版。

［8］季卫东：《法律程序的意义》，中国法制出版社 2012 年版。

［9］林钰雄：《严格证明与刑事证据》，法律出版社 2008 年版。

［10］张保生主编：《证据法学》，中国政法大学出版社 2009 年版。

［11］张军、姜伟、田文昌：《控辩审三人谈》，法律出版社 2001 年版。

［12］王进喜主编：《刑事证据法的新发展》，法律出版社 2013 年版。

［13］王超：《排除非法证据的乌托邦》，法律出版社 2014 年版。

［14］程龙：《行政证据在刑事诉讼中使用问题研究》，法律出版社 2018 年版。

［15］郎胜主编：《中华人民共和国刑事诉讼法修改与适用》，新华出版社 2012 年版。

（二）论文

［1］龙宗智：《进步及其局限——由证据制度调整的观察》，载《政法论坛》2012 年第 5 期。

［2］陈瑞华：《行政不法事实与犯罪事实的层次性理论——兼论行政不法行为向犯罪转化的事实认定问题》，载《中外法学》2019 年第 1 期。

［3］张保生：《事实、证据与事实认定》，载《中国社会科学》2017 年第 8 期。

［4］汪建成：《刑事证据制度的重大变革及其展开》，载《中国法学》2011 年第 6 期。

［5］左卫民：《规避与替代——搜查运行机制的实证考察》，载《中国法学》2007 年第 3 期。

［6］陈卫东：《知识产权犯罪案件查处中的证据运用与审查判断》，载《人民检察》2011 年第 11 期。

［7］顾永忠：《行政执法证据"在刑事诉讼中可以作为证据使用"解析》，载《法律适用》

2014 年第 3 期。

[8] 万毅:《证据"转化"规则批判》,载《政治与法律》2011 年第 1 期。

[9] 张泽涛:《行政违法行为被犯罪化处理的程序控制》,载《中国法学》2018 年第 5 期。

[10] 马静华:《侦查到案制度:从现实到理想——一个实证角度的研究》,载《现代法学》2007 年第 2 期。

[11] 孙远:《行政执法证据准入问题新论——从卷宗笔录式审判到审判中心主义》,载《中国刑事法杂志》2018 年第 1 期。

[12] 黄世斌:《行政执法与刑事司法衔接中的证据转化问题初探——基于修正后〈刑事诉讼法〉第 52 条第 2 款的思考》,载《中国刑事法杂志》2012 年第 5 期。

[13] 田宏杰:《行政犯罪的归责程序及其证据转化——兼及行刑衔接的程序设计》,载《北京大学学报(哲学社会科学版)》2014 年第 2 期。

[14] 董坤:《行、刑衔接中的证据问题研究——〈以刑事诉讼法〉第 52 条第 2 款为分析文本》,载《北方法学》2013 年第 4 期。

[15] 董坤、纵博:《论行政笔录在刑事诉讼中的使用》,载《苏州大学学报(哲学社会科学版)》2015 年第 4 期。

[16] 董坤:《论行刑衔接中行政执法证据的使用》,载《武汉大学学报(哲学社会科学版)》2015 年第 1 期。

[17] 孙康:《行政证据与刑事证据的衔接与转化》,载《学习论坛》2012 年第 3 期。

[18] 谢登科:《论行政执法证据在刑事诉讼中的使用——基于典型案例的实证分析》,载《华东政法大学学报》2016 年第 4 期。

[19] 郝爱军、殷宪龙:《行政机关收集证据在刑事诉讼中运用的疑难问题解析》,载《中国刑事法杂志》2013 年第 9 期。

[20] 郑曦:《行政机关收集的证据在刑事诉讼中的运用》,载《行政法学研究》2014 年第 3 期

[21] 练育强:《行政执法与刑事司法衔接中证据转化研究》,载《探索与争鸣》2017 年第 4 期。

[22] 韦佼杏:《公安行政执法言词证据作为刑事证据的使用》,载《中国刑警学院学报》2018 年第 1 期。

[23] 孙末非:《行政执法证据在刑事诉讼中的使用》,载《山东社会科学》2014 年第 3 期。

[24] 陈刚、蒋勇:《公安机关"两法衔接"中的证据转化隐忧——以警察行政强制权为视角》,载《中国人民公安大学学报》2014 年第 3 期。

[25] 陈磊:《犯罪故意认定的证据法学解读》,载《证据科学》2012 年第 4 期。

[26] 李宁:《公安机关在行政执法中收集的证人证言刑事证据资格——以冯某介绍、容量卖淫案为视角》,载《中国检察官》2017 年第 20 期。

[27] 刘洋、张斌:《行政执法证据与刑事证据衔接的理论基础》,载《东北大学学报(社会

科学版）》2017 年第 5 期。

［28］高通：《行政执法与刑事司法衔接中的证据转化——对〈刑事诉讼法〉（2012 年）第
52 条第 2 款的分析》，载《证据科学》2012 年第 6 期。

［29］宋维斌：《行政证据与刑事证据衔接机制研究——以新〈刑事诉讼法〉第 52 条第 2 款
为分析重点》，载《时代法学》2014 年第 3 期。

［30］杜开林、陈伟：《行政执法中收集的言词证据不可直接作为刑事诉讼证据——江苏南通
中院裁定维持王某余等容留卖淫罪抗诉案》，载《人民法院报》2013 年 8 月 15 日，第
6 版。